老子通说

高专诚 著

山西出版集团
山西人民出版社

图书在版编目(CIP)数据

老子通说 / 高专诚著.—太原：山西人民出版社，
2009.12

ISBN 978-7-203-06596-8

Ⅰ.老…　Ⅱ.高…　Ⅲ.①道家②老子—研究 Ⅳ.B223.15

中国版本图书馆 CIP 数据核字(2009)第 218835 号

老子通说

著　　者：高专诚
责任编辑：武　静

出 版 者：山西出版集团·山西人民出版社
地　　址：太原市建设南路 21 号
邮　　编：030012
发行营销：0351-4922220　4955996　4956039
　　　　　0351-4922127（传真）　4956038（邮购）
E - mail：sxskcb@163.com　发行部
　　　　　sxskcb@126.com　总编室
网　　址：www.sxskcb.com

经 销 者：山西出版集团·山西人民出版社
承 印 者：太原市力成印刷有限公司

开　　本：787mm × 1092mm　1/16
印　　张：19.5
字　　数：250 千字
印　　数：1-3000 册
版　　次：2009 年 12 月　第 1 版
印　　次：2009 年 12 月　第 1 次印刷
书　　号：ISBN 978-7-203-06596-8
定　　价：38.00 元

如有印装质量问题请与本社联系调换

目 录

自序 ……………………………………………………（1）
导论:《老子》与“老子” ……………………（1）

第一章　道可道（001－004） ……………………………（1）
第二章　天下皆知美之为美（005－008） ……………（7）
第三章　不上贤（009－011） ……………………………（11）
第四章　道沖而用（012－014） …………………………（15）
第五章　天地不仁（015－017） …………………………（18）
第六章　谷神不死（018－020） …………………………（21）
第七章　天长地久（021－023） …………………………（24）
第八章　上善如水（024－026） …………………………（27）
第九章　持而盈之（027－029） …………………………（31）
第十章　营魄抱一（030－032） …………………………（35）
第十一章　三十辐同一毂（033－036） …………………（38）
第十二章　五色使人目盲（037－038） …………………（40）
第十三章　宠辱若惊（039－041） ………………………（43）
第十四章　视之而弗见（042－045） ……………………（46）
第十五章　古之善为士者（046－049） …………………（49）
第十六章　致虚恒也（050－053） ………………………（52）
第十七章　太上（054－056） ……………………………（56）
第十八章　故大道废（057－058） ………………………（59）
第十九章　绝智弃辩（059－060） ………………………（62）
第二十章　唯与呵（061－066） …………………………（64）
第二十一章　孔德之容（067－069） ……………………（68）
第二十二章　曲则全（070－072） ………………………（70）
第二十三章　希言自然（073－075） ……………………（73）
第二十四章　企者不立（076－078） ……………………（76）
第二十五章　有状混成（079－083） ……………………（78）
第二十六章　重为轻根（084－086） ……………………（81）

老庄经典　老子通说

第二十七章　善行者无辙迹(087-089) …………………… （83）

第二十八章　知其雄(090-093) …………………………… （86）

第二十九章　将欲取天下而为之(094-096) ……………… （89）

第三十章　　以道佐人主者(097-099) …………………… （91）

第三十一章　夫兵者不祥之器(100-104) ………………… （93）

第三十二章　道恒无名(105-107) ………………………… （97）

第三十三章　知人者智(108-111) ………………………… （100）

第三十四章　大道泛兮(112-115) ………………………… （103）

第三十五章　执大象(116-118) …………………………… （105）

第三十六章　将欲翕之(119-120) ………………………… （107）

第三十七章　道恒无为(121-123) ………………………… （109）

第三十八章　上德不德(124-128) ………………………… （111）

第三十九章　昔之得一者(129-132) ……………………… （115）

第四十章　　返也者道之动(133-134) …………………… （119）

第四十一章　上士闻道(135-139) ………………………… （121）

第四十二章　道生一(140-142) …………………………… （125）

第四十三章　天下之至柔(143-145) ……………………… （129）

第四十四章　名与身孰亲(146-148) ……………………… （131）

第四十五章　大成若缺(149-151) ………………………… （133）

第四十六章　天下有道(152-154) ………………………… （135）

第四十七章　不出于户(155-156) ………………………… （137）

第四十八章　学者日益(157-159) ………………………… （139）

第四十九章　圣人恒无心(160-162) ……………………… （142）

第五十章　　出生入死(163-164) ………………………… （144）

第五十一章　道生之而德畜之(165-168) ………………… （147）

第五十二章　天下有始(169-171) ………………………… （150）

第五十三章　使我挈有知(172-174) ……………………… （153）

第五十四章　善建者不拔(175-177) ……………………… （155）

第五十五章　含德之厚(178-181) ………………………… （157）

第五十六章　知之者弗言(182-184) ……………………… （161）

第五十七章　以正治邦(185-187) ………………………… （163）

第五十八章　其政闷闷(188-191) ………………………… （165）

第五十九章　治人事天(192-194) ………………………… （168）

第六十章　治大国(195–197)　················　(170)

第六十一章　大邦者下流(198–200)　·············　(172)

第六十二章　道者万物之主(201–204)　············　(175)

第六十三章　为无为(205–207)　···············　(177)

第六十四章　其安也易持(208–212)　·············　(179)

第六十五章　古之为道者(213–215)　·············　(182)

第六十六章　江海所以能为百谷王(216–218)　·········　(185)

第六十七章　天下皆谓我大(219–222)　············　(187)

第六十八章　善为士者不武(223–224)　············　(191)

第六十九章　用兵有言(225–227)　··············　(193)

第七十章　吾言易知(228–230)　···············　(196)

第七十一章　知不知(231–232)　···············　(198)

第七十二章　民之不畏畏(233–235)　·············　(199)

第七十三章　勇于敢则杀(236–238)　·············　(201)

第七十四章　若民恒且不畏死(239–241)　···········　(203)

第七十五章　人之饥(242–244)　···············　(206)

第七十六章　人之生也柔弱(245–246)　············　(208)

第七十七章　天之道犹张弓(247–249)　············　(210)

第七十八章　天下莫柔弱于水(250–252)　···········　(212)

第七十九章　和大怨(253–255)　···············　(215)

第八十章　小邦寡民(256–258)　···············　(217)

第八十一章　信言不美(259–261)　··············　(220)

附录

(一)《老子》若干主要版本之异文及本书之"校正"　··········　(223)

(二)《校正》本主要参考文献　·················　(287)

(三)《校正》本使用符号说明　·················　(287)

老庄经典　老子通说

自　序

　　自 2004 年出版《论语通说》和《孟子通说》以来,《老子通说》就提上了个人研习经典的日程。只是由于俗务繁杂,拖拖拉拉一直写到现在,真是愧对圣贤。《老子》一直是我喜欢读的古典。早在近 30 年前的大学时代,我就写过一个《老子注译》的稿子,记忆中似乎还请任继愈先生看过,但最终因为种种原因未能出版。所以,写一本有关《老子》的释读性的书,这个宏愿一直深埋于胸。如今,在友人帮助下,终于能以《通说》系列读本的形式出版,内心的喜悦无以言表。

　　之所以用四五年的时间完成这本书,除了杂事较多、影响进度之外,主要是释读《老子》有"二难"。

　　一难是文字之难。在先秦典籍中,自认为能够读明白《老子》之文字,都是众所周知的难事。不管说《老子》是一种诗作,还是一种语录体,其语言特点是同时代其他典籍所没有的。不仅是通假字较多,而且对一些常用字的用法也有其特殊之处。虽然关于《老子》文本的两个大的考古发现有助于我们更好地读通其文本,但在解决了旧疑难的同时,又会产生新的疑难。在这种情况下,有的研究者和释读者走方便快捷之途,望文生义;但也有释读者走无事生非之路,妄加通假。这些问题,都是先秦时代其他典籍所不会有的遭遇。而且,伴随着考古文本《老子》的发现,《老子》早期版本和后世通行版本之间的差异越来越大,原初的《老子》与历史上的《老子》有好多方面简直就不是同一本书里的内容,这使当前的释读者和阅读者更加难以选择和应对。所以,我在进行浅陋校读的同时,把具有代表性的几个版本陈列于书后,非常希望有心的读者能够细心参阅,以便真正得到阅读《老子》的收获。

　　二难是思想之难。一种典籍的文字和思想是难以分开的,文字之难很容易导致思想之难。一方面是《老子》作者的思想取向究竟是什么?是倡导阴谋术,还是提供政治智慧?是倡导欺诈术,还是提供人生哲学? 这些本来就难以回答的问题,还要通过繁难的文字表达出来,其思想之难就是可以想象的了。另一方面,在一些具体问题上,比如

老庄经典　老子通说

对待儒家思想的态度上,《老子》究竟想要表达怎样一种倾向和观点,也一直是专家们争论不休的难点。在我读《老子》的近30年中,对《老子》总体思想和某些具体观点,也是在不断调整之中。甚至在自己校读本书稿子的过程中,也能感觉到在某些问题上的游移不定和模棱两可。有时会安慰自己:这既是《老子》的难读之处,也是《老子》的可读之处。

总之,《老子通说》的写作和完成,让我放下了一个包袱,却又背起了另一个包袱。所幸的是,一则我自认为现在还远不是读罢《老子》的时候,更不是读通《老子》的时候;再则,本书的责任编辑武静,以她的智慧和才能、她的热情和用心,帮助我改正了书中的许多舛误,庶几使读者既能理解我的心强力拙,又能实现最大程度的开卷有益。尽管如此,我还是一如既往地希望听到读者的批评,使我有机会更好地读《老子》、写《老子》。

是为自序,并感谢每一位阅读和批评这本书的人们。

高专诚·2009 年 12 月 26 日

导论:《老子》与"老子"

1.孔子见老子

作为一个历史人物或者思想家的老子，与作为思想典籍的《老子》的关系，在历史上是一个非常复杂的问题。究竟是有了《老子》才有了老子，还是有了老子才有了《老子》，并不是个已有定论的问题。有人认为，正是因为有了《老子》这部书，人们才要给它寻找一位原作者；也有人认为，老子确有其人，并写下了《老子》这部书。要回答这样的问题，首先得从第一次为老子作传的西汉学者司马迁讲起。

司马迁的父亲司马谈，也是当时的知名学者。司马谈所担任的朝廷史官，在那个时代是可以子承父业的，因为它需要具备相关的专业知识和技能，而父亲教授儿子是比较方便和能够用心的。史官是公认的博学之人，他们的责任，除了掌管史籍、记载历史之外，还要参与制定历法、祭法等国家重大事务。在正常情况下，史官虽然不能进入决策核心，但在朝廷里却是很有影响和地位的人物。利用独特的地位，一般的史官都要通过自己拥有的记载国家政治事务的特权，去表现自己的政治观点，对当权者施加影响。可是，司马迁的志向更为远大，不仅要影响现实，还要影响历史。他历尽千辛万苦完成的《史记》这部巨著，在太多的地方以文学的手段和笔调书写历史，更强烈地，甚至是更具有个人意愿地把他对历史的看法留给了后人。

在司马迁时代，朝廷里掌权的表面上看去是一伙儒生，特别是以宰相公孙弘为首的一班儒士，言必称孔子，行必称七十二弟子，但在实际政治中，真正说了算数的却是法家人物。汉武帝虽然对于法家思想情有独钟，却早就发现了儒学可以当做他的专制主义行径的遮羞布。所以，汉武帝极力推崇儒学，直至发展到了公开"独尊儒术"的地步，把儒学奉为正统的意识形态。司马迁是个明眼人，一眼看穿了汉武帝的政治意图，所以，在《史记》里，出于个人间的恩怨和政治主张的不同，司马迁利用一切机会与汉武帝的政治图谋作对。他巧妙地贬低儒学，抬高道家的地位，其中最有特色的，就是先把孔子推到极高处，然后又让孔子向老子俯首躬身，最终达到抑儒扬道的目的。

老庄经典 老子通说

　　老子本是个处在若有若无之间的人物,《史记》也承认这一点。但是,司马迁在承认老子作为具有传奇性质的一位历史人物的同时,又用文学的手段把一些史实与老子紧密联系起来,让读者不自觉地形成了老子实有其人的印象。在《庄子》的"寓言"中,老子与孔子是同时代的人物,但究竟二人孰长孰幼,却是绝大的历史公案。不过,根据司马迁所作的老子传记,老子是孔子的长辈。只是司马迁的这一说法使许多人表示难以相信,因为他是有明确思想倾向性的学者和文学家。

　　根据司马迁的记述,有一年,孔子来到了周天子的所在地,现在的河南洛阳附近,目的就是向老子请教有关"周礼"的问题。孔子眼中的"周礼",是指周公旦在西周前期制定的国家政治制度和社会上层的行为规范。孔子认为"周礼"是最合理的政治理念,是治理当时天下政治混乱的唯一良方,所以就把复兴"周礼"当作自己一生的使命,而老子此时正是周朝国家图书馆的负责人,管理着国家收藏的有关"周礼"的文件和书籍,应该对"周礼"大有研究。看上去,孔子向老子问礼是顺理成章的事情。可是,似乎孔子对老子是只知其人而不知其思想,所以,在《史记》的记述中,二人并没有正面谈及有关"周礼"的问题。尽管老子很瞧不起仁、义、礼的思想,但它们却是"周礼"的精神实质。

　　司马迁并没有说孔子是如何知道老子这个人的。根据司马迁的说法,孔子去见老子时,才不过是个三十出头的青年,没有像样的社会地位,也没有特别的名声。这样一个普普通通的年轻人,要去会见一位周天子的官员,在当时恐怕并不是件容易的事,但司马迁却让这件事成为了现实。

　　无论如何,司马迁认定,这两位对整个中国历史乃至世界历史产生了重大影响的人物,终于进行了一次历史性的会面,尽管这两位当事者在当时也许根本不会意识到他们日后的影响和这次会晤的价值。可以想象,根据上文介绍过的司马迁对于儒学和道家思想的看法,孔子一定是以一个谦恭求教者的身份出现的,而老子无疑要对孔子有一番扎扎实实的不客气的教训了。

　　在司马迁《史记·仲尼世家》的记载里,孔子的问话给省略掉了。老子则摆开架势,认认真真地给孔子上了一课。老子说:"你说到了有关周礼的事情,可我要告诉你的是,那些讲述周礼的人的骨头都已经朽烂不存了,只是他们说过的话还没有完全消失。"意思是说,孔子所感兴趣的"周礼"都是些过了时的东西,是些没有什么价值的破烂货,

在当时的政治形势下，要复兴它们是根本不可能的。

老子接着说："一个真正的君子，如果有明君的赏识，当然要卖力去干；如果政治黑暗，还不如躲在一边，随风飘荡，自在一生呢！"这当然是基于对现实政治的批评以及他本人的怀才不遇而发的一通牢骚。此时的孔子才不过三十几岁，根本无法确定他一生会一事无成。而老子如此确定地下结论，恐怕也不太符合生活常识中年长者对年轻人的嘱咐。不过，如果我们想到人们心目中的老子总是能够出其不意地发表意见的话，就会对他的这种做法，或者司马迁所想象的这种做法见怪不怪了。

可老子并没有就此打住，他还没有真正攻击到孔子的要害之处呢！老子说："我曾听说过这样的话，一个好的商人，总是把他的宝贝货物深藏不露，好像根本就什么也没有，以便最终能卖个好价钱。一个真正的君子，虽然德才兼备，但外表却装得愚笨无知。根据这样的标准，我看你啊，年轻人，一定要去掉自己的骄气，抛弃过分的欲望，也不要把自己的外貌打扮得那么引人注目，更不要到处张扬说自己要干一番什么大事业。因为这些实际上对你并没有什么好处。"

看来，在老子心目中，他与孔子并不是没有共同之处，只是他们表现这种共同点的方式方法有所不同。他们有同样的宝物，也都想待价而沽，卖个好价钱，可二人兜售的方法却不一样。在老子看来，孔子是到处张扬，不讲究场合，也不讲究对象，只想让天下人都知道。老子本人则不然，他认为孔子的方法不仅泄露了自己的"商业"秘密，而且容易招来别人的嫉恨，惹出不必要的麻烦。所以，在老子自己这里，更欣赏的是不见兔子不撒鹰的策略。先把宝物藏好，最好是深藏不露，或者隐隐约约地透露出一鳞半爪的消息，在那些想得到宝物的人急得直打转的时候，适时地抛出，很有把握地售得最高价。

年轻的孔子当然也不能任由老子数落，难免要解释一下，或者反驳一番。可老子那时已经是成了名的人物，他马上就以长者的口吻说："我能告诉你的就这些了，你出去吧！"给孔子来了个有口难言。孔子无奈，只好从老子那里灰溜溜地退出来，并且也只能对自己弟子抒发一番感叹后收场。孔子说："我知道，鸟是会在天上飞的，可对付它的有弓箭；鱼是会在水里游的，可对付它的有渔网；野兽是擅长在地上奔跑的，可对付它的有陷坑。然而，对于那乘风云而遨游于蓝天之上的龙，我却不知道能有什么方法制住它。我今天看到的老子，就好

老庄经典　老子通说

3

比是那龙了！"

　　这分明是司马迁借助孔子之口表现出的对老子的赞颂和景仰。司马迁认为，与孔子汲汲于仕途的那份累、向当权者低三下四的那份苦楚相比，老子确实是不受制于任何势力的。司马迁的这份赞许并不是没有来由的。事实上，在司马迁时代和以后的专制时代里，表面上受尊敬的是孔子之道，但专制统治者实际看重并运用在现实之中的却是老子、韩非之道。

2.老子的传奇人生

　　我们姑且承认《史记》中的老子是条自由自在的龙吧！那么，这是何方的一条龙呢？司马迁的记载是，老子是楚国苦县人，再往下说，是这个县的厉乡曲仁里的人。这个所谓的"曲仁里"，明显是司马迁的杜撰，是对孔子儒家思想的巧妙攻击。它的用意，或者说儒家之仁是邪曲不正的，或者说儒家之仁是需要矫正的。否则，一个小村子，哪能称得上一定要把"仁"给弯曲矫正过来呢？

　　老子的家乡苦县，有人说在现今的河南省，有人则说是在安徽省。一则报导说，考古工作者在河南鹿邑发现了唐、宋两代建于同一地点的太清宫遗址。太清宫是道教供奉太上老君（老子）的庙宇。鹿邑的这个太清宫，是皇家家庙的规格，据说等级不会低于曲阜的孔庙。同时，在此太清宫附近还发现了一座春秋晚期的大型墓葬，专家认为墓主人可能是当时厉（lài）国国君，这与老子家乡所在的"厉乡"也相一致。但是，诸如此类的发现尽管有新意，还是缺乏实实在在的佐证。看来，老子的户籍所在地，一时半会儿还是难以落实下来。

　　根据司马迁所作《史记·老子韩非子列传》，老子本姓李，名耳，字聃，所以人们有时也称老子为李耳，或老聃。这样一来，"老"与"李"是通假字，"老子"则应该是个尊号或雅号。在道教里，老子则被尊称为"太上老君"等。

　　对于老子的先人，连司马迁也一无所知。至于他是如何当上了国家图书馆的负责人，人们也无从知晓。一般认为，这个职位虽然不太有权，可级别也不太低，很可能还是个世袭的职位，也就是说，老子是从父亲那里继承的这个官职。看起来，老子也许还是贵族后裔。

　　不管什么原因吧，至少是工作性质所限，老子只好整天呆在图书馆里。不幸的是，看得书太多，就容易让人发呆，泛出书生气。所以，司马迁认为,老子整天就是琢磨有关"道"和"德"的问题,他的学说的主旨,就在于宣扬隐世和"无名"。从本书的分析中,会发现老子所谓的"道"和"德"的概念与当时大多思想家不同,更不同于现代人对于这两个词的使用。老子的"道"和"德"都有其特殊含义,讲的是宇宙万物赖以生生变化的哲学依据,其最终目的是提出对现实政治的批判与改造,为现世的帝王提供一套统治术。

孔子和老子生活的时代,是中国历史上典型的动乱时代。偌大的一个中原地带,原本是个统一而强大的国家。可是,由于种种原因,主要是政治体制和经济发展发生了严重冲突,使得天下既没有最高的政治权威,也缺乏共同的精神信仰。于是,社会的各个方面混乱异常,周王朝一步步走向崩溃,而到了老子做官的春秋末年,已经完全不成个体统了。老子本是中央政府的官员,但他所看到的却是中央政治权威的名存实亡,由此而导致了无休止的战乱,使全社会陷入了无尽的灾难,所有这些,在《老子》中都有不同程度的反映。

面对这种政治和社会局面,从社会各个阶层涌现出来的众多思想家的反应是不同的,他们之中,最早提出相应主张,同时也最有名的是孔子及其思想。孔子和他的追随者大多来自平民阶层。以孔子为首的政治群体提出和坚持的政治改革的思想,即使困难重重,甚至渺不可期,也要坚持对整体的社会现实进行积极的改造。老子则不然,他所担任的官职在当时是世袭的。也就是说,老子的先辈即使不是叱咤风云的将军、权倾一时的权贵,也至少是上层社会的贵族,所以,他就更关心本阶层的政治前途,更希望维持本阶层的特权地位。

以老子的书生气,再加上他在博览群书中对历史的研究,很快就明白了国家的兴亡不是任何个人或少数人的能力可以改变的。于是他失望了,认识到像他这样的人物马上就会退出历史舞台。老子有足够的聪明,觉得与其让人给赶下去,还不如自己主动下去。所以,他决定辞去他担任的那个同样是名存实亡的职位。

3.《老子》的作者

不过,在《史记》看来,要让一个像老子这样的曾经有过一定社会地位的人从身体到思想彻底与自己的过去决裂,并不是件容易的事。尽管老子认为依靠自己的单打独斗不能使现状变得更好,但却从不认为像春秋末年这样的政治混乱就没个尽头。老子登高了一步,从

宇宙天地的角度来看人类的命运,得出结论说,没有什么东西是不可改变的,除了他所认定的作为宇宙之根本的"道"。所以,一个人要想坚持处在一种不变的状态,只有坚守永恒的大道,也就是司马迁提到的"无名",因为大道是不可名状和命名的。

《老子》五千言,其实是讲给统治者,也就是书中不断提到的侯王或圣人来听的。可见,《老子》的最高理想,还是想对人世进行改造,只不过是他走了一条不同于孔子思想的道路而已。孔子是自己说自己干,《史记》中的老子则自己西行隐居,而把五千言的著作留给尘世。据司马迁说,当时把守老子西去路上关口的行政长官名叫尹喜。这位尹喜想必是对老子的大名素有景仰,一定要让老子写点儿什么,留给自己作个纪念。老子开始时并不愿意,可是,尹喜坚持说:"您就要隐去,那肯定是不会再回到俗世了。把自己的满腹经纶都带到那谁也不知道的地方,真是太可惜了,您就凑合着给我写下来吧!"其实,老子也并不是不想写东西,只是有时觉得写东西实在不符合自己一向的追求,写下来未免让人笑话;而此时好不容易有人坚持要他写,态度又是那么的诚恳,他也乐得坐这个顺水船。可是,这一写可不得了,尹喜并不只是自己要读,要学习,还把它广为传播,直到世人皆知。

这位尹喜自从被司马迁说成是《老子》五千言的第一位传人之后,关于他的传说并不比老子本人少。有一种传说,认为尹喜本是周朝的大夫,在未睹老子之前,已经是道行深湛,善于观察星宿,还会服食天地精华,但这一切都是在暗中进行的,当时的人并不知晓。等到老子西游时,尹喜发现了老子散发出的仙气,知道这是真人行动的迹象,就尾随在后,终于在关口追上了老子。两人见面之后,马上就有一种相见恨晚之感。老子发现尹喜也是同道中人,很有出息,就给他写下了五千言。后来二人一同西去,杳无踪迹。尹喜据说也有过著作,叫做《关尹子》。诸如此类的传说大抵与道教有关,如果它们也有根据的话,我们就猜不透老子的书是怎样流传到人间来的了。

传说中的老子,是骑着一头青牛西行而去的。在老子身后,最早有系统地公开推崇老子学说的,当是战国时期著名的思想家庄子。庄学继承并发展了老学的部分思想,但在对待现实政治方面却走向了彻底消极,严格说来,这是老子所不能首肯的。到战国末年,著名法家人物韩非子还写了《解老》和《喻老》的论文,专门研究《老子》,并把《老子》的诸多观点贯彻和发展在他的政治学说之中。很多学者都指

出,《老子》思想是韩非子所主张的政治专制思想的重要来源之一,以至于司马迁在《史记》中把他所认定的《老子》的作者老子与韩非子的传记合写在了一起,称《老韩列传》,真可谓是慧眼明察。

汉朝立国之初,出于休养生息的现实考虑,朝廷开始大力倡导以《老子》学说为核心的所谓"黄老之学",这对于发展经济、统一思想起到了相当重要的作用。但是,在汉武帝之后,随着"罢黜百家,独尊儒术"这一意识形态政策的提出和逐步实行,黄老之学开始逐渐退出正统的思想领域。毕竟,当国家要积极地有所作为之时,这一学说便显示出了它的乏力之处。不过,在民间,黄老之学的影响力并不稍减,以至于当道教在东汉出现之时,就把《老子》奉为经典,而老子也因此成为道教徒的祖师。在汉朝之后中国中古时代的大分裂时期,特别是在魏晋时期,《老子》思想又成为"玄学"的主要组成部分。在唐朝,老子更受到朝廷特别的重视,原因之一是老子姓李,唐朝的皇帝也姓李,为此,连道教在唐代都得到了超乎儒家与佛教的特殊地位。

唐宋以降,虽然没有出现过道教勃兴或魏晋玄学大行其道之类的高潮,但《老子》思想的实际地位并未降低。在宋明理学之中,《老子》思想的影响显而易见。事实上,《老子》思想并不是像有些人认为的只局限于修身养性的一面,而是在经世致用方面更有建树。唐宋以来,有籍可查的就有唐玄宗、宋徽宗、明太祖和清世宗等皇帝着力注释过《老子》,并且阐述了许多独特的见解,共同肯定了《老子》的政治价值。在今天,《老子》式的智慧甚至被人们运用在商战之中,可以说使古老的《老子》学说获得了新的生机。

因为老子的生平事迹太简单,缺乏明确可靠的记载,从司马迁开始,就记载了一些关于《老子》作者的不同说法。比如,还有一个叫老莱子的,也是楚国人,写过 15 篇著述,讲述的也是道家思想,而且这个人与孔子也是同时代的人。另外,孔子去世 129 年后,根据史书的记载,周天子朝廷里的一位叫太史儋的人去见秦献公说:"秦与周本来是一家,两家合在一起 500 年后就会分离,分离 70 年后就会有霸王出现。"这是个预言家,当时有人认为这个太史儋就是老子,但也有人说根本不是,以至于司马迁最后也难以定夺,只好笼统地说,无论如何,老子一定是个隐君子,即出世而隐居的君子。

总之,在历史上,《老子》比老子更受重视,而《老子》的作者也始终是一个历史之谜。因为《老子》与老子是可以分离的,所以本书宁肯

采取"《老子》思想"和"《老子》学说"这样的说法，不把传说中的老子这个人物扯进对《老子》思想的研究之中，以期更符合历史事实。

4.古本《老子》与今本《老子》

打开《老子》这本书，我们发现，它不过是一般所说的区区五千言，也就是5000多个字。然而，这五千言，在中国文化史上的地位可是非同小可。它的影响所及，不仅有我们这些土生土长的中国人，而且还远播海外，一直深受东西方思想界的重视。

《老子》思想在普通士大夫，也就是古代的中层官僚和一般知识分子中间的地位是非常奇特而微妙的。这些士大夫，当他们仕途顺利时，就是当然的儒学支持者，而当他们官场失意时，就会成为《老子》思想的崇拜者；另一方面，在公开场合，他们是儒学的倡导者，而在私下场合，就很可能是道家的遵奉者，并且从实用的角度看，他们并不认为这种阴阳组合有什么不妥之处。可以说，以《老子》为首的道家思想也是这些人重要的精神情怀。

在民间，《老子》思想主要是通过道教发挥作用的。道教是地道的中国土产的宗教。《老子》是道教的第一经典，被称为《道德真经》。《史记》所说的它的作者老子，则被奉为道教的始祖，称为太上老君，被供奉在道观的首席位置上，接受八方朝圣者的顶礼膜拜。

如此看来，同样的一部《老子》，在统治者眼里是统治术的重要组成部分；在士大夫看来，则是个人修身养性、安身立命的必不可少的法宝；而在一般老百姓的心目中，则是宗教修行和崇拜的主要对象和内容。总之，《老子》的中国人和中国人的《老子》，已经成为铁的事实。在西方，据说最早被读到的中国古籍正是《老子》，并且许多的西方人一下子就被它的思想所吸引。一些著名的思想家，比如伏尔泰和黑格尔，对《老子》还有很深的研究。年轻气盛的黑格尔曾经断言《老子》的思想平淡无奇，可在晚年又修正自己以前的看法，重新对《老子》做出了很高的评价。

当然，《老子》的思想到底如何，并不能单单根据某个或某几个大思想家的看法做决定。最重要的，还是它内部的合理性，以及主要依据这种合理性而对人世间所产生的广泛作用。从我们以上的简单述说中，这种广泛性已经得到了部分说明。

从版本的角度来看，《老子》共有两大类，一类是历史上流传下来

的版本,在本书中我们称之为"世传本"。另一类是现代考古发现的版本,我们称之为"考古本"。世传本的《老子》有很多版本,具有代表性的也不下十几种,本书参考了历史上最具代表性的三种,即《韩非子》所引述的部分《老子》文字,以及汉代的《河上公》本和晋代的《王弼注》本。考古本则有两种,即20世纪70年代在湖南长沙马王堆出土的帛书本和20世纪90年代在湖北荆州郭店出土的竹简本。

《老子》这本书虽然没有言说者或对话者的出现,但严格说来还是一种语录体。换句话说,虽然它应该有章节之分,每一节或每一段话有其主题或中心思想,但在这样的节、段之间却没有意义的必然关联,这在客观上造成了每一段语录的相对独立性,在先后顺序上并没有严格的要求。最初的世传本《老子》被分作"道经"和"德经"两大部分,而且是"德经"在前,"道经"在后,在考古本的帛书本中也是这样。在后来的流传中,"道经"被放在了前面,所以,《老子》也被叫做《道德经》。在后人不断的注释增删中,这两部分逐渐形成了现在81章的规模,5000多字。竹简本的《老子》由于出土时散乱无序,而且文字有限,就更难弄清楚它的章节顺序,把仅存的文字缀联起来,能够分出它的每一节、段的文字,差不多已经是最大的收获了。

现在所知最早注释《老子》的是战国时期著名法家思想家韩非子,但韩非子的做法严格来说并不是逐字逐句注释,而是重在借题发挥,用《老子》的语句阐述自己的思想。当然,不管韩非子释读《老子》的本意是什么,在他所写的《解老》和《喻老》两种作品中,还是引用了许多《老子》原文,这对于后世正确把握《老子》文本还是具有重要价值的。因为韩非子的本意并非注释《老子》全书,所以,他引用的《老子》原文共涉及到整本《老子》中的25章,并且引用的方式也比较灵活,有集中一节或一段引用的,也有把一节分开几句来引用的,或者只是零散地引述一句或几句。总之,尽管《韩非子》引用《老子》文字的数量比较有限,但由于它是世传本中最早的《老子》章节,还是应该受到足够的重视和研究。不过,从比较中也可以看出,《解老》和《喻老》中的《老子》原文更接近于离它们时代更远的世传本《老子》,而不是时代更近的考古本《老子》,这就说明,后人在改动世传本《老子》的同时,也没有忘记让韩非子的《解老》和《喻老》来保持一致。所以,这是我们在研读《老子》世传版本时应该加以注意的地方。

韩非子之后,由于《老子》思想的影响不断扩大,研习和注释《老

子》的人也越来越多,使世传本《老子》版本之间的差异越来越大。《老子》的文字说它言简意赅也罢,说它晦涩难明也罢,总是难以让人索解之处太多,所以,有太多的好事者就随意增删文字,企图以自己的聪明弥补自认为的《老子》版本中的缺憾之处,不曾想这种小聪明反而增加了后人阅读《老子》的难度。其次,由于古代书籍的流传方式比较简单和单调,除了誊抄就是手工翻刻,这样的手工制造,刀笔之误自然难免,结果就造成了种种版本之间多有字句上的不同。还有一种致误情况是,把前人的注释文字无意中掺入到正文之中,造成了新的混乱。尽管上述错误总的来说还没有从根本上影响到《老子》思想,但在许多具体问题上的歧义也足以让后人焦头烂额。

不用说,世传本《老子》在字句上的不同,大多发生在古代,而谁也没有想到,在现代还会发现更早的《老子》版本,也就是考古本。1973年,在湖南长沙马王堆的一座汉代墓葬中,出土了抄写在绢帛上的两种《老子》,学者们称之为甲本和乙本。两种帛书《老子》,据专家们研究,分别抄写在汉高祖刘邦称帝之前和在位期间。这两种版本之间的字句差异较少,说明他们在时间上的距离并不太远。但是,不算太多的字句差异已经将它们分成两种版本,也说明《老子》一书的版本不同很早就已出现了。另外,两种帛书本在文字上虽与通行本的《老子》有些不同,但这些不同总的来说还是主要表现在一些细枝末节上,尚未影响到太多的《老子》本意。

然而,到了1993年,在湖北省荆门市郭店的纪山楚墓群中,却出土了"郭店竹简"的《老子》版本。纪山楚墓群是东周时期楚国的贵族墓地,具有十分明显的战国时期楚文化的风格。据专家推断,该墓的年代为战国中期偏晚。"郭店竹简"的内容多为儒家著述,但其中有两种是道家学派的著作。在这两种道家著作中,主要是2046字的竹简本《老子》,共有三种版本,整理者称之为甲、乙、丙本。由于年代久远,泥水侵蚀,竹简有所残损,文字缺失在所难免,致使人们无法估计全部简本《老子》的字数。但是,就目前所得到的内容而言,与世传本和帛书本的《老子》就有相当大的出入。在形式上,竹简本《老子》不分"道经"和"德经",并且语句次序与其他版本《老子》也不完全对应。而在内容上,尽管大部分文句与帛书本和世传本《老子》相近或相同,但在一些主要问题上,却与这些版本有所不同。这就说明,其他版本《老子》在流传的过程中,不仅经过了后人的整理,而且具有大量后人增

添的内容。可以肯定,随着对竹简本《老子》之研究的不断深入,人们对《老子》思想的认识和理解必然会达到一个新的水平。

总之,《老子》的版本在历史演变中形成了很有趣的古本与今本的现象。从它们问世的绝对时间上来看,考古本出现的时间明显早于世传本,应该说考古本是古本,世传本是今本。但是,从它们在历史上的实际存在来看,情形恰好相反。也就是说,现在发现的考古本早在西汉初年就已经失传,而世传本中的《韩非子》最晚也是战国末期的版本,并且一直流传至今;另一方面,考古本中的竹简本尽管有可能是战国中期的版本,但直到今天才出土问世。所以,以现代人所看到版本的先后顺序来看,也可以说世传本是古本,而考古本是今本。不过,为了方便起见,本书还是称考古本为古本,世传本为今本。

5.历史的《老子》与今天的《老子》

讲说《老子》这本书,对于任何一位作者来说,都既是一件重要的事情,也是一件困难的事情,除了主观上的分析字句和理解文意方面的难易深浅的考验,更有客观上的不同版本之间的程度不同的文句差异。当然,这种客观上的差异存在于任何一本古籍之上,但由于现代考古成果的不断出现,在《老子》之上却表现得非常突出。所以,在原文的选取上,本书不得不选择具有代表性的各种整体性的版本。在世传本方面,本书选取了历史上较为通行的《河上公》本和王弼《注》本,以及最早的《韩非子》本。在考古本方面,则是《帛书》甲种和乙种版本以及《郭店竹简》的三种版本,以期读者最大限度地全面了解《老子》这本书。

由于现代考古学成就对古文献研习的影响越来越大,有时不得不在尊重历史与尊重实情之间做出区别甚至选择。也就是说,对于《老子》,在历史上,在多半人中间,影响更大的是它的世传通行本,而新近问世的其他版本,特别是考古发现的版本,在当代学术界影响更大。事实上,即使新发现的《老子》版本的权威性不容置疑,也难以取代或消除世传《老子》版本在历史上的影响。具体来说,至少从汉魏以来,直到20世纪70年代,世传本《老子》的影响已经形成了一种独特的历史文化和学术传统,甚至成为传统中国文化的一部分。这种影响事实上与《老子》版本的真伪和可靠程度无关,它是生发于世传《老子》版本的流行和研究过程中的一种相对独立的思想和文化成就。在

老庄经典 老子通说

此意义上,世传《老子》版本及其所反映的思想和形成的影响,什么时候都是值得重视和研究的。

因为考古本《老子》的发现,使《老子》思想的研究出现了许多值得深思的问题。特别是古本与今本《老子》的不同,更引发了一些新的问题。根据现存的典籍来看,《老子》思想的影响,最早发生在战国中晚期,比如战国中期的《庄子》就称颂和遵从《老子》思想。但由于《庄子》一书引述《老子》原文有限,使我们看不清楚《庄子》中的《老子》是更接近于古本的还是今本的《老子》。战国晚期的《韩非子》引述《老子》有专篇,数量也很可观,不过,《韩非子》引用《老子》的方式比较随意,加之《韩非子》这本书与世传本《老子》一样经过了后人的不断整理,显然与世传本《老子》更为接近。事实上,自《韩非子》专门就《老子》思想展开分析讨论之后,真正深入影响思想界和世人生活的是世传本《老子》,而不可能是考古本的《老子》。所以,考古本《老子》虽然可以校正世传本《老子》的许多文字,甚至可以改变世传本《老子》的许多思想观点,但并不能取代和改变世传本《老子》在历史上的影响。这就提醒我们注意,虽然研究考古本《老子》比研究世传本《老子》更为时尚,当前这方面的学术成果也层出不穷,但我们没有理由以考古本《老子》思想去评判世传本《老子》思想的历史作用和是非。历史是不能更改的,也没有什么应该与不应该的。

同样重要的是,考古本《老子》的释读,亦有赖于世传本《老子》的存在。也就是说,如果没有世传本《老子》的存在和学者们对它的研究,新发现的考古本《老子》,不论是帛书本的,还是竹简本的,有好多文字是难以释读的。所以,从各方面来讲,新发现的《老子》版本并不能完全取代世传本《老子》的价值和作用。恐怕二者的相得益彰,才是《老子》学术研究的正途。

总之,就《老子》而言,我们不能以新近发现的、从道理上更接近原本的新的考古版本,去否定世传版本的作用和价值。任何一种古籍、一种思想,都有其不同的意义和价值。它们的真相固然重要,但它们的历史作用同样重要。因为有幸发现了《老子》的多种新版本,这方面的问题就显得更为突出。这有其令人振奋的一面,也有其令人苦恼的另一面,而如何协调这两方面的关系和轻重,也是本书遇到的难题。所以,本书所坚持的总的原则只能是:重视历史,兼顾现实;重视历史上的思想影响,兼顾现实中的新发现;在古与今的比较研究中,

试图逐渐呈现文本的原貌,以期加深人们对原初《老子》的理解,平衡《老子》的历史作用与现实意义。当然,这样的原则,委实是说起来容易,做起来难啊!

古来一直有反对擅改古籍文字的呼声,使擅改古籍文字成为研习古籍的一个大忌。这个要求是非常应该的,也是作者所赞成的。本书根据各种版本的《老子》,尝试性地提出了一个"校改"本的《老子》。其本意并不是擅改《老子》文字,而是力图在众说纷纭的《老子》文字中,把自己的研习所得呈现给读者。为了说明"校改"本只是个人的看法,我们把本书使用的历史上比较重要的若干世传《老子》版本及相关研究成果,以及几种考古本的《老子》附于书后,既方便读者在比较中阅读,也是声明本书作者并不是要以自己的意见取代其他研究成果。

老庄经典 老子通说

13

第一章　道可道(001-004)

001-0101○道，可道也，非恒道也；名，可名也，非恒名也。

人们抬脚走道，再寻常不过，又有谁会注意到那些大道小道会有什么特别的意义呢？但是，在哲学家的眼里，问题就没有那么简单了。

在《老子》成书的时代，所有思想家都强调了自己的"道"，并想方设法证明，只有自己的"道"才是通向理想世界的唯一正道和大道。

"道"这个概念在当时之所以炙手可热，应该说与它的字义来源有关。商、周甲骨文未见"道"字，西周金文"道"字的构形与道路和人的行走有关。古文字经常是名词和动词同用一字，作为名词的道路和作为动词的人之行走乃是"道"字的初义。"道"字其他相关用法，不是本义的引申，就是字音的假借。总之，"道"的本意就是人行走的道路。不用说，既然身体的行走需要遵循既定的道路，那么，人的思想活动也应该遵循一定的道路或原则。就这样，有形的物质之道，自然就延伸到了无形的精神之道。

抽象的概念一般都起源于具体的事物名词。这是因为，具体的事情和事物构成人们的经验，只有积累了足够的经验，才会产生抽象的概念。另外，要想让普通人明白抽象的概念，最好是能有具体事物作为先导。这样做明显有它的方便之处，但也引发了不少麻烦，其中最显见的是，许多不同内容的思想，都使用相同的概念，反而有碍于人们正确理解这些概念。

对于"道"，那个时代其他哲学家都只是说了"我的道是什么"，而《老子》的作者却说得更多，并且发展到对"道"本身做文章。所以，当后人给先秦时代诸子百家的哲学思想命名时，宗从《老子》思想的一派，就被称作"道家"。显然，仅靠这种称号并不能说明《老子》的"道"比其他哲学思想的"道"更地道、更正宗，所以，更要紧的是《老子》之"道"的具体内容。

那么，《老子》在"道"上都做了些什么文章呢？

人们习惯地说"《老子》五千言"，而在传世最广泛的版本（即世传本）中，它的开场白就是直接讲述"道"。这句颇具挑战性的话是说，所

1

有人都能行走的道,以及那些可以用言语讲说出来的"道",并不是具有永恒价值的"道"。在这句话中共有三个"道"字,第一个和第三个"道"意义相同,是名词,专指《老子》的大道;第二个"道"字则是动词,本义是指行走,在此引申为言说、遵循等。意思是说,那永恒的大道是不可见、不可说的,否则就是寻常之道。《老子》的第一句话既攻击了其他思想学说,也给自己的思想定下了最高远的目标,那就是一定要为人类寻找一种恒常不变的、具有永恒价值的生存之道。

需要特别说明的是,"恒道"和"恒名"两个重要概念,在世传本中的说法是"常道"和"常名",并且因此而在历史上的知名度更高。在《老子》的帛书本中,汉高祖时代和此前的《老子》版本用"恒"字,而汉文帝之后的版本则用"常"字替代了"恒"字,这是因为,汉文帝的名字是刘恒,为了避讳汉文帝之名,世传本才形成了"常道"和"常名"的说法。这是专制时代特有的政治和文化现象,也是古籍流传中的常识性问题。

《老子》接着又讲到了"名",这显然是针对前一句的对大道的定性而言的。《老子》指出,那种具有永恒意义的名称和概念,只能意会和领悟,不能称道和讲说,否则就不会具有永恒性。也就是说,只有《老子》所认可的"道"才是"常名、恒名",恒常之名。其他思想学说,如果一定要自称为道,也只是"可名"之道,因而也就不可能是永恒的概念和思想。在这里,《老子》所说的"道"与"名"是对应的、一致的。大道是大名,大名只能是大道,二者是事物与名称之间的关系。

《老子》的立意真可谓高屋建瓴,不同凡响。不过,它所强调的"道,可道,非恒道"也给自己的思想留下了悖论。既然可以言说的"道"注定没有永恒的价值,那么,《老子》的思想如何才能让人们了解和接受呢?《老子》只有五千字,这在当时确实是言简意赅的哲学表述,但这本身还是有了道道说说的行为。所以,人们就有理由怀疑《老子》所说的"道"是否一定是他的作者所定义的永恒之道。

当然,明白事理的人一般不会在这些地方纠缠不休。一种哲学思想是否具有永恒的价值,主要是看它讲说的具体道理有多大的合理性,而不是该不该讲说出来。《老子》之所以说自己的大道不是寻常之道,也许是想说明这个大道是一般人难以理解和遵循的。

总之,"道"是《老子》思想的核心概念。为了与当时其他哲学思想奉行的"道"加以区别,也为了本书表述中的方便,我们称《老子》之

"道"为"大道"。大道是《老子》认定的万物的创生理念。天地万物为什么会生成？为什么会是这种形态？都是由大道规定的。所以，从终极意义上讲，大道是不可言状、不可察知的，即《老子》所说的"恒"，既没有开始，也没有结束。也就是说，可以言说的事物，必定是有始有终的，也就不能称之为永恒。同样，可以言说的"名"，即关于事物和思想的概念，同样是有始有终的，也不具有永恒的性质。为此，《老子》不得不强调说："可以言说的'道'，就不是永恒的'道'；可以言说的'名'，就不是永恒的'名'。"

002-0102○无名，万物之始也；有名，万物之母也。

《老子》的"无名"和"有名"，是从逻辑上对大道生化万物过程的描述，也是从不同角度对大道的描述，实际上说的也是大道本身，甚至在某些情况下就是大道的代名词。但是，由于世传本在文本方面的舛误，致使历代的相关解释歧义迭出，反而把本义弄得晦涩不明。

世传本"天地之始"，帛书本是"万物之始"，这一不同乍看上去区别不大，其实影响极其深远。在先哲的观念中，人类面对的外部世界，天地与万物是两个层次。从逻辑上讲，天地在先，万物在后。所以，根据世传本的文字，既然"无名"是天地的起始或本始，"有名"是万物的生母或来源，那么，"无名"就应该在"有名"之前，甚至是"无名"产生"有名"。这样一来，无数的疑问就随之而生，其中最重大的一个哲学问题是，"无名"和"有名"之"名"既然都是指《老子》的大道，那么，为什么大道还要分为"有名"和"无名"？围绕着这个问题，历来的注释家和思想家争论不休，想出了许多为《老子》自圆其说的道理，但都让人感觉不畅。而所有这一切难题，只是在帛书《老子》被发现之后，才有了最终说解。

根据传统解释，从大道生化天地的角度来看，大道是"无名"，因为在天地之前还没有具体事物，也就说不上有什么事物的名称或概念；从万物生成的角度来看，大道是"有名"，因为凡是具体事物就应该有名称或概念。这种解释，看上去也能自圆其说。但是，如果把天地和万物理解为事物发生或发展的两个明显不同的阶段，那么，"无名"和"有名"也就在无形中成为两个不同的概念和逻辑阶段，这就破坏了《老子》之"道"的整体性和一致性。

　　根据帛书《老子》，"无名"和"有名"面对的都是"万物"的本源和生发，那么，"无名"和"有名"就是同一"事物"，即大道的不同说法，它们是不可分割的对于同一概念的不同角度的理解和把握。也就是说，"无名"和"有名"都是万物生成的本始和根源。

　　那么，如何从哲学上理解"无名"和"有名"都是万物生成的本始和根源呢？根据《老子》关于"道"的哲学，大道和万物是不可分离的。之所以说大道在万物之先，只是一种逻辑上的论断。也就是说，万物的生成（如果有生成的话）和变迁，总是要遵循着一定的规律或规则；易言之，正是在某种规律或规则的指导下，万物才会有一定之规的生成和变迁。当我们从大道生成万物的角度来看，万物是"无名"的，即没有具体的名称或概念，只有大道的统摄；可是，当我们从万物遵循大道的角度来看，万物又是"有名"的，即万物都有其具体的名称或概念，否则就谈不上遵循大道的统摄。

　　总之，"无名"和"有名"并不是两个不同的概念，而是同一概念的两种说法。正因为如此，才说它们既是万物之"始"，又是万物之"母"，而"始"和"母"也是同一意义的不同用词，二者的不同只是修辞上的不同使用而已。

003–0103○故恒无欲也，以观其妙；恒有欲也，以观其所徼(jiào)。

　　遵循着上一节的思路，这一节对"无"和"有"这两个概念与万物的关系作了深化，也就是说，从不同的观察角度出发，人对于万物的认识就会有不同的结论。

　　这一节在帛书本和世传本的文字上有些不同，从而可以修正我们对于《老子》思想的认识。除了以"恒"代"常"之外，最重要的是断句问题。比如说，有断句于"恒无"和"恒有"之后的，还有断句于"恒无欲"和"恒有欲"之后的。现在，帛书本在"欲"之后有"也"字，就从根本上解决了这个问题，相关的一部分争论就可以停止了。

　　根据新的断句，《老子》想说的是，如果能够保持无欲，就可以体味到万物的本质；如果能够保持有欲，就可以观察到万物的具体形态。这里面的几个关键词，如欲、妙、徼，就像《老子》之中的许多关键用词一样，与同时代其他思想家的用意总是有所不同，甚至大相径庭。《老子》此处的"欲"，并不是通常使用的贬义上的欲望和贪欲之

类,而是一般意义的想法,引申为分辨、分析之类的意思。"妙"则是指事物存在的根据和变化的原则,因为这样的原则是看不见摸不着的,所以就称之为"妙"。至于"徼",通常释为边际之义,显然是指事物的具体形态和存在状态。也就是说,如果把万物作为一个整体来看待,就可以认识万物的哲学基础;如果把万物作为个体来看待,就可以认识万物的具体表现。

从哲学上讲,任何具体事物都不可能产生出全体事物,不可能作为全体事物的存在根据,所以要从"无"的角度去理解天地万物的存在;另一方面,万物总是有形的,所以要从"有"的角度去把握具体事物。因为"无"无形无象,无边无际,就被形容为"妙";"有"有形有象,有边有际,就被称为"徼"。

004-0104○两者同出,异名同谓。玄之又玄,众妙之门。

《老子》的哲学概念,往往有高与下两个层次。高的层次与大道有关,低的层次则与万物存在于其中的现实世界有关。在高层次里,一切都是恒常不变的,抽象的;在低层次里,则是可变的,具体的。

《老子》认为,对于大道来说,"无"代表了大道的运作原理,"有"则代表了大道的运作规模;"无"是大道生化万物的原理,"有"是这种原理的实际运作,也就是道的运作范围。可以说,"无"和"有"是道的两重性,而"无"和"有"之间,因为有大道的统率,才达到了不能分离的程度。这种两重性,既存在于大道本身,也普遍存在于大道产生的万事万物。对于每个具体事物,"无"的一面是说它为什么是此物而不是彼物,"有"的一面则说明它到底是什么。

根据上述哲学原理,《老子》在这一节总结道,"无"和"有"名称不同,但来源相同,都是幽深玄远的。它们的幽深玄远无以复加,是一切变化的开始。对于这一节前半段的意思,帛书本的文字比世传本的意思要清楚一些。不过,各种版本有一个共同难题,就是都没有直接说明"两者"指的是哪两者。而在此前,《老子》讲过了有与无、始与母、妙与徼、无名与有名、无欲与有欲等几对相互对应或相互对立的概念,致使"两者"意指不明。

其实,《老子》在此所说的"两者",并不是指具体的概念,而是指大道的两个方面,所以才说"同出而异名",或者"异名同谓"。这两个

方面，就是事物的原理和事物的具体表现。对于这两个方面，从不同的角度来看，就可以用不同的概念予以概括或把握。有与无是其本质，始与母是其本源，妙与徼是其形态，无名与有名是其称号，无欲与有欲是其着眼点。

《老子》指出，尽管大道与其两面性可以有那么多的相同和不同，但它们有一个共同的特性，即"玄"。"玄"的本义是指一种颜色，其色黑中带赤，直观上给人一种深不可识的神秘感。于是，《老子》就用"玄"来形容大道给人的直观印象。当然，大凡遥远而没有尽头的东西，外表必定模糊不清，也可以称作"玄"，如同玄色给人的感觉。为了进一步说明大道只可意会、不可言传的神秘性，《老子》强调说，"玄"也不足以确切地描述大道，只好说"玄之又玄"。与此同时，对于大道，只形容而不定性也不能把握它的全部，所以《老子》又说大道是"众妙之门"，也就是说，大道是万物存在原理的总原则、总出处。

这一节是对全章文意的总结。大道生化万物，是对万物存在的抽象规定。为了理解大道，《老子》从不同的角度叙述了大道与万物的关系。大道不可目见，所以才称做玄。魏晋时期有源于老庄之学的"玄学"，"玄"字即从此来。古人称"玄虚"，今人称"抽象"。中国本土主流哲学并不十分认同玄学，致使《老子》哲学的这种分析、辩理的特征没有得到全面的继承和发扬。

第二章　天下皆知美之为美（005-008）

005-0201○天下皆知美之为美也,恶已（矣）；皆知善,此其不善已
（矣）。

　　在《老子》看来,天下并没有独立发生的事物,包括思想观念,都
是与对立面共生共存的。正如这一节所说,天下人都知道了什么是
美,恶就产生了；都知道了什么是善,不善就产生了。也就是说,美与
恶、善与不善,都不能独立存在,更没有绝对的美或善、恶或不善。不
过,《老子》在此只是以美、恶为例阐述哲学问题,并不是专门对美与
恶、善与不善之类的具体问题作价值判断。
　　在《老子》成书的时代,社会正处在转型时期,有太多的事物都离
开了各自传统中的相对固定的位置,难以一下找到新的位置。同时,
新观念不断出现,对旧观念形成了强烈冲击。在这种大背景下,人们
的思想往往容易走极端,一方面会认为事物和观念的变化是不正常
的,另一方面又会认为一切都是变动不居的,都是不可把握的。《老
子》哲学一方面肯定了变化是事物的自然特性,另一方面也强调了事
物的变化是有规律可循的。以美善为例,一方面,美善不会是永远的
美善,如果内外条件有了变化,完全有可能转化为丑恶。另一方面,美
善是在与丑恶的比较中产生的,两方面是相互依赖而存在的。也就是
说,没有丑恶,就不会显现出美善,反之亦然。就具体事物而言,克服
了丑恶,就会保证美善的存在；保持了美善,丑恶就不会出现。
　　对于这一节的解释,传统上有两方面的不足。一是在美与善的内
涵上下工夫,纠缠美与善究竟是什么。其实《老子》讲美善与丑恶,不
过是举例。二是把《老子》所说的事物相互依存和相互转化的思想推
向至极之处,直至远离了《老子》本意。《老子》说,因为有了美善,丑恶
随之而生,这显然是强调丑恶的产生是有条件的,并不是无原则的。
《老子》并不是反对美善、丑恶这类观念的产生,它之所以强调丑恶一
定会随着美善产生,是想警告人们：如果一定要创造条件生成某一种
事物,那么,它的对立面一定会随之产生；即使是像美善之类的事物
或观念,乍看上去都是积极有利的,但人们并不能完全控制其消极不

利的一面,更不能完全制止其消极不利的一面。也就是说,要理性地、有节制地面对纷繁复杂的世界,不要自以为是、一厢情愿地追求某一事物,以免引发它们的反对面。完全与世隔绝是不可能的,但节制自己的行为、有节奏地生活却是有可能的。

006-0202○有无之相生也,难易之相成也,长短之相形也,高下之相盈(呈)也,音声之相和(hè)也,先后之相随也。

事实上,任何具体事物都是在相互依赖中形成的。自有人类出现,人的思想观念也是在相互依存中形成的。我们的先人早就认识到这一点。具体来讲,《老子》指出,有与无相互生发,难与易相对成就,长与短互为存在,高与下互相显现,声音与回声彼此回应,前与后相随不离。

从哲学上讲,上述这些两两相对的概念是相互依赖的。虽然《老子》使用了像“生”这样的概念,也并不是说这些概念的出现是有先有后的。从逻辑上讲,相互依存的事物的出现并没有先后早晚之别。也许对于某一环境下和某一阶段时的具体事物来说,有难易、高下、长短之类的先后早晚之别,但这些区别并不具有普遍的哲学意义。

在这一节,各种文本之间有一些区别,但并不足以改变其整体意义。比如说,考古本是“高下相盈”,世传本是“高下相倾”。“盈”与“呈”通假,与“成”、“形”、“倾”一样,也是在比较中显现的意思。西汉第二代皇帝名叫刘盈,世传本避讳,改“盈”为“倾”,意思基本相同。还有一处明显的不同是,帛书本在句末有“恒也”二字,竹简本则无此二字。帛书本整理问世后,颇有学者认为“恒也”二字概括得很好,即肯定了那些成对概念的相互依存是不变的规律。但在时代更早的竹简本中却没有“恒也”二字,并且这一节的文字与下一节的文字在同一竹简上接续,中间不会有遗失文字的可能。平心而论,“恒也”二字的概括,确实可有可无。

从《老子》倡导的顺从“自然”的角度来看,万物的相对而生是自然的,不应该加以褒贬。《老子》之所以强调这一思想,并不是要对万物的相对而生、相应而成进行评价,而是要从中引出生活的哲理、政治的原则。

普通人也许更喜欢有而不喜欢无,欢迎易而不欢迎难。追求长、

高、前,而厌恶短、低、后,乃是人之常情。可是,哲学家与普通人的不同之处,也更多地表现在这些寻常之处,因为他们能看得更远一些。有人认为这是书呆子气,甚至是杞人忧天。但是,正如孔子所说,人无远虑,必有近忧。因为哲学家更有远虑,才会乐此不疲,倾其所能展示人生和社会的深层内容。而《老子》也不无忧虑地告诉我们:你绝不可能撇开"无"而单独拥有"有",也不可能去掉"难"而只留下"易";你也不可能总是去"短"而存"长",也不可能总是处"高"而避"下"。

当你拥有此物的时候,就会失去彼物;得着了这一面,就会失去另一面。一个锱铢必较的人,可能会得到相当的世俗财富,可却会因此而失去友情,甚至失去亲人的爱心。如果能适当放弃一些"得"的机会,就不会失去太多。这看上去是人生旅途中令人沮丧的一面,但如果能认真对待,也有它令人欣慰的另一面。

007-0203○是以圣人居无为之事,行不言之教。

这一节是对上两节思想的总结。

《老子》说,根据上述哲学原理,圣明的当政者对于世事应该抱着无所作为的态度,对政教法治采取不言不语的做法。此所谓的"无为"和"不言",显然是相对而言的,因为《老子》还是肯定了圣人存在的价值,只是在此对圣人的言行予以明确规定和限定而已。

《老子》之所以强调圣人的"无为"和"不言",是因为任何的有为和有言,必然会引发它们的相对应的一面和相反对的一面的出现。有所为就会有成败,有言语就会有对错。具体到治国措施,只要有所举措,必然会有其负面作用,必然会产生意想不到的、控制不住的负面效应。也许有人会认为这太消极,因为负面的东西还可以用新的措施加以克服。但是,在《老子》看来,新的措施还会产生新的问题。这样往复不止,人类就会陷入无穷尽的忙碌甚至灾难之中。所以,最根本的办法,还是无为和不言。尽量避免有所作为,特别是过度的作为,才是《老子》所认定的圣人或高明的治国者的根本出路。

008-0204○万物作而弗始也，为而弗恃也，成而弗居也。夫唯弗居也，
　　　　　是以弗去也。

　　这一节接续着上一节的结论性论断，只是上一节从反面讲，这一节从正面讲。这是《老子》一书的风格，先提出反面意见，然后加以驳斥，最后表明自己的观点。那么，在上述几节的阐述之后，《老子》的正面观点是什么呢？那就是，任由万物自然生发，不要加以人为的引导；任由其成长，不要去左右；即使需要有所作为，也不要自恃有能；即使有所成就，也不要居功自傲。因为只有不居功，才不会失去成功。

　　《老子》的这番正面论述，主要有三方面的内容。第一，要遵循自然的原则，不要干预万物的生长；第二，人不可能彻底无为，但即使有所作为，也要把自己摆在次要位置上；第三，人的最终目的还是满足自己的需求，但只有在获得满足的过程中遵循自然的原则，才能最终获得满足。因为有得就会有失，有功就会有过。最佳的获得满足的途径，是遵循自然原则，不干预外物的生长。一旦出现了不得已的情况，确实需要人为的手段，也要保持低调，以防止走向事物的反面。

　　万物都有相对的两端，如果执持其一，最终会归于另一。在现实政治中，居功的结局必是失功。世人都在拼命争"有"，结果却是"无"；圣人一直守"无"，以等待谁也得不到的"有"。正因为不居功，功劳才不可能落到别人的手里。因为，所有的功劳，在它的内部就已经规定了最终属性。如果你不认同这个属性，非要强求而行，肯定会事与愿违。《老子》反对强出头，并不是反对人的进取心。头是要出的，但不要"强"，不要勉强，不要逞强。通过逞强而得到的，最终还会因逞强而失去。

　　不过，我们也没有理由把这种相对性太夸大。《老子》强调的这种相对性，是让人们更好地面对生活，而不是在面对生活的相对性时，产生悲观失望的情绪。如果认为失去了绝对性，就不知道如何确定人生的位置，如何确定生活的方向，那就大错特错了。事实上，世间万事万物，万种生灵，都是在相对性的制约中生活的。我们固然不能说危险和恐惧就应该是生活的必要组成部分，但是，绝对一帆风顺的生活，在这个世界上确乎难寻。

第三章 不上贤(009-011)

009-0301○不上贤,使民不争。不贵难得之货,使民不为盗。不见(现)可欲,使民不乱。

　　《老子》虽然哲学味道浓厚,但其归趣,终究还在于现实社会和社会政治,这是先秦时代诸子百家的共同特点。这一特点,既是先民精神追求的延续,也是时代要求,更决定了此后中国文化的主流。当然,由于《老子》写作风格是随笔式的,加之历代流传过程中出现的种种文本方面的问题,使《老子》的叙述顺序显得比较零乱,并没有把哲学问题与政治分别叙述清楚,也没有把二者的结合讲说得前后有致,但这并不妨碍我们对其思想作必要的梳理,以从中找出合理的头绪。

　　与当时其他思想著述一样,《老子》也想减轻人们的苦难,化解人们的疑惑。但是,相对而言,《老子》更喜欢在策略上多做文章,在整体上采取消极退让的方法,力图从根本上解决问题。在这一节,《老子》主张,不要崇尚贤能,以免人们相互间产生纷争;不要看重难得的财货,以免人们去盗窃;不要展现出诱人的东西,以免人们心思烦乱。

　　通常的思路是:推崇贤能之人,以激励无能之辈,进而由贤能之人主导社会,解决纷争;同时要促进生产、发展经济,以期人们过上共同富裕的生活,以此来减少盗窃之类的犯罪行为;并且还要鼓励发明创造,以推进崇尚贤能和发展经济的主张,进而激励人们奋发上进的欲望。一句话,是要通过积极的手段,解决社会发展中出现的问题。也就是说,不是采取消极的方式减少和去除人们的欲望,而是设法让人们提高修养和控制自己的欲望,尽量做到兴利而避害。比如说,孔子自称“四十而不惑”,孟子也自以为“我四十不动心”,这不是说他们没有欲望,而是说他们很好地约束了自己的欲望。

　　但是,纵观人类历史,积极的进展与消极的退让始终是联系在一起的。至于如何定义进步,那就是更为复杂的问题了。有感于此,《老子》宁肯采取稳妥的办法,从它的视角出发,决意从根本上解决问题。但是,对于人的欲望,历史和事实都证明了,疏导比截堵更容易奏效,也更容易让人接受。可能正是意识到欲望或贪欲对于人类的重要性,

老庄经典　老子通说

所以,世传本就把古本的"使民不乱"改为"使心不乱"。这一改动虽有其深意,但却在无意中去掉了《老子》此一节的政治倾向。这一节所说的显然都是针对"民"的,是为当政者出谋划策的,没有必要在最后一句话中把"民"改为"心"。

《老子》也许并不是没有认识到人类的欲望是没有穷尽的。努力去掉引发欲望的事物,这听上去当然是一剂良方,但不可能要求所有的人都做到这一点。在此意义上,《老子》之所以排斥贤人和难得之货,关键是不想让贤人和财货引起普通人不该有的欲望,而不是根本不要贤人和财货。这其中最重要的是手段和对象问题。明太祖朱元璋在读了这一节后马上就认识到,不是君主不看重贤人和财货,而是不要让臣民产生贤与愚、贵与贱的分别之心,以保证他们不生贪欲。他真不愧为开国之主,政治经验丰富,终于体会到了《老子》的深意。

010-0302〇是以圣人之治也,虚其心,实其腹,弱其志,强其骨。

讲到这一节,《老子》开始正面论述它所主张的治国之道。《老子》的具体主张之一是,圣人治理下的邦国,要使臣民的思想空虚、心志薄弱,但却一定要让他们衣食无忧、身体强健。《老子》所说的"虚其心"、"弱其志",意思是一样的,也就是说,人们一旦没有了贤与不肖的区别,没有了对于难得之货的追求,看不到容易引发欲望的一切,心中自然就会空无一物,也不会有世俗所谓积极向上的心志了。那么,去除了心中的烦恼,人生的乐趣在什么地方呢?《老子》明确指出,那就是衣食无忧、身体健康的平淡生活。

从表面上看,《老子》描述和要求的这样的人生状态,确实有其诱人的一面。后世许多隐士,或许心中就是这样的人生目标。但是,我们不应该只看到现象,还应该去思考其本质;不要只看结果,还要考察其原因;不要只看到目标,还应该去看达到这样的目标的途径。正如上一节所说,圣人治理下的百姓,他们的"虚心弱志"并不是他们不想有所追求,而是眼前根本没有他们可以追求的东西,确切讲来,是人为地把他们放置在一个理想环境中。他们看到的一切都是一模一样,没有区别,也没有新奇,当然就不会有异样的想法,也不会有特殊追求。平心而论,这样的环境,大概也只有《老子》描绘的理想中的圣人才能制造出来。

更重要的是,即使是这样的目标,也只是对普通人的要求,是圣人刻意给百姓安排的结局。在这个环节,圣人安排好了普通人的一切,普通人只能被动接受。也就是说,所谓"实腹强骨",其出发点并不是为了百姓过上安逸的生活,而是为了让他们"虚心弱志",不要给圣人制造麻烦。当然,按理说百姓在衣食无忧之后是应该保持安定,但是,人毕竟是人,他们一定得知道这个衣食无忧是怎么来的,是自己争取来的,还是别人施舍来的;是有条件的,还是无条件的,如此等等。所以,"虚心弱志"也好,"实腹强骨"也罢,这些听起来不错的名堂,一定得有其适当的来源,才能为人们所接受;一定得是人们主动追求的结果,才会保持长久。

011-0303○恒使民无知无欲也,使夫智不敢。弗为而已,则无不治矣。

这一节是对上两节所述内容的理论概括。

在列举了圣人对普通人的具体要求之后,《老子》概括说:"要努力让人们一直保持着无所知晓、无所欲求的状态,使他们的机谋不敢发挥。人们都不随便做什么了,所有一切就会得到治理。"

在最后的总结中,世传本多了两个"为"字,一是变"不敢"为"不敢为",二是变"弗(无)为"为"为无为",帛书本则径称"不敢"和"无为"。这两个"为"字,乃后世学者力图使《老子》的思想更加圆融的做法,其实未必符合《老子》本意。帛书本所谓"不敢",应该包括"不敢想"的意思,但世传本却只局限于"不敢为"。至于"无为"和"为无为"的区别,则前者言简意赅,后者显得有些多余。

事实上,"恒使民无知无欲"正是《老子》推崇的"无知"的实质。无知则无欲,无欲则无事。在《老子》时代,当权者的争权也好,不甘处下者的犯上作乱也罢,肯定是以"智者"的存在为前提的。如果能让人民从始至终都不知道国家政治的奥妙,不产生任何追求政治权利的欲望,《老子》的法则就算成功了大半。从政治理论的角度来看,《老子》的这些观点无疑是幻想的产物。虽然它也有批判现实的政治意图,而在实际的影响所及之处,更多的是起着消极作用。当统治者需要社会安定,需要臣民的服从时,就会声称要减少政令,清静无为;当他们需要清除政治敌手,需要镇压人民的反抗时,就会马上放弃这套说法。

在专制时代,政权稳定的关键是臣民的思想一致。但是,《老子》

并不是要求人们通过学习,提高思想认识,积极主动地达成一致,而是主张以封闭和压制的手段,强求人们无条件地与君主保持一致。与此同时,为了国家的存在,还得要求人们以强健的体魄从事劳作。更为理想化的是,让百姓为了温饱而不停地劳作,以至于无暇考虑现实政治是否合理。《老子》的这一政治理念,完全被战国后期的三晋法家所继承和发展,比如著名三晋法家人物韩非子就是受到《老子》思想的启发,提出了与《老子》如出一辙的政治思想。

《老子》的如此政治主张之所以缺乏现实性,还有一个方面,即它忽视了人性的存在和力量。人性是善还是恶,诚然难以定夺,但物欲却为人性所固有。对于此类欲望,只能通过引导,发挥它们积极的方面,而不可能通过所谓的"无为"使它完全泯灭。而在设法让大部分人对它们视而不见的同时,又想让小部分人尽情拥有之,就更是一种奢望了。

《老子》的"无为"政治还有其他方面的不合理性。颇有人为《老子》辩解说,所谓"无知",并不是散布愚民政策,而是反对巧伪的心智;所谓"无欲",也并不是消除人的自然本能,而是控制贪欲的过分膨胀。其实,智慧和巧伪,本能和贪欲,都是相对而言的。同样的主张,在一定条件下是智慧的表现,换个条件就有可能成为巧伪之举。把相对而待才能成立的东西,变成绝对化的要求,特别是在政治上,就会片面地为专制君主制造出有利的形势。

那么,既然《老子》的"无为"观从道理上讲并不具备十分的合理性,可为什么在旧时代还能得到那么广泛的回应呢?显而易见,专制统治者对《老子》的这番主张是可以巧妙地加以利用的,所以才会想方设法开拓它的市场。《老子》暗示,统治者先做出不尚贤、不贪婪的姿态,人民才能不争。统治者从中大受启发,口头上说自己没有什么欲望,同时强迫人民放弃所有的欲望。为此,首先就要造就一个让人民无知的国度。人民一无所知,欲望就会大大减少。所以,专制帝王一般都是加强文化控制。从历史上看,积极的方法是举孝廉、八股取士等,消极的方法就是焚书坑儒、文字狱等。

总之,《老子》的政治无为主义在当时确实是有批判社会现实,特别是批判当时的统治者穷奢极欲、巧取豪夺的一面。但是,它告诫统治者无为无欲,并不是要求统治者给予普通人更多的生存机会,也不是立意改善民众的处境;而是提醒统治者,一味地如此下去,宝座就不会稳固。

第四章 道冲而用（012—014）

012-0401○道冲(chōng)而用之,又弗盈也。渊兮,似万物之宗。

这一章又是描述大道的特性。我们说过,最初的《老子》并没有章节之分,现在看来,究竟是哪些内容在前,哪些在后,以及顺序如何,也许只能留给以后的考古发现来彻底解决。不过,从最新的考古所得文本来看,应该说《老子》就是一本随笔,整体上有它的一致性,但每一单元却有其单独的论点和论述角度。也就是说,《老子》尽管有其主旨,但在形式上并不是一部系统的著述,而是格言式的汇编,所以,对大道的叙述也并没有集中在一时一处。总之,《老子》并不是如司马迁所说,是一次性完成的,而是一位或几位思想家点滴思想的累积。

在这一节,《老子》从一个新的角度来描述大道。它说:"大道虚廓,却不断地发生作用,永无穷尽,深不可测,好像万物的宗主。"这里的"冲"字是虚空之意,但这样的虚空是人的一种主观感觉,因为大道的存在和作用方式是人所不能实际感知的。大道的作用无穷无尽,但却永远不会盈满,不会有停止的那一天。为了进一步说明大道"冲而弗盈"的特性及其对万物的作用,这里再次形容说,大道就像探不到底的深渊,可以说是万物的来源。这里所谓"宗",也就是万物的宗祖和来源。但是,这样的来源并不是指事物的具体形态,因为具体形态的事物只能产生有限的具体事物,不可能产生宇宙间所有事物的整体,即"万物"。所以,为避免误会,《老子》不得不使用"似"字,以期人们尽量准确地从观念上把握大道。也许,《老子》认为再详尽的言辞都有它的不足之处,甚至可以说越是详细的描述越是容易显现出具体的不足,所以,《老子》宁肯用"像、似"之类的相对模糊的字眼。

比较流行的一些世传本《老子》也有用"冲"字替代"沖"字的。"冲"与"中"通假,意思是说大道的特性是要避免过度和不及,体现了适中的原则。这种解释本身不能说不符合《老子》的本义,但在这一节的上下文中,却不能与"盈、渊"等概念相一致。

013-0402○挫其锐,解其纷,和其光,同其尘,湛(zhàn)兮似或存。

这一节是在具体说明大道的作用,当然不是大道所有的作用。

对于大道的作用,《老子》有许多具体描述。从《老子》哲学出发,大道的作用其实并不是解决现实中的具体问题,但是,要想让人们理解和认识大道的作用,就必须从具体事物着手。这看上去是个两难,其实也是必然的选择。在本节,《老子》认为,大道具有挫折锐进、化解纷扰、和融光耀、同化尘埃的作用。但是,《老子》接着就补充道,不能说因为大道具有此类作用,就说大道是某种具体事物,其实,大道的本质还是如上所述,是深沉幽隐,只不过从它影响和作用于所有具体事物的角度来看,它又好像是一种具体的存在。

在此出现的四个关键用词,锐、纷、光、尘,表面上看是不同的词语,但表达的却是相同的意思,是从不同角度对于违背大道宗旨的同一现象的描述。锐指锐进和激进,纷指纷扰和纷争,光指光耀和争先,尘指尘埃和躁动。这四方面的表现,明显有违大道的清静无为,是有智有欲的结果。而大道的作用,就是制止、终结、中断、化解此类的"有为"之举。

在发挥其作用的过程中,大道是无形无踪、深湛不可测知的,但从结果上来看,它的作用却是非常明显的。可以说,大道无所不在,可又不在某个具体地方。无论它在光中、尘中,都是存在于具体事物中,但大道本身却不是具体事物。

014-0403○吾不知其谁之子也,象帝之先。

这一节是全章的结束语。

在具体而形象地描述了大道的作用之后,人们不禁要问:《老子》的大道究竟是什么?对此,《老子》也有明确的回答,尽管这样的回答并非人们所期待的那样。《老子》回答说:"我也不明白大道是谁所生,只知道它好像是天帝的先人。"要回答大道是什么,必须说明大道从何处来。对此,《老子》从两方面作了说明。第一,"我",《老子》的作者,进而指所有的人,都不可能知道还有什么东西会在大道之前,因为大道是一切的来源;第二,如果一定要找一个参照物来说明大道的先后,那么,也只能说大道是"帝"的先人,即大道早于"帝",并产生了

"帝"。显然,这两个方面是一致的。

"帝"的观念在殷商时代就已存在。在殷商卜辞中,帝指天帝,即人世间最高的神灵。而"天帝"并用,则是周朝以后之事。《老子》中的"帝",是指人间万物的直接主宰者,传统的解释是"生物之主"。这个"帝"虽然也是没有具体形象的抽象观念,但由于人能与其沟通,在通常的理解中,帝的形象实处于半实半虚之中,当然不能与大道相提并论。《老子》意欲以大道统摄万物,但对于世俗所遵从的"帝"也不能等闲视之,故称"象(像)帝之先",既给"帝"以特殊地位,又强调了大道的不可超越性。

在《老子》中,"帝"的概念只出现过这一次,显然有些突然。殷商之人崇尚帝,周人则崇尚天。周人取代商人建立国家之后,以"天帝"并称,既有安抚商朝后人的意味,也有降低"帝"之作用的意味。《老子》在此不用"天",也不用"天帝",而是用"帝",也是想强调时间上的久远性。也就是说,即使是人类早期使用的"帝"的概念,也不及大道悠远长久。"帝"是生灵的主宰,万物的变化都出现在"帝"之后,而大道则存在于"帝"之先,这就说明,没有什么能处在大道之先。当然,《老子》还是使用了"象(像)"字,强调这也只是一个比方,因为大道的地位是无与伦比的。

总括这一章的内容,《老子》的观点是:如果说"道"是什么实体的话,它的这个实体也是个虚空,尽管它的作用是没有穷尽的。它深不见底,却好像是万物的宗祖,一切都来自于它。它是幽隐不见的,但似乎又是一种实在的东西。总之,用普通人的眼光来看,大道是一种若有若无之"物"。说它有,可又并不是寻常所说的有什么东西的有;说它没有,它的作用无"物"能比、无处不在,显然不是什么也没有。所以,《老子》的结论是:我也不知道它是从何而来,只是觉得在创造天地万物的"帝"之前就有了这个"道"。也就是说,天地万物的最终来源还是"道",而一般人所说的造物主、天、帝之类,也得遵循大道的原则去行事、去创造万物。说穿了,造物主也只不过是大道的一只手。

第五章　天地不仁（015-017）

015-0501○天地不仁,以万物为刍(chú)狗;圣人不仁,以百姓为刍狗。

　　这一章以天地的特性为喻,引申出与大道相一致的圣人的治国治民之道。此所谓"天地",就是大自然,是不以人的意志为转移,并且会对人类产生重要影响的外在环境。

　　从大道的角度看去,天地的特性是什么呢?《老子》的答案是:"天地没有仁心,把万物视作刍狗;圣人没有仁心,把百姓视为刍狗。"在这一段话中,关键词有两个,一个是"仁",另一个是"刍狗"。

　　这里的"仁",传统的解释是仁恩或仁爱,显然是受到了早期儒家对于"仁"的理解和使用的影响。其实,在战国时代的楚地,"仁"字的构形是上"身"下"心",意为身心和谐。麻木不仁之"仁",正是这个"惷"字所代表的意义,也可以说是"仁"字的初义和本义,并且,在竹简本《老子》中,用的正是这个"惷"。至于"仁"形之字,虽然在西周金文中已经出现,但一直与"人"字同义,其构形中的"二"只是一种书写中的修饰之笔,并没有其他意义。到秦汉时代,大概更可能是秦国统一文字的过程中,就用笔画简约的"仁"字替代了笔画繁复的"惷"字,并正式将"人"与"仁"分开使用。

　　总之,在《老子》成书的时代,使用的正是"惷"字而不是"仁"字。所谓"不惷",表示身心失调,麻木不仁是也。《老子》此处所说的天地和圣人的"不仁",就是麻木、不在意的意思。也就是说,从大道的要求出发,天地对于万物、圣人对于百姓,根本没有想过要理会他们、注意他们,更不曾想去左右他们,因为他们也是大道所生所成,也会自然遵循大道的要求,无言无为,无欲无智。传统解释"不仁"为没有仁恩,因为没有恩就没有怨,没有爱就没有恨。这样的解释虽然也不违背《老子》的宗旨,但对《老子》本义的理解,在深度和广度上都明显地有所缺失。

　　为了强调所表达的意义,并便于人们理解,《老子》使用了一个比喻,即把万物和百姓当作天地和圣人眼中的刍狗。那么,"刍狗"是什么呢?传统解释是,刍狗是用草扎成的狗,在当时主要用于祭祀。根据

西汉早期《淮南子》一书的记载,祭祀所用刍狗,是用草扎成狗的模样,还会有一些其他装饰,用以祈福。这也许是西汉时代的地方民俗,未必符合《老子》成书时代的实际。因为,相关研究证明,《老子》成书时代的人们并不用狗祭祀,而且当时的典籍和现代考古发现中,都没有用狗祭祀祈福的例证。

其实,无论"不仁"的意思是不表现仁恩还是麻木不仁,都与祭祀无关。因为,既然是用刍狗祭祀祈福,就不会没有仁恩,也不会麻木不仁。传统解释说,用刍狗祭祀,用的时候很隆重,用完之后就弃于一旁。然而,根据《老子》的思想,天地对于万物、圣人对于百姓,既没有重用之义,也不会有抛弃之举,因为天地和圣人从一开始就没想过对于万物和百姓做什么。如果一会儿用、一会儿弃,显然违反了自然而然的原则。再说了,在当时的祭祀中,对于象征性的祭祀物和祭祀品,人们也不会用完之后就弃之一旁,更不会完全抛弃。

说来说去,究竟什么是"刍狗"呢?研究表明,从先民以来,狗就主要是用来守护和狩猎的。结草为刍狗是用其象征意义,即用于人死后的陪葬,或者在修建房屋时埋在房前屋后,起所谓守护神的作用。这样的使用,看重的显然并不是其实际意义,而只是一种心理安慰。也就是说,刍狗徒有其形而无有其用。天地对于万物、圣人对于百姓,犹如人对于刍狗,并没有实际的期望,当然就不会施以实际的对策或干预。

016-0502○天地之间,其犹橐籥(tuó-yuè)欤?虚而不屈,动而愈出。

这一节继续描述天地的特性,也就是描述大道的特性。

《老子》告诉我们:"天地之间,难道不就像个风囊吗?空虚却没有边际,发动起来也没有止息。"《老子》此处所言"天地",与上一节相比有些虚化,即从比喻的角度出发,更偏重于抽象的天地,即万物主宰意义上的天地,并非蓝天大地,因而也就是大道的代名词。从哲学本体论的意义上来讲,《老子》使用"大道"的概念;但是,从创生具体万事万物的意义上来讲,《老子》就使用"天地"的概念。

"橐籥"是当时的鼓风设备,主要用在冶炼和铸造方面,是提高温度的必有设备。春秋战国之际是中国铸冶铜铁的第一个高峰时期,而鼓风设备的改进及其功效,也引发了许多哲学家的思考。"橐"是用兽

皮做的皮囊,"籥"是风管,是空气出入的通道。皮囊用来鼓动风的运行,风管提供风运行的通道,两者都是因为它们中空无心,发动起来才有回应和效果。根据《老子》的看法,天地之间,造物主对生物并没有私心,也是因为中虚而无心。橐籥是因为中空才能发挥其作用,如果其中有物,就会有所妨碍。以虚心无物的态度对待世事,就能正确无误地做出应对。同理,圣人没有偏爱之心,所以,他的力量才会没有穷尽。

天地之间的空无,就是上一节的"不仁",即观念上的空无。天地如风箱一般的胸襟,确实应该为帝王的治天下所效仿,但在实际政治中,能够一贯拥有如此胸襟的帝王却难以看到。对于帝王来说,"虚"在多半情况下是不得已的选择,或者只是一种说辞和宣传手段,"不屈"和"愈出"才是他们的真正追求。

017-0503○多闻数穷,不若守于中。

这一节照例是总结性的论说,强调大道非主动性的重要性。

遵循着大道的规定,《老子》说:"闻听太多,就会屡屡受困,不如持守在中道上。"世传本称"多言",帛书本称"多闻",一字之差,意义完全不同。"多言"一般认为是指普通人过多的承诺、统治者过多的科律,或者是思想家过多的学说和主张,这固然也是《老子》所反对的东西。但在这里,《老子》明确批评的是"多闻",主要是指向外的追求和追逐,因为这样的追逐违背了自然之道,不是把万物和百姓当作"刍狗"一样对待。

世传本称"守中",帛书本称"守于中",应该说帛书本的文字比较切题、平和。对于"守中",传统解释多以为是持守中道,不偏不倚。但是,这样的中道本身未免有所规定,不符合大道的自然特性。而所谓"守于中",则是说大道和圣人持守自己的思想中心和行动原则,完全根据外物的变化决定自己的具体取向,所谓以不变应万变是也。因为,一旦"多闻",就会失去自己的主张,就不能"守于中",以至于完全丧失自我。

第六章　谷神不死（018-020）

018-0601○谷神不死，是谓玄牝（pìn）。

这一章是从一个新的角度形容或描述大道的功用。

在先秦时代，对于哲学原理，思想家们很少用抽象和思辨的言辞进行逻辑定义和推演。有人认为这主要是受到当时的语言文字的影响，即当时的语言文字比较简略，不适合于进行抽象的哲学思维和表述。其实，真正的原因毋宁是在思想家的内在观念中，而不是在表面的语言文字中。因为春秋战国时代的名家，以及子思和孟子的著作中，思辨性极强的哲学思维随处可见。名家学派中公孙龙子著名的"白马非马"之论，孟子与告子关于人性问题的辩论，至今仍是人们争论不休的哲学命题。但是，在那个时代，思想家的首要追求是改变现实，参与实际政治，所以，他们一定要让自己的主张为更多的人所知晓，其中当然主要是政治家和当权者。为此，他们不得不更为实用一些，更多地用比喻和形容的修辞手法传播他们的思想。

至于《老子》，虽然是公认的那个时期比较纯粹的思想家的作品，文字也相当晦涩，但为了普及它的思想，还是在正面阐述其大道的同时，也使用像本章这样的比喻手法。《老子》说："大道就像是没有完结的谷神，好比是玄妙的生殖之母。"这里的"谷"是指山谷，因为当时谷物是用"穀"字来表示的，简化字才用"谷"。至于"谷神"，可以分开理解为谷和神，即山谷的空灵和神灵的奇妙，也可以合在一起理解为山谷之神。称大道为"谷神"，是说它虚空无状，能够创生万物。意思是说，大道因为虚空而创生万物，这个过程难以描述，只能以"谷神"比喻。用"谷神"来比喻，是因为空谷回声，人不知其来处；或者是说空谷藏物，深不可测，犹如神用，没有止息。所以，《老子》就称这个"道"为"谷神"，也就是一切事物的来源。

至于"玄牝"一词，"玄"是第一章"玄之又玄"（004-0104）之义；"牝"与"牡"相对，其文字本义分别是指雌性和雄性的牲畜。《老子》经常使用这两个字，用来形容大道创生天地万物，犹如雌雄相交、生育后代一样，神奇而没有穷尽。不用说，这与当时的人们对于动物和人

类生殖的认识比较肤浅有关,甚至与一定程度的生死崇拜意识有关。因为认识相对肤浅,就不免将其神秘化,正好可以与大道的神秘性相提并论。

这就说明,《老子》的大道并不是实在的造物主,不是凡胎肉眼可以看得见的造物者或造物工具。天地万物,浩瀚宇宙,到底有没有最实在的来源？这看上去是个无聊而遥远的问题,但是,古今中外,确实不知有多少杰出人物被这个问题折磨得寝食不安。为什么呢？这里面既有人类实用的一面,也有追根问底的好奇心的一面。也许更重要的是,人类总不能坐视对自己的来源一无所知吧!

在哲学家那里,万物的根源不是实物,而是一种原理,一种原则,《老子》称其为"道"。尽管他们也知道,具体事物至大无外,至小无内,永无尽头,但哲学家的想法是,无论具体事物的尽头是什么,在造物的最初的一刹那,或者说在造物之前,那个人们心目中的"造物主","他"总应该有个什么想法吧,总应该有个造物的蓝图吧,即:为什么要造物？应该按照什么样的原则造物？所造之物应该如何存在？如何运作？这些都是"道"要回答的问题。

《老子》之所以要认定那想象中的造物主一定得有个造物准则,并不是因为它对诸如此类的准则感兴趣。它的思想重点并不在于证明这样的准则,而是想为他的"道"的哲学找到一个可靠的依据。换句话说,既然造物主都把"道"当成了行动准则,人类呢？作为造物主的一种产品,不就更应该遵循大道的原则行事吗？

从哲学的角度探讨宇宙本原的学说,是哲学的本体论。在《老子》时代,《老子》道生万物的观点就是本体论哲学。可惜的是,尽管这样的观点不同凡响,却并没有得到广泛回应。《老子》想从根本上解决哲学的合理性,以及社会的混乱无序状态,但是,真正能够理解它的哲学思考的人并不多,更多的人所接受的,虽不能说是《老子》哲学的残羹剩汁,也只能说是一些边角料。比如说,愤世嫉俗的《老子》未被认可,而为世俗君王出谋划策的《老子》却得到了认同;反对扰民的《老子》被扔在了一边,而主张愚民的《老子》却坐在了正座;清静柔弱的《老子》被认为是不正常的,而以柔克刚的《老子》却被看作是合情合理的;正直的《老子》不足挂齿,而不讲原则的《老子》却大受欢迎。

019-0602○玄牝之门,是谓天地根。

这一节是对上一节的引申和解释,说明把大道比喻为"玄牝"是何用意。

根据人类学的研究,对母性生殖的崇拜,乃为世界各民族所共有,特别是在远古时代,科学尚欠发达,这种崇拜就更为强烈。"牝"字初义为母牛,后指一切雌性动物,《老子》在此喻指大道的生育之功。对于生育过程,当时的人们只知其然而不知其所以然,所以,这个相对神秘的过程正可以描述大道创生万物的不可言状的神秘性。所以《老子》说:"母性的生殖之处,好比是天地的根源。"这一方面是说大道是天地万物的根源,同时也强调了如同只有母亲才能生儿育女一般,天地万物的来源也只有一处,即大道。所谓"门",是说只有一个出处;所谓"根",就是指来源。

020-0603○绵绵呵其若存,用之不勤。

上一节肯定了大道造物之功,这一节专门形容这个造物的过程。

值得指出的是,《老子》所谓的大道造物并不是造作具体的事事物物,所以才被它形容为"绵延不断,永无穷尽"。如果是具体事物的造作,肯定会有一个完成的具体过程和结局。大道造物,是说从事物生成的原因和原理上加以规定,它针对的是所有事物,针对的是宇宙万物,所以才说"用之不勤"。"勤"是穷尽的意思,"用"是指大道造物的作用过程。由于大道是宇宙万物的最早发动和最后归宿,所以《老子》形容其为"绵绵",就是一物接一物,没有尽头,没有断绝。但是,这毕竟是个产生具体事物的过程,因此才又说是"若存",好像是还有些影像,还能让人觉察到些什么。

显然,为了说明大道的存在和作用,《老子》的作者可谓绞尽了脑汁。特别是在具体说明的过程中,几乎是用尽了一切修辞手法,穷尽了所有可能的词汇。这一方面说明大道本身的难以规定,另一方面也说明了《老子》作者对于大道的看重。

老庄经典 老子通说

第七章　天长地久（021-023）

021-0701○天长地久。天地之所以能长且久者，以其不自生也，故能长生。

　　这一章是从天地的特性，引申到圣人的特性。

　　在先哲的观念中，人是自然的一部分，人的行为习惯只有与天地保持一致，才能很好地生存于天地之间。所以，在这一节，《老子》断言："天地是长久存在的。天地之所以能够长久存在，因为它不是为了自我而生存。"

　　所谓"天长地久"，显然是一个不能确定具体时间的判断。根据《老子》哲学，万事万物只要有生，就会有灭，天地也不能例外。但是，天地毕竟不同于天地之间的其他事物，以人的能力作判断，也不好说完结在什么时候，所以就用长和久来形容其不可预判。不过，在这一节的上下文中，天地也可能是大道的化身，这样一来，长和久就意味着不会有完结。

　　然而，有限的长久也好，无限的长久也罢，在人能够看到的事物中，天地的生命应该是最长的。那么，天地长久性的奥妙是什么呢？世上为什么只有天地才能长生呢？《老子》的答案是"以其不自生"，因为它不是为自己而生存。在《老子》看来，天地是万物之母，它为自然万物，包括人类，提供了必要的生存条件和便利，比如阳光、水分、空气、温度等等，但是，天地之所以这么做，并不是为了自己。这里所说的不是为了自己，是指既不是为了自己更好地生存，也不是为了博得万物的感激，而是说天地本来就是这个样子，本来就应该这么做。如同阳光普照大地一样，发光是太阳的本性，既不是为了自己的好看或舒适，也不是为了照耀万物。

　　然而，天地生成和养育万物本身没有目的、没有最初的打算是一回事，而天地这么做了之后会不会有所收获、会不会有最后的良好结局，那就是另一回事了。面对自己所生成的万物，天地在最初并没有为自己打算，但结局却出乎意料地对自己有好处，那就是使自己获得了"长生"。也就是说，天地源源不断地生养万物，这个过程本身就证

明了天地的长存。这个长久的生存虽然不是天地最初的打算,却与天地的行为密切相关,即"不自生"。正是在此意义上,《老子》才说正是因为天地的不为自己而生养万物,才获得了长久的生存。

当然,天地生养万物到底有没有私心? 天地的长久与无私地生养万物到底有没有什么联系? 客观地说,这并不是哲学家所能实际证明的事情。但是,哲学家却有权利就天地与万物的关系提出自己的看法,以便为自己的某种观点服务,而《老子》的作者便是有效地使用了这一权利。

022-0702○是以圣人退其身而身先,外其身而身存。

这一节是由天地的行为落实到圣人的行为,而圣人的行为才是《老子》关心的重点。

在《老子》看来,圣人从天地的无私表现中受到启发,进而约束自己的行为,结果是,"圣人尽管自身在后退,最终却会站在前面;虽然置身于外,最终却能身存于内"。所谓"后其身",是说后己而先人;"外其身",是说薄己而厚人。这两者是一致的,都是说圣人的具体表现是把他人放在了自己之先、自己之上。但是,圣人把他人放在先、放在上,那只是最初的表现,而最终的结果却是圣人获得了"身先"和"身存",也就是说,最终却没有人能够处在圣人之上,也没有什么事物能够影响圣人的生存。

这是为什么呢? 因为世人都想争先,唯有圣人知道处后的奥妙。身处于外物之后,不与外物相争,而是静观外物相互之间的争斗。只有这样做,才能显示出圣人的大度和高明。要了解《老子》这番话的深意,恐怕得用《老子》理解问题的方式,首先从反面来看。比如说,那些把私字摆在首位的人,一切都为自己打算,难免经常与周围的人或事发生矛盾。而发生矛盾的机会越多,遭遇挫折的机会也就越多,最后得到私利的机会也就越少。圣人深明于此,所以,遇事之初,先行声明,自己是无私的,是要把机会让给别人的。周围的人发现之后,不外乎有两种反应:假如人们被如此这般的高姿态所感动,纷纷仰望圣人,从此洗心革面,不去进行无谓的争夺,当然最好不过。退一步说,假如人们执迷不悟,继续奋不顾身地争夺,也不会把退在一旁的圣人视作竞争对手,而是把主要精力放在与其他对手的争斗之上。结局

是,不出圣人所料,这些一门心思有私的人,最终一定会两败俱伤,根本谈不上什么拥有,而圣人则唾手获得渔翁之利。总之,外物在争斗中,或者自身不保,或者需要引领,这时候,圣人以不牟私利者的姿态出现,就会成为万物之长,完成"身先"和"身存"的最终目的。天地通过无私而成就其私,圣人亦然。而一切从私利出发者,只会一无所获。

023-0703○不以其无私欤? 故能成其私。

这一节也是总结性的论点。

《老子》的总结是:"难道不是因为无私吗? 所以才能成就其私意。"这就非常明白地指出,无私只是手段,成就其私才是目的。最初的出发点与最终的目的是有所不同的。这里的"私"是自身和自我利益的意思。《老子》心目中的圣人并不是完全没有私心,而是因为选择了正确的方式,才成就了最终的私心。圣人的私心是什么呢? 就是上一节所说的"身先"和"身存"。

有必要指出的是,《老子》在此所谓的"私",与现代人所理解的自私自利并不完全相同。"私"当然有为自己考虑的一面,但为自己考虑并不一定意味着戕害他人。比如说,出于为自己考虑,做学生的应该好好学习,这其中显然没有妨害他人的内容。孔子说过,"古之学者为己,今之学者为人",意思是说,有些人学习是为了提高自己,有些人则纯粹是为了人前炫耀。显然,孔子所说的"为己",就与老子所说的"私"有相近或相同的意向。

总之,此处所说的"私"、"身"是极度抽象化的概念,要根据不同的上下文来确定其真实含义。天地的长久与天地创生万物的指导思想之间是否有关联,只能由哲学家来设定。至于天地与万物之间的关系是"自生"还是"不自生",也是哲学家的关注所在。儒、墨两家以鬼神作为教化的依据,道、法两家则以天道为依据,所谓"神道设教"是也。所以,《老子》并非从根本上排斥私心和私利,而是更看重逞其私心的方式方法。

第八章　上善如水(024-026)

024-0801○上善如水。水善利万物而有静,处众之所恶(wù),故几于道矣。

在一般人看来,水只是人类日常生活之所需,或者是生命之源。但我们的先圣先哲们,却从对水的观察和思考中,得到了更多的启迪,从而获得了许多宝贵的思想。

孔子说:"智者乐水。"《老子》的作者对水的欣赏胜过孔子,他说:"最高的完善如同流水。流水总是施利于万物,却静静地待在那里,聚汇在大家都不愿待的地方。可以说,水的特性接近于大道。"世传本说"水善利万物而不争",帛书本则说"水善利万物而有静"。"不争"与"有静",是对水的同一形态的不同角度的描述。但是,严格说来,"不争"与"有静"之间还是有区别的。"有静"的状态未必就是"不争"的表现,"不争"的表现未必就是"有静"的状态。从"有静"到"不争"的文本变化,大概是解释《老子》的人认为此处的"不争"应该与下文的"夫唯不争"一致起来,才更能明确表达《老子》的思想。

这一节还有两个关键字,一个是"善",另一个是"几"。《老子》中的"善"字很少有善良之义,这一节的前一个"善"字是完善之义,后一个是经常、喜好、总是之义。至于"几",则是接近、近乎之义。之所以说水的品行近乎大道,是因为没有什么东西可以等同于大道,更不用说水是具体的东西,在此不过是用来作比喻而已。

《老子》的道是宇宙间最广大的存在,万物都来源于它,这相当于是为万物服务;道法自然,让万物完全遂其性而生化,当然也就谈不上与万物争夺什么;道默默无闻,总是把所有的便利让给万物,它自己当然就得待在其他事物不愿意待的地方了。这些特性,在流水那里都可以得到相当程度的印证,所以才说流水的表现接近于大道的要求了。

老庄经典 老子通说

025-0802○居善地,心善渊,予善天,言善信,政善治,事善能,动善时。

　　这一节是具体解释为什么水的品行接近于大道。其中的"善"字,是善于、经常、总是的意思,也就是说,水的表现总是这样。

　　一、居善地。所谓"居善地",即上一节的"处众人之所恶",也就是水总是处在低洼之处。

　　二、心善渊。所谓"渊",一取其深沉之义,二取其平静之义。

　　三、予善天。在《老子》哲学中,天与道同,天道就是大道的表现,如上一章所说,是所谓"不自生"和"无私"。当施惠于外物时,要像天道一样无私。世传本称"与善仁",但《老子》思想总体上并不推崇"仁",当取帛书本"予善天"的意义。

　　四、言善信。言语的本质是在真诚和守信。

　　五、政善治。《老子》的主旨在于政治,追求现实政治达到大治,只是《老子》所谓的政治上的大治与其他各家各派有所区别而已。

　　六、事善能。《老子》所说的"能",是指事物的本来状态。做事不必强求,要顺着事物的本性加以引导。

　　七、动善时。即使是不得已的情况下要有所行动,有所造作,也要把握适当的时机,顺应事物的发展规律。

　　总之,在《老子》看来,居处总是在低洼之地,心灵总是沉静如深渊,给予总是顺应天道,言语总是恪守信用,政治总是要达到大治,做事总是要任由事物的自然发展,行动总是要把握最佳时机。

　　《老子》认为,能达到"上善(最高的完善)"之人,也就是世上最有修养的人,最善于生活和生存的人。老子所欣赏的这种人格,确实是最有实力,因而也处在寻常人难以达到的高度之上。这种人,在没有进的时候,已经稳妥地选择好了退,所以总能立于不败之地。与这种人交手,取胜的机会绝少,甚至干脆就没有。因为在未曾动手之前,他已经占领了最有利的位置。他的心理素质又那么好,遇事沉静得就像一泓清水,使任何进攻者都难以找到下手之处。他的人际关系也搞得很好,在平常的人际交往中,他最守信用,早就赢得了众人的支持,这个时候你去进犯他,就等于自取灭亡。作为政治家,他很善于治理国家,各种事务都是井井有条,丝毫不露破绽;如果他要役使老百姓,也完全遵守农时,这使你根本没有机会在政治上搞垮他。如果他接受了

你的挑战,那他一定是已经有了制胜的法宝,会在最适当的时机把你击败。

不过,这样的人是不会主动向你挑战的,因为他的信条是"有静"。可你千万不要以为处静不争的人就会一无所得,或者根本生存不下去。实际上,急于马上得到一切的鲁莽汉子多得是,他们自然会送上门来取败,成为上善之人稳定的生存基础。假使你没有意识到进攻的必要,上善之人也会在不知不觉中让你觉得非进攻他不可,这样,你就又上钩了。

上善之人的外表毫不起眼。用现代眼光来看,或许他们的穿戴十分朴素平常。他们固然不会是时尚的追随者,但也不是落伍者,因为落伍者也会引起人们的特别注意,这对上善之人是不利的。上善之人的谈吐也说不上惊人,甚至还会使人觉得他根本不会说什么,特别是在那种多说也不管用的场合。他们走路不快也不慢,不能让人从走路的速度和姿态上判断出他们此时此刻的心情,更不能让人知道他们要去哪里和想去做什么。

但是,上善之人的内心世界却毫不含糊。他们并没有表现出刻意争夺什么的样子,所以,即使他们最后得到了一切,大家也不会对其有所怨艾。上善之人原本就不想与人为敌,因为与人为敌就等于失去了一切。事实上,从没有听说过一个到处树敌的人最终能够得到一切。

026-0803○夫惟不争,故无尤。

这一节照旧是对这一章内容的小结,说明这一章的主旨就是,"因为不去争夺,才会没有祸患"。具体说来,上善之人效法水流,与外物不发生矛盾,所以才不会有过失。《老子》在此所说的"争",不一定是指具体的争夺利益的行为,而是强调一种指导思想或动机,甚至是行事的顺序和技术手段。具体说来,不要为自己的生活确定下不变的目标,不要在事情未发生之前就冲动在前,不要在尚未弄清对手是谁的情况下就出手,不要在形势不明朗的时候就表明自己的立场。诸如此类的一切忌讳,都属于"争"的范畴。

所以,《老子》的结论是,因为上善之人不与任何人相争,到最后才没有人有能力跟他们进行争夺。这就是说,《老子》所说的"不争",

不过是一种手段,而绝非目的。这种不争,并不是说上善之人什么欲
求也没有,他们的理想,是想通过效仿水的存在方式,最终得到一切。
信奉水之不争哲学的人,也就是老子所说的上善之人,他们之所以对
他人表现出爱心,并不是说打心眼儿里爱对方,而是怕对方,怕因为
自己的不爱而招来怨咎;而一旦到处树敌,也就得不到什么实在的利
益,遑论得到天下的一切了。

第九章　持而盈之（027-029）

027-0901○持而盈之,不若其已;揣(捶)而锐之,不可长保也。

　　这一章讲的是处世之道。《老子》看上去主要是讲大道,讲哲学,其实,它的最终关切点还在于政治思想和为人处世,并且正是这些方面在历史上的影响更为巨大。

　　《老子》开宗明义地指出:"持续的盈满,不如及时止歇;越锤锻得锋利,越不可能坚持长久。"根据《老子》哲学,世间万物有一项基本原则:如同月亮,盈满之后就会出现亏缺;如同刀锋,越是锋利,越容易折断。这就是所谓"万物往复"的原理。如果一味保持盈满,等于是不断地走向倾覆,所以才说不如适可而止。事物的变化没有穷尽,人的智力却有尽头。只知道锐力进取,智力必有不济之时,还会招致越来越多的反对和抵制,又怎能保持长久呢?那些锐力进取的人,一方面容易成为众怒的目标,另一方面也容易让人找到攻击点。《老子》在此所说的锐力进取者,也许包括了具有真才实学之人,然而,也正是这种人,更容易显露自己的锋芒。这种人倒不一定急于得到什么,事实上,他们的表现欲比占有欲更强烈。这就使《老子》更加反感了。一个急于表现自己的人,最容易招致众人的嫉恨。以众人的力量对付他,他再有锐力也会受挫。在任何群体中,得到最多实惠的并不是这种人,因此,他们就极易堕落成牢骚满腹者。而取得最后胜利的,却是那种在最后冲刺前一直不露声色的角色。

　　不过,与《老子》整体的人生哲学一样,它在此强调的处世之道,依然体现着或然性的哲学观念。也就是说,锐利的锋芒未必不能保持长久,更不用说不同的人、不同的情况下,对于"长保"也就有不同的标准。这就是说,《老子》的哲学观念,更多的是建立在生活经验的基础上。而要想接受和实践《老子》的处世之道,必须先接受其基本的哲学观念。

028-0902○金玉盈室,莫能守也;富贵而骄,自遗咎(jiù)也。

为了证明上一节的论断,《老子》接下来举例说:"金银玉器太多,没有人能够守得住;因为富贵而骄横,就是自取其祸。"所谓"金玉"是指财富,"金玉满堂"的表面意思是说财富堆满了屋子,其实是形容一个人财富之多,直至超出了自己的控制能力。《老子》的意思是,太多的财富,如果不是为了生存而拥有,而只是为了守财而守财,最终是守不住的。另外,富贵容易让人骄横无礼,并因此而招人反感,引来祸患。当然,从逻辑上讲,《老子》在此所讲的仍然只是或然性的原则。也就是说,金玉满堂未必守不住,富贵之人也不一定必然会骄横,只是从生活经验上来说,《老子》所说的这种结局比较容易出现而已。

在《老子》看来,财富的真正拥有者,不是那种看似富有的守财奴。寻常人等不明白这一点,容易犯两方面的错误:一是以为,只要拼命去抢夺,就一定能得到;二是以为,只要是到手的,就一定是自己的。事实上,不讲究方式方法而得到的东西,通常不易保全。如果是你没有能力保全的,或者是你无法享用的东西,得到之后也是麻烦。即使是你能够保全或享用的东西,如果太多了,超出了你的能力所及,也会走向反面,成为你的累赘。当你想要得到什么的时候,一定要想一想这东西对你有益无益,你能否用得着,有没有能力享用它,有没有力量守护它。世上许多守财奴,占有的财富无数,却从来不舍得使用,在《老子》看来,这跟一无所有没什么区别。

不过,有一点,甚至相当重要的一点《老子》没有予以足够的重视,那就是,对一个人来说,对人的一生或一生的某一时期来说,多少财富才算是个够,多少才算是适当的拥有。不解决这个问题,就不能对拥有的量度,以及何时推出、何时收回,做出恰当的判断。所以,这个问题看似简单,其实相当复杂。不同的人不同条件下,对适当与否的看法,大不相同。比如说,在《老子》眼里,圣人拥有了天下就足够了,而老百姓能达到温饱也就应该满足了。

029-0903○功遂身退,天之道也。

综上所述,《老子》总结道:"功成名就之后就应该退身自保,因为这符合天道。"这里的"遂"是成功和如愿的意思。根据司马迁《史记》

的说法,《老子》的最初作者老聃就曾在周天子的朝廷为官,他自然对于专制政治下的官场艺术有着切身的了解。周朝的政治虽然有世卿世禄的定制,官爵可以合法地传给后人,但这并不是说从政者就可以对自己的政治行为不加检点。即使是在这一定制相对稳定的西周时代,世家大族的灭亡也不少见,至于个别从政者的宦海沉浮,就更屡见不鲜了。因此,《老子》才强调说,在官场中要尽量保持低调,留有进取的空间。所谓功成身退,并不是彻底隐退,而是谦逊和收敛之意。

一个人的成功,不论是政治上的,还是其他方面的,是多种因素组合的结果。即使在这个成功的过程中,个人的努力多一些,也不可能形成一柱擎天的局面。如果你还需要其他的条件,如果你还需要别人帮助,为了你自己,也为了别人,就不应该把功劳完全据为己有。为了自己,是因为兼听则明,偏听则暗;为了别人,则因为他人的努力、他人的自尊也需要顾及,否则,众人起来拆台,剩下你一个,孤家寡人是很难支撑的。

所以,面对成功,特别是政治上的成功,《老子》的经验是,在取得一定的成功之后,要首先考虑全身而退,观察一下形势,再决定以后的策略。这不仅是专制时代严酷的政治现实的要求,也符合天道的精神。《老子》"道"的哲学,讲究的就是自然无为,不要强求。在无限的成功与适时的身退之间,后者正代表着自然而然,前者则是一味强求。这样的身退,与胆怯毫无关系。胆怯是一种无原则的放弃,而身退则是一种战略性的撤退。好比是出击的拳头,只有收回来再打出去,才更有力。

如果说明哲保身是通向成功的准备,以无私得有私是成功的手段,那么,功成身退则是保持不断进取的秘诀。《老子》这套原则看上去是适可而止,实际上却表现了更深一层的进取。所不同的是,与那些笨拙的贪婪之辈相比,《老子》更显得从容智巧。《老子》欣赏无形的攫取者,隐身的成功者。你不知道他们是如何得到的,也不知道成功之后的他们隐藏在哪里。

当然,功成身退,也会成为许多怯懦之辈胆小怕事,无能之属不思进取的最堂皇的借口。尽管《老子》的"身退",是以"功遂"为条件的,但正如我们已经指出的,成功的尺度是很难确定的。如果成功的尺度很虚渺,而无原则的身退也就有了更充足的理由。所以,《老子》哲学,无论它本身是消极还是积极,或者是超越了世俗意义的消极与

积极之分,但在具体的理解和运用中,在消极的方面却有着更广阔的表现舞台。这并不是对《老子》思想的苛求,而是我们在理解《老子》的许多观点时必须深入考虑的问题。

第十章　营魄抱一（030-032）

030-1001○营魄抱一，能毋离乎？抟(tuán)气致柔，能婴儿乎？涤除玄鉴，能毋疵乎？

这一章还是阐述大道的特性，与前文不同的是，本章多用倒装句和反问句，以加强语辞的效果。

《老子》反问道："能使魂魄合一，不让它们相分离吗？能够集聚形气，像婴儿一样柔和吗？能把心中的明镜清除干净，使它毫无瑕疵吗？"

在文本方面，这一节古来就有几处争议不休的地方。古今文本在句首都有"载营魄"三字。"载"与"哉"通假，应该属于上一章的末句。如果放在这一节之首，则不仅与整章文字的句法结构不同，也难以求得合适的解释。至于"营魄"二字，历来主要有"阴魄"和"魂魄"两种解释，本书取后一种较为通行的解释。

古人认为人的生命是形体与精神的结合，"魄"指形体，"魂"指精神。魂与魄的关系，就是形与神的关系。神是形的主宰，形是神的表现。当然，最理想的状态，莫如形体合一。但在实际生活中，魂魄或形神之间，更多的是处在难以合一的状态。也就是说，在普通人那里，神往往不能主宰形，即思想并不能很好地控制言行；或者是形脱离了神的控制，即言行与思想不能保持一致。所以，《老子》才强调"魂魄抱一"，即形神一致，不要分离。

《老子》非常欣赏婴儿的状态，认为婴儿的状态是理想的"柔"的表现。这里所谓"柔"，是一种表面上软弱无力，但骨子里却具有极强的发展潜力，一定会在需要的时候表现出其强大生命力和竞争力。比如说婴儿，看上去无比软弱，但却是正处在积聚力量（"气"）的阶段。不过，婴儿的表现明显是无意识的，但圣人的处下或柔弱却并不是无意识的。所以，《老子》在此也只能是借用婴儿的外在状态，并不是要求达到婴儿的精神实质。

在甲骨文中，"鉴"字的构形是器皿中盛满了水，有人临水而照的样子，表示的是镜子和照镜子的意思。《老子》在此用"鉴"，正是照镜

子之义的引申,说的是人反躬自省的思想表现。"玄鉴"之"玄",与"玄之又玄"(004-0104)一样,是强调这种反躬自省能力的重要性和神秘性。"涤除玄鉴",即要求端正思想,达到清清净净,一心服从大道的境界。

总之,《老子》哲学的核心,是主张有效控制心神,进而主导言行。只有形神合一,精神控制形体而不受制于形体,才达到了人生的最高境界。

031-1002○ 爱民治国,能毋以智乎?天门启阖(hé),能为雌乎?明白四达,能无以知乎?

这一节的表述方式与上一节相同,表述的内容则更为具体。《老子》说:"爱民治国,能够不用智巧吗?言语行为,能够持安守静吗?明白通达,能够表现无知吗?"这种反诘的修辞手法,其实是主张爱民治国不应该用智巧,言语行为应该持守安静,明白四达的时候也要表现出无知。

我们说过,《老子》的中心思想,还是为圣人的治国安民提供哲学依据和具体方法。《老子》所反对的智巧,从《老子》全书来看,就是指繁杂的法律制度。在这一点上,与当时诸子百家中大部分思想家的主张是一致的。因为在这些思想家看来,任何法律制度都不可能穷尽社会生活的所有方面,都会给不法行为留下空子。与其这样,还不如解决更根本的问题,比如应该解决人的思想问题。对此,儒家主张积极地修身养性,《老子》则主张断绝人们的贪欲,特别是产生贪欲的物质基础。

"天门"的字面意义是指人的七窍,即耳鼻口目这些直接与外在事物相接触的人的感官。所谓"天门开合",就是人与外在世界的交流。"为雌"就是守静,因为人们习惯上认为雌性生物比雄性生物更为安静少动。根据《老子》的观点,减少与外在世界的感官交流,就可以保持心灵和思想宁静,没有形迹可循。所以,天门的开与合,最终结果就是思想的变化不定,从而导致人们做出多余的并且多半是错误的行为。

《老子》所崇尚的圣人是"明白四达"的,是什么都知晓的。但是,这样的圣人之所以胜过普通人,还不在于他们明白什么,而是他们能

够利用恰当的手段避免表现自己真实的一面。也就是说,越是明白四达之人,越要表现自己的无知,这才是真正的、彻头彻尾的明白四达。

总之,本来是想治国,却要避免智巧;本来能够与外界交流,却要安静从容;本来明明白白,却要表现出无知。以无为治国,以清静思虑,最终达到随心所欲的程度,这是《老子》倡导的崇高的精神和政治境界。这种境界尽管只是一种思想追求,但对于人们来说,解决思想问题无论什么时候都是根本性的。

032-1003○生之畜之。生而弗有,长而弗宰也,是谓玄德。

这一节的出现是比较突然的,加之在其他章节也再现过类似的语句,使人有理由怀疑这一节的内容有文本错乱的嫌疑。从句式上讲,这一节不同于上两节的反诘表达;从内容上看,这一节与上两节的衔接也不够紧密。当然,整体的《老子》思想是相当严密的,一定要从这一节中寻找与上两节的内在联系,有时是很困难的事情。

另外,世传本又多出"为而不恃"一句,帛书本却没有,这多半是因为后人受《老子》其他章节(如第2章和第51章)的影响,擅自加入的。就这一节而言,"生而不有,长而不宰",是对应着"生之畜之"的,没有必要加入"为而不恃"。

《老子》指出:"大道生成和畜养万物。但生成而不占有,长养而不主宰。这就是玄远的大德。"所谓"生"、"畜"之类的说法,是就人们的习惯说法而言的。事实上,根据《老子》哲学,大道对待万物,并没有故意的生和养。所以,《老子》在此强调指出,大道虽然生成万物,却并没有占有什么;虽然使万物获得生长,却并不是主宰什么。

生养万物是大道的本性,如果失去生养万物的作用,大道就不能存在。正如阳光照耀大地,太阳并不是有意如此,更不是偏爱大地,而是其要生存就得放出光芒。所以,大地没有必要感谢太阳,万物也没有必要感激大道。大道的如此品质既难以表述,也难以让人理解,所以《老子》还是用它惯用的形容词"玄"来赞颂大道的美德。

第十一章 三十辐同一毂(033-036)

033-1101○三十辐同一毂(gǔ)，当其无，有车之用也。

这一章是通过若干举例，阐述"有"和"无"的哲学意义以及它们之间的辩证关系。

《老子》说："三十根辐条汇集于车毂，形成了车轮的空当，车子才能使用。"当时的车子用木料制成，车轮也不例外。所谓"辐"就是辐条，据研究，当时确实是用30根辐条制成一个车轮。所谓"毂"就是辐条在车轮中心聚辏的地方，据说是一个中空的物件，以便于辐条从各个方向插入。所以，这里所强调的"无"，是指形成车轮所必需的空当，或者是指让车轴穿过的车毂中心的虚空，或者是指辐条之间的空当。

根据《老子》"道"的哲学原理，"有"和"无"是大道的两个主要特质。大道无形无象，所以称"无"；大道创生有形的万物，所以称"有"。也就是说，"有"和"无"是从不同角度观察和思考大道的结果。至于"有"和"无"之间的关系，则如这一节所强调的，正因为"无"的存在，"有"的作用才能显现。从逻辑上说，"无"在先，"有"在后。但是，着眼于实际，"无"必须通过"有"才能证明自己的存在。总之，"有"与"无"是相互依存的整体。

034-1102○埏(shān)埴而为器，当其无，有埴器之用也。

这一节继续上一节的思路，《老子》继续以举例的方式说明"无"与"有"的相互地位和关系。《老子》说："揉泥制陶做成器皿，因为有了中空的地方，器皿才能使用。"这里的"埏埴"一词是和土为泥的意思。陶器制作在中国古代有着悠久的历史，在《老子》时代，陶器在人们的日常生活中依然占有重要地位，与上一节的车轮和下一节的房屋一样，都是人们容易看到和理解的东西，所以《老子》就拿来作例证。

可惜的是，对于器皿的"无"和"有"，同样有各种各样的解释。比较流行的说法是，器皿必须中空，才能盛物，才能发挥器皿的作用，如锅碗瓢勺之类。也就是说，器皿的空虚之处的"无"，才形成了器皿可

能的"有"。不过,以器皿的中空释"无",恐怕有些牵强,因为并不是所有器皿都需要中空。当然,举例毕竟是举例,它只是要说明"无"与"有"的关系。

035-1103○凿户牖(yǒu),当其无,有室之用也。

《老子》继续举例说:"开凿门和窗,建成房屋,正是室内的空间,才使房屋能够使用。"在当时,"户"指门,"牖"指窗。《老子》所述上古时建造房屋的方式,最早可以追溯到先民掘地为穴,近者则有北方地区的土窑洞,所以才说"凿"。所谓房屋因为有空间而可以达到居住的效用,与前面二例同。实际上,表现在器物中的从无到有的转化,只是说明大道的"无"与"有"是相互依存的。

036-1104○故有之以为利,无之以为用。

根据上述三个重要例证,《老子》总结说:"有决定了事物的价值,无决定了它的功用。"这一章在开头处没有申明论点,所以,最后的总结就显得格外重要。在《老子》看来,"有"通过"无"显现其价值,"无"利用"有"表现其功用。事实上,"有"与"无"是相互利用,共同存在的。

另一方面,对于具体事物而言,"无"是其存在的原则,"有"是原则的体现。也就是说,"无"是事情生成和存在的原理,"有"则是事物的特殊形态。当然,"有"与"无"之间并不是主与次、上与下的关系,它们毋宁是事物不可分离的两个方面。一般人可能更容易看到具体事物的存在和作用,却看不到决定事物之存在的规则。可是,车、器和室,都是因为有了"无",才具有了使用价值,其余事物尽可由此类推。事物的"有"与"无"本来就是不可分的一体。

具体到《老子》的上述例证,"有"就好比是个具体的东西,比如一辆车;而"无"则是造车的原理。如果没有造车的原理,根本不知道车是怎么回事,甚至连造车需要的原料都不知道,遑论造车坐车了。所以,有了原理才知道备什么料,造什么车,这就是《老子》的"有生于无"。

第十二章 五色使人目盲（037-038）

037-1201○五色使人目盲,驰骋田猎使人心发狂,难得之货使人之行妨,五味使人之口爽,五音使人之耳聋。

《老子》一书虽然用词古奥,语义曲折,但其主旨还是对现实的关切,而在对现实的关切中,重点之一是对现实的批判。如这一节所说:"缤纷的色彩,有害于人的视力;纵情游玩,会使人意志失控;珍贵的财货,会让人行为失当;美味的菜肴,不利于人的口味;动听的音乐,有损于人的听力。"这里所说的"五色"、"五味"和"五音",既是实指,又是泛论。"五色"本来是指青、黄、赤、白、黑等五种颜色,引申出来,既可以泛指五彩缤纷的色彩,也可以泛指事物的外表;"五音"本来是指古代的宫、商、角(jué)、徵(zhǐ)、羽等五种音色,引申泛指美妙动人的音乐;五味指酸、苦、甘、辛、咸,引申来泛指美味佳肴。很显然,上述"三五",与其余的两个方面,打猎和财宝,一般来说都是好的东西和正常的享受,但是,如果把握不当,就很容易成为不良嗜好,特别是对于有权势者而言,往往很难把握得当。正是在此意义上,《老子》断言,眼睛的过度享受容易让人失明,耳朵的过度享受容易让人失聪,口嘴的过度享受容易让人味觉败坏。同样,过度沉溺于打猎,容易让人放任心神,难以约束自己的行为;而贪取稀世珍宝,容易让人受制于外物,失去正常的判断力,行动变得身不由己。《老子》也曾有"不贵难得之货,使民不为盗"(009-0301)的政治告诫,为了难得的财货而行为越轨,也就是这里所说的"行妨",行为失去准则。

在文本方面,帛书本的字句顺序与世传本有所不同,但罗列的内容却完全一样。很有可能是世传本经过了后人加工整理,让文句的内容看上去更为整齐和合理,所幸并没有改变其原意。

值得注意的是,"五色"之色并不是后世多用的"女色"之义。"色"的本义指色彩,引申为外在事物,或事物的表面和外表。如果说《老子》的用意可以引申,那么,"五色"也可以指外在事物。也就是说,无限度地追逐外在事物和利益,对人并没有长久的好处。另外,《老子》虽然在此对于诸如此类的过度行为提出了严厉批判,但并不是对"三

五"之类的事物本身予以否定。纵观《老子》哲学,人的主动性或选择的能力还是居于主导地位的。也就是说,人的言行不当,主要是由自己决定,而不是完全由外物决定的。

很明显,《老子》在此发出的批判,并不是就普通人的表现而言的,而是指从政者的失政,用现在的话讲,就是上层社会的腐化行为。事实上,过度的声色之娱与正当的娱乐,二者之间的区分和差别,不仅是对个人品行的考试,也是社会矛盾生发的根源。自古及今的哲人,一般都有这方面的思索。特别是在春秋战国那样的战乱时代,统治者的糜烂生活与老百姓的悲惨处境形成了鲜明对照,使得任何有良心的思想家不得不做认真思考。

战国中期,与孟子同时代的思想家告子,认为"食色,性也"。也就是说,吃好东西,享受声色之娱,是人性中必有的内容,其中隐含的意义,也许是说即使享受过度,也不值得大惊小怪。事实上,儒家是入世的,承认适度的口体之娱。孟子虽然不同意告子的观点,但也指出,只要君主能与民众共同享乐,君主的娱乐能为人民所接受,就是合理的。这显然不失为一种平和之论。

不过,在那个时代,更多的思想家却持有极端的观点。著名的思想家墨子有"非乐"的主张,认为与生活和生产无关的任何形式的享乐都是罪恶的,只有苦行主义的生活方式,才是人的正当追求。而玩世一派的思想家庄子,则认为人生苦短,纵情享受大自然才是人生的要义。

《老子》的作者们选择了倾向于极端的主张。他们所耳闻目睹的,肯定有社会上层的腐朽糜烂。在《左传》这部文学性的史书里,充满了对此种现象的生动描述。在那样变化无常的社会里,也许今天你还是达官显贵、一国之主,但一夜之间,经过一场国与国的大战,一场血腥的家族仇杀,或者是一场残酷的宫廷政变,甚至是一次当政者之间的权力交替,你就会成为一文不名的普通人,甚至还会落得个身首异处。这使人不得不发出人生无常的叹息,以至于不是拼命收敛,以期保住自己的地位,就是得过且过,醉生梦死,在麻木不仁中了结此生。这使得《老子》的作者们不得不发出相对极端的批判之声。

038-1202○是以圣人之治也,为腹而不为目,故去彼而取此。

通过上一节的例证,《老子》得出的结论是:"因此,圣人治理之下的国家,只求人们能够饱食,不要求人们有什么声色之娱。所以,要去掉享乐,维持饱食。"在这一节,古今文本有所不同。世传本直接就说"是以圣人为腹不为目",帛书本则在"圣人"之后加上"之治也",显然,帛书本的意思更为完整。根据世传本的意思,这一节似乎只是圣人的自我要求,但这与《老子》的基本精神相违背。应该是如帛书本所言,《老子》在这一章的主张,完全针对的是圣人之政,而不是圣人自身的修养。

《老子》的"为腹不为目",本来是圣人治理百姓的指导思想,即除了温饱之外,不能让普通人有更多的要求和想法。"腹"是指维持生命的基本需求,"目"则是超乎基本需求之上的奢侈行为。在《老子》的"圣人"看来,一个正常的国家,没有人,特别是没有劳动者,这显然是不行的。但是,没有追求奢侈生活并为得到这种生活而钩心斗角甚至大多干戈的人则是行得通的,并且是可以理解的。饱食是人必不可少的,但过度的财货和享乐至少对于部分人来说是可有可无的,而正是这些可有可无的东西,才容易让人思想复杂化、欲望无限化,并因此产生无穷无尽的争斗。《老子》说过,"是以圣人之治也,虚其心,实其腹,弱其志,强其骨"(010-0302),正可以与这一节的意思相互发明。"为目"的结果容易让普通人长"心志",有了心志,有了想法的人,再加上特殊欲望的促发,肯定会让圣人头痛,让"圣人之治"难以得到预期的效果。所以,《老子》果断地做出了"去彼取此"的要求,力求从根本上解决一个国家长治久安的问题。

老子的这一思想有着强烈的社会批判精神,但是,对于五色、五音和五味的节制,合理的引导明显比"一刀切"式的禁止更为可行。随着社会的发展和进步,物质生活得到提高的同时,人们的娱乐方式也在不断地花样翻新,各种层出不穷的娱乐方式确实也引发了一些新的社会问题。可是,如果就此认为,要解决这些社会问题,唯一的办法就是彻底禁绝,那将是不明智的。重要的是进行引导和管理。这种管理可以很严格,甚至可以辅之以严厉的处罚,但绝不可以矫枉过正,走入极端。

第十三章　宠辱若惊(039-041)

039-1301○宠辱若惊,贵大患若身。何谓宠辱若惊? 宠为下也。得之若惊,失之若惊,是谓宠辱若惊。

　　与《老子》哲学思想一样,《老子》的人生观也是从独特的视角出发,不断得出乍看上去有悖于常识,实际上却总是能够超越常识的结论的。比如在这一节,《老子》十分肯定地断言:"得宠和受辱都会好似受到惊恐,重视大的祸患就像重视自身。为什么说得宠和受辱都会好似感到惊恐呢? 因为得宠是下等的。得到和失去同样使人好似受到惊恐,所以才说得宠和受辱都会让人好似受到惊恐。"这一节文字在文本方面也有许多不同,并且直接影响到对其本义的理解。特别是"宠为下"一句,世传本中的河上公本是"宠为上,辱为下",明显与这一章的整体思想不一致。

　　在一般人看来,得到宠爱总是好事,而遭受屈辱自然是坏事。特别是在专制政治的舞台上,得宠总是晋升的必要条件。但是,根据《老子》哲学,任何事物都不可能一直保持某种状态,因为任何一种状态,既与它的反面相互依存,也会向着它的反面发生转化。以此看来,得宠与受辱,恰好是相互依存和不断转化的一个事物的两个方面。甚至可以说,得宠与受辱之间永远处在循环之中。人的一生,当然也可用荣与辱加以概括。寻常人等,把得宠看作荣幸,把受辱视为祸患。只有在受辱时,人们才会有所警觉,而在得宠时,往往乐而忘忧。但是,在《老子》看来,得宠与受辱,都是对人的警示。而且,与受辱相比,得宠的结果更为危险,所以《老子》才说"宠为下"。当然,《老子》的"宠辱若惊",可不同于普通意义上的"患得患失",尽管二者的目的都是去辱而取宠。一般的患得患失者,并不能理智地对待荣辱。得到宠荣之时,唯恐一不小心就失去,以至于不是不择手段地保持之,就是以及时行乐的心态糟蹋之;而在遭受屈辱时,不是叫苦连天,就是怨天尤人,甚至为了能摆脱之而无所不为。

　　那么,在实际的生活中,得宠与受辱之间存在着怎样的联系呢? 得宠之后容易让人产生骄横自满的情绪,也容易让受宠者树敌,所

43

以,《老子》才说得宠的结果有可能就是受辱。这样一来,不仅得宠不一定是好事,甚至得宠与受辱一样,当它到来之时,都足以让人感到惊恐不安。同样的原理,受辱之后会使人接受教训,甚至卧薪尝胆,从而有可能获得新生,受到恩宠。

不过,我们也意识到,《老子》也只是说"宠辱若惊"和"宠为下",而并没有明确说出得宠一定会受辱,受辱一定会得宠。换句话说,如果能够坚持正确的宠辱观,在得宠和受辱时都能因为惊恐而注意自己的言行,特别是认识到得宠并不见得是好事,就可能延缓甚至在一定程度上避免二者之间的相互转化。但是,这样一来就产生了深刻的哲学矛盾:如果一个事物的两个方面之间的相互依存和转化是必然的,"宠为下"的结局就避免不了,这样一来,即使能够做到"宠辱若惊"也无济于事。但是,从下文来看,《老子》却有着自己的化解之道。

040-1302○何谓贵大患若身? 吾所以有大患者,为吾有身也。及吾无身,有何患?

上一节解释了什么是"宠辱若惊",这一节接着解释什么是"贵大患若身"。《老子》说:"为什么说重视大的祸患就像重视自身呢? 因为我们之所以遭受大患,是因为过分看重自身。一旦不看重自身,就不会有祸患了。"显然,理解《老子》这一思想的关键,是对于"有身"和"无身"的理解。《老子》赞成"无身",反对"有身",认为人之所以遭受祸患,就是因为太看重自身,太看重自身的得与失。

《老子》反对"有身",并不是说不在意个人的利益或得失,而是反对把得单纯地看成得,把失单纯地看成失。什么意思呢? 正如上一节所说,宠与辱之间有转化,得与失之间也存在着转化。得的时候不要认为是纯粹的得,失的时候也不要认为是纯粹的失,只有这样,才能够坦然面对得失,从而不因为自己一时的得与失而烦恼。也就是说,只有摆正了心态,才不会有灭顶的祸患降临。上一节说"得之若惊,失之若惊",其中的"惊"正是《老子》所主张的正确的心态,字面上是说惊恐,实质上却应该是警觉和警醒之意,与一般所谓的患得患失的表现正好相反。

《老子》所说的重视自身,与普通意义上的重视自身正好相反。一般人的重视自身,集中表现于对身体的重视,说穿了,其实就是片面

的肉体感官的享乐。这是无尽的追逐，意味着有进无退，只能是得宠则喜，受辱则悲。针对于此，《老子》才说，"我"的这个身体是大患的根源。我之所以会有大患，是因为有了我这个身体；如果没有我这个身体，我还会有什么祸患呢？可以说，一般人的重视自我，是不断往自我上面堆积沉重的负担，而《老子》的重视自我，则是减轻诸如此类的负担，使精神得到解放，使人生更加充实，更加轻松。

041-1303○故贵以身为天下，若可以宅天下；爱以身为天下，若可以达(jǔ)天下。

作为这一章的小结，《老子》在最后一节说道："如果把自身看得跟天下一样重要，才能寄身于天下；如果把自身看得跟天下一样珍爱，才能藏身于天下。"这里的"为"字作"如……一样"来解释，换句话说，要想做到"无身"，就要把自身看得与天下一样重要，一样珍贵。只有这样，才会彻底挣脱宠与辱的困扰。"贵"与"爱"同义，都是重视和看重的意思。孔子主张"无欲则刚"，《老子》主张"无身"，旨趣都是一样的。与天下人一样，《老子》的作者也在追求"无患"。但一般人都想通过"有身"而达到有宠无患，《老子》认为这种做法是不可靠的。因为一旦"有身"，就会"宠辱若惊"，只能是在宠与辱之间轮回。而只有"无身"，才能摆脱这种轮回，彻底远离祸患。正如孔子所教诲的，以"无欲"开始，才能得"刚"，这才是最有力的"欲"求。为此，《老子》要求把自身看作天下的一部分，与天下融为一体，随万物而进退，自然就可以摆脱宠与辱的困扰。

无身与贵身殊言同语，讲的都是对自身生命的投入和重视。当《老子》告诫人们无论得宠和受辱都要凝神注意时，你千万不要以为《老子》是反对得宠的。《老子》很希望人生能在荣宠中度过，只是它更注意在得宠与受辱之间保持一种有张力的平衡。当《老子》反问人们名利与生命孰轻孰重的时候，也并不表明它主张名利与生命是不可以调和的。事实上，如同孔子所坚持的那样，如果能把名利和仁义统一起来，即利义双收，才是最圆满的结局。所不同的是，孔子开门见山地讲出了这一点，而《老子》却兜了半天圈子，最后才道出"宅天下、达天下"的最高理想。

老庄经典 老子通说

45

第十四章 视之而弗见(042-045)

042-1401○视之而弗见,名之曰微;听之而弗闻,名之曰希;捪(mín)
之而弗得,名之曰夷。此三者,不可致诘(jí),故混而为一。

这一章还是在描述大道的表现,并通过大道的表现,来说明大道
的本性和功用。

《老子》认为,大道"想看却看不到,称做微;想听也听不到,称做
希;想摸也摸不着,称做夷。这三者不可深究到底,因为它们是混沌一
体的"。这一节的古今文字不同之处也很重要。世传本主要是将"微"
和"夷"换了位置。比如称"视之不见名曰夷",因为"夷"是平坦之义,
与"视"不能对应,于是就把"夷"强行解释为"无色";又称"搏(或抟)
之不见名曰微",因为"微"与体积有关,只好把"捪"改为搏或抟。其
实,"捪"是抚摸之义,正好与夷平相配合;"视"则可以与微小相对应。

《老子》从各个角度描述"道",可能是因为要在不同场合应答不
同人的疑问。本章从普通人认识事物的几种常见手段说起,说明大道
是一种无形无状但却又切实存在着的整体,也就是抽象的理念。对于
普通人的理解而言,视、听、摸应该是最常见也最感觉切实可靠的手
段。但《老子》却非常肯定地回答说,大道是看不到的,因为它太微小,
远在人的视力之外;大道也是听不到的,因为它根本就没有什么声
响;大道更是摸不到的,因为它没有任何形状。另一方面,凡是具体事
物总是有限的,肯定了它的这一面,就会缺少了另一面。至于用"微"、
"希"、"夷"来说明大道,也只是一种形容,而不是要把它们与任何具
体事物联系起来。在这种情况下,《老子》强调大道不可以"致诘",也
就是不能像探究具体事物那样探究大道,不能像对待具体事物那样
对待大道。

因为大道是全面的,所以《老子》说"混而为一"。如果想用视、听、
摸的方式探索大道,也只能得到"微"、"希"、"夷"的结果。然而,大道
连"微"、"希"、"夷"都不是,而是三者的混合。所谓三者的混合,也是
一种比喻,事实上,大道应该是世上所有事物及其所有特性的混合,
合而为一,也就是下一节所说的"一"。

043-1402○一者,其上不皦(jiǎo),其下不昧。寻寻呵不可名也,复归于无物。是谓无状之状,无物之象,是谓忽恍。

在这一节,《老子》在上一节的基础上进一步描述大道的特性。它说:"所谓一,它的上面不明亮,下面不暗淡。看上去连绵不断,不可名状,复归于无物无像。这就是没有形状的形状,没有物像的物像,可以说是个'忽恍',是个不确定的影像。"很显然,这还是从视、听、触三个角度来说明大道的存在方式。从三个方面说明大道,是为了方便人们理解,而大道本身是个整体,也就是这一节所说的"一"。这个被称为"一"的大道,无所谓光亮,无所谓形状,无所谓影像,从感官的角度看去,也只能勉强称之为"忽恍"。帛书本的"寻寻",世传本多作"绳绳",都是形容事物不间断的运动,并且有延伸至无穷远处的意思。

所谓"忽恍",是若有若无的意思。在《老子》看来,大道就是"有"与"无"的结合。从普通人的理解来看,大道无法用感官触知,可以说是无;但大道确实无时无刻不在发挥着它的作用,又可以说是有。所以,大道的忽恍,既是感官的忽恍,也是感知的忽恍。

不用说,《老子》如此不厌其烦地用形容和比喻的手法描述大道,除了大道自身确实难以理解和把握之外,可能《老子》还有故意将其神秘化的意味,用以加强"道"的威力。

044-1403○随而不见其后,迎而不见其首。

《老子》在上文的描述已经算是很周全了,但是,这些描述却难免会给人一种感觉,好像大道是个独立存在的事物。如果再称之为"一",那就更像是某种具体的事物了。但事实上这样的理解是有偏颇的。为此,《老子》在这一节强调指出,大道"迎面看不到它的开头,尾随见不到它的末后"。也就是说,大道既不是某种具体事物,也不是某种个体,而是作为一种理念、一种精神存在。

任何事物,有开头就会有结尾,有始就会有终。特别是具体事物,更具有这样的特质。所以,《老子》在这一节强调的是,大道既没有头,当然也就没有尾,它与宇宙万物共存共在,是万物存在的根据。只要有事物存在,特别是人的存在,大道就会存在。至于"迎"、"随"之类的语辞,不过是为了方便叙说,并不是说大道可以迎头赶上,也不是

说大道可以被尾随。从《老子》不断使用的这类词语中，我们感受最深的似乎并不是大道究竟是什么，而是《老子》力图对大道有一个全面描述和说明的良苦用心。

045-1404○执今之道，以御今之有，能知古始，是谓道纪。

综合以上阐述，《老子》总结说："用今天的大道，掌握当今的事物，进而明白最早的开始，这就是大道的规则。"世传本的文字是"执古之道"，帛书本则是"执今之道"。这其中的古与今的不同，对于准确理解《老子》的思想是至关重要的。其实，历史上对于"执古之道，以御今之有"的解释也一直存在很大的分歧，特别是赞成这一思想的人，不得不多方曲辩，勉力说明为什么古道能够掌握今天。其实，并不是《老子》给后人出难题，而是后人擅自改变了《老子》的原文，致使在理解上不能够顺达。

根据《老子》思想，对于世俗中的人们来说，大道都是今天的，是现实的，所以才能掌握今天的事物。只有从现实和今天的事物及其规律出发，才能够理解万物的来源。所谓"古始"，是指宇宙万物的起始之处，当然是逻辑上的起点。这样的过程和结局，这样的以今知古的原则，《老子》称之为"道纪"，即大道的纪纲，大道化生世界万物的原理。

第十五章　古之善为士者(046-049)

046-1501○古之善为士者,必微妙玄达,深不可志(识),是以为之容。

　　这一章依然是对大道的说明和描述,但选择的角度有所不同,不是直接述说大道,而是从描述有道之士的角度来说明大道的存在及其作用。

　　《老子》说:"古代善于持守大道的人,一定精深通达,难以认识,所以才要对他们加以描述。"换句话说,在《老子》看来,古代奉行大道的人,其境界之高深,常人难于理解,只能由《老子》加以说明。这与《老子》对待大道的态度是一致的。据司马迁《史记·老韩列传》记载,当年孔子拜见老子,老子曾对孔子说:"良贾深藏若虚,君子盛德,容貌若愚。"意思是说,精明的商人从来不把自己的宝贝摆在外面,而修养深厚的君子,外表看上去也很愚钝。因为有道之士不喜欢外露,所以才不容易被普通人所认识。这可能代表了人们对于《老子》这类书的作者的一般看法。既然普通人看不透有道之士的内里,就只能由《老子》来描述了。

　　《老子》书中时常称"古",意指渺远的古代,也就是为当今之人所忽视和忘却的上古黄金岁月。当时的诸子百家都不同程度地崇尚古代,虽然有远近虚实的不同,但所谓古,肯定与今不同,其中贯彻的基本精神是对当今的批评。美化过去、不满现状是人类的共同倾向,这本来无可厚非。不过,《老子》所谓的古,其理想性和虚构性更强一些。在具体说明方面,因为《老子》一书自始至终没有出现古代的具体人物,所以,它的所谓古,就更显得捉摸不定了。

　　在文本方面,有"古之善为道者"与"古之善为士者"的区别。较早的竹简本是"善为士者",随后的帛书本则是"善为道者";而在世传本方面,也一直存在着这样的两种不同说法。古来的释读者不断地设法弥合这种不同的说法,最常见的意见是以"为道之士"加以中和。不过,纵观《老子》全书,"善为道"与"善为士"之间并不矛盾,所以本书就采用了"善为士"的说法,也方便于对这一章文字的理解。最后一句,竹简本直书"是以为之容",帛书本和世传本则是"夫惟不可识,故

老庄经典 老子通说

强之为容"。帛书本和世传本的句式虽然近乎《老子》惯例,但既称
"不"可认识,还要"强"为之说明,则显得不太符合《老子》的精神。

047-1502○豫乎其如冬涉川,犹乎其如畏四邻,严乎其如客,涣乎其
如释,忳(tún)乎其如朴,沌(dùn)乎其如浊。

上一节提出要对有道之士的表现加以描述,这一节就是描述的
具体内容。根据《老子》的描述,那些善于持守大道的人,"他们的表
现,像冬天踏冰过河一样谨慎,像提防四周的危险一样警觉,像做客
一样庄重,像冰块融化一样轻松,像未经雕琢的玉石一样质朴,像浊
流一样浑然无别"。在文本方面,各种版本之间多有不同,但这些不同
都不足以影响对这一节的理解,我们则主要遵从了较早的竹简本的
文字。

总的来说,有道之士的修养和行事不是常人可以理解的,《老子》
也只能从几个方面加以形容,以使常人略有所知。根据传统的解释,
"犹"和"豫"是两种生性多疑的动物,《老子》用它们来说明有道之士
对待外物的总的态度,即谨慎而又警觉,因为人世间是那么的复杂而
多变,稍有松懈,就可能陷入无名的危险和灾难之中。至于像客人一
样庄重,是谨慎态度的另一面。后面四个方面的要求,则是对谨慎态
度的补充。因为谨慎、警觉并不意味着斤斤计较,以豁达的姿态对待
具体事物,不强求,不做不必要的分别,才符合大道的自然需要。总的
来说,有严整的外貌,可亲的态度,再加上淳厚的品格,全面的气势,
对有道之士的描述已近乎完整。

我们不应该忘记,《老子》一书是写给从政者的,而这一节正是讲
述了从政者的个人素质和处世原则。《老子》认为,一个理想的从政
者,首先要严肃面对现实政治,既要注意周围的种种危险,还要从容
应对各种难题。其次是不露声色,既不要把自己限制在某个固定的位
置,也不要把注意力集中在某个特定的地方,而是要在解决问题之前
把所有因素都考虑为一个整体,以期周详地对待和解决问题。

048-1503○孰能浊以静者,将徐清? 孰能安以动者,将徐生?

上一节讲述了有道之士的总体指导思想和行为准则,这一节则

详细讲述有道之士的具体作为。从《老子》的整体思想来看，有道之士并不等于无所作为。那么，有道之士能做些什么呢？《老子》采取了反诘的方式。它问道："谁能使混浊达到沉静，并逐渐清澈？谁能使安定走向运动，并逐渐创生？"这里所说的由动到静和由静到动，是天地间不断循环出现的两个过程，"徐"则是不急不躁、安然随意的样子。

《老子》诘问"徐清"、"徐生"，本意是强调浊与清、安与生之间的转化并不是人力能够完成的，而肯定其是自然的过程和结局。具体到有道之士，其基本原则应该是以不变应万变，不去刻意追求什么，更不要被动地改变自己，而是静观外界的流变，顺水行舟，以成其事。

《老子》反问"谁能"，意思是说谁也不能。即使是有道之士，尽管不完全赞赏静止，还是坚持以静为主；尽管不欣赏创生，还是要创生。但是，这一切并不是有意作为，而是自然而然的动作，所以才不会急躁，不会劳烦。这不是说有道之士能够主宰万事万物的动与静、死与生，而是说他们能够完全认识到这只是个自然过程，不需要人的主动干预，进而做到顺应规律，适时而动。

049-1504〇保此道者，不欲尚盈。

这一节是对上一节的进一步说明，并对"保此道者"或"善为士者"的处世宗旨作了概括。《老子》说："保持大道的人，不愿意达到盈满。"竹简本只有这一句，而帛书甲本和世传本则增加了一句"夫惟不欲盈，是以能敝而不成"，帛书乙本则只有"是以能敝而不成"，意思是说，就是因为不愿意达到盈满，才会不断抛弃，避免完成。后世文本中增加的这一句，从意义上讲显得很多余；从文本上讲，明显是有人把对正文的解释误写入了正文。

所谓保持大道的人，就是这一章开始时所说的善于持守大道的人。所谓"不欲尚盈"，是说不追求盈满。根据《老子》哲学，物极则必反，盈满之后必定是缺损的开始。所以，只有不溢满的人才有创生的余地。正如《老子》所说的，有破敝，才有创新；有完成，就有败坏（070-2201）。万事万物的新与旧就是这样循环不已。但是，唯有大道，因为没有形体，总是保持虚空，才不会盈满，并且超越万物，不常驻于新旧成毁之中。同样，保持大道的人，也要控制盈满和完成，不过度盈满，才不会败坏。

第十六章　致虚恒也（050-053）

050-1601○致虚，恒也；守中，笃也。万物方作，居以须复也。

　　这一章是从事物发生、发展的全过程来说明大道的本质。

　　《老子》说："到达虚廓的境界，这样才会永恒；持守中道的状态，这样才能稳固。万物正在蓬勃生长，需要静静地等待它们的复归。"这既是对大道的描述，也是认识大道的基本要求。在文本方面，本书采用竹简本的文字，而帛书本和世传本的说法是："致虚极也，守静笃也。万物并作，吾以观其复也。"意思虽然与竹简本并不矛盾，但在准确性方面，竹简本似乎更胜一筹。特别是"守中"的思想，如第5章所说："多闻数穷，不若守于中。"（017-0503）更能体现大道的本质特征。《老子》所说的"中"是一种相对静止的状态，这并不是说万物是一成不变的，而是说人在看待万物时，要注意万物的虚而静的一面，以便看到事物的本质，并做出正确的判断。

　　在《老子》看来，万物是会生长变化的。竹简本的"方作"，帛书本和世传本作"并作"，表达的都是这个意思。"方"强调的是过程，"并"强调的是状态；"居以须"是动态的，"吾以观"是静态的。这就表明，包括帛书本在内的后世的传抄本，在理解《老子》原意的过程中出现了分歧。"须"是等待之意，说明有道者在等待事物往复变化的过程中，随时准备有所行动。"观"是观察之意，说明有道者首先希望做一个无所事事的观察者。但是，《老子》哲学是行动哲学，是生活哲学，并不是完全的超然物外，而是要超越世俗的短视。等待的目的并不是彻底的无所事事，而是看中机会，做出最恰当的行动。

051-1602○天道员员（yún），各复其根。

　　大道是不可见的，只能通过静观大道控制下的万物及其生死存亡的过程，才能看出大道的存在和作用。为此，《老子》从一个新的观察角度指出："天道周流不息，万物也要返回到根本。"《老子》的这一论断，既符合人们的常识所见，也与它所规定的大道的本质相同。所

谓"员员",是形容运动不止的样子。既然天道是运动的,万物的周而复始也就是理所当然的。从万物的生长规律来看,有荣必有枯,有生必有死。但在《老子》看来,回复到大道才是其根本。帛书本作"夫物纭纭",可能是受到了下一句"各复归其根"的影响,使得这一句话的意思不够完整。其实,帛书本原来的文字是"天物"而不是"夫物",大概是整理者们认为"天物"不成辞,就顺着世传本的意思改为"夫物"。但事实可能是,帛书本的原抄写者误将"天道"抄成"天物",而后人又擅自改为"夫物",致使《老子》原文失真,原意大变。

"复"与"归",在此是同义语,它的潜在意义,是说万物的复归是事物的本来面目。"复"的观念,是指事物的一个生存过程的完结。而所谓"万物归根"的说法,显然是受到树木落叶归根等此类自然现象的影响。在这个问题上,《老子》也是更多地依赖常识的判断,而并不能作出逻辑或学理上的证明。万物的生灭,年复一年,循环不止,这固然可以视为事物的规律和永恒。但从哲学上看,事物在生与灭之间的转化,很难说生和灭谁是根本。

052-1603○归根曰静,静,是谓复命。复命,常也;知常,明也;不知常,妄;妄作,凶。

就以上所述而言,关键之处是所谓的"复归",于是,在这一节,《老子》对于"归根"的思想作了阐释和引申。但是,在竹简本中,到上一节结束时有一个明显的一章文字结束的符号。这就说明,在竹简本《老子》中,并没有这一节和下一节文字。而这两节的内容,只是对"复归"的解释,并没有明显的新意,极有可能是后来加入到《老子》正文之中的文字。而且,从这一节的句式上看,也像是一种解释性的文字,有可能是什么时候的抄写者把后人对于"复归"的解释文字不小心掺入到了正文之中。

不管怎么说,既然至少从帛书本开始就认为这一节是《老子》的原文,我们还是应该对它们有所认识。《老子》说:"返归根本就是沉静,沉静就是复归性命,复归于性命就能把握常规,把握常规就达到了明澈。不能把握常规就会虚妄,妄自行动就会遭遇凶险。"在《老子》思想中,"静"既是个常用的概念,也是个不容易理解和把握的概念。因为《老子》思想与当时的主流思想格格不入,而当它力图向世人说

明时,又得使用现成的语辞,所以,《老子》为了表现自己思想的与众不同,只能在重新定义世俗用语上下工夫。比如说"静",它并不是一般意义上的静止或安静,而是静观其变中的"静",也就是表面静止,但内里随时准备伺机而行的一种表现。

至于所谓"命",在《老子》的其他地方都作动词使用,只有这一处用为名词。当时的其他哲学家也经常讲到"命",强调的是事物不可改变的状态和趋向。《老子》此处说"命",讲的是事物的本性或最初的必然规定,我们称之为性命,即本性的规定。所以才说,复归于命的规定是事物不变的规律,即"常"。"常"是针对"变"而言的。只有认识到大道是永恒不变的,才不会受外物的左右,这种状态,《老子》称之为"明"。从"归根"到"知常",圣人坚持大道,避免妄自定义美与恶、是与非,所以总能遇吉避凶。反之,如果不能把握事物的规律,妄自造作,就会陷于凶险的境地。

053-1604○知常容,容乃公,公乃王,王乃天,天乃道,道乃久,没(殁)身不殆。

上一节从"归根"推论到"知常",并指出了不知常的危险性,这一节则从正面讲述"知常"的重大意义和重要作用。

《老子》说:"理解了常规,就能容纳;能够容纳,就不会有偏私;不会有偏私,就能一视同仁;一视同仁,就能符合上天的要求;上天的要求,就是大道;只有大道才是恒久的,会使人终身远离危险。"这其中的主要概念,同样非常符合《老子》一书的特点。特别是"王"这个概念,它既不是指天下的王者,也不是指称王于天下,而是周溥、普遍的意思,我们称之为一视同仁。至于"天",既不是指自然之天,也不是指神灵之天,而是指无上的命令的意思,我们称之为上天的要求。

事实上,所谓"常"、"容"、"公"、"天"、"道"、"久"这几个概念,既是层层递进的关系,也是同一事物的不同说法,关键是从什么样的角度去思考。在逻辑关系上,把握了"常",就自然达到了"容",余者类推,说明这些概念是平等的关系。

总之,分别理解这些概念也好,总体上把握大道也罢,《老子》的结论都是"没身不殆",终身都不会遭遇危险。"没身"就是"殁身",即直到身体消失,离开这个世界。显然,《老子》所谓"公"、"王"、"天"之

类的提法虽然不是直接讲述现实政治,但还是充满了对帝王的诱惑。有作为的君主,通常一眼就能看出《老子》的用意。如果最后这两节是后人所增补,也可以视为对《老子》思想的扩充。

第十七章　太上（054–056）

054-1701○太上，下知有之；其次，亲誉之；其次，畏之；其次，侮之。

从这一章开始的以下几章，《老子》很明确地阐述了自己的历史观和社会观。这些观点乍看上去有些突然，但从根本讲，却是它所定义的大道在社会历史领域里的具体作用，或者说是大道的观念对于社会历史观的影响。

《老子》断言："在最好的时代，百姓只知道有个君主；稍差一些的时代，百姓开始亲近和赞誉君主；再差一些，百姓畏惧君主；最差的时代，百姓开始轻视和对抗君主。"这话听起来有些不伦不类，但它的含义却是非常深刻的。

在《老子》看来，在很久以前的黄金时代，普通人只知道社会中有个首领人物的存在，但这样的首领与普通人的实际生活相距很远，意思是说，首领只是个名义，他并不干涉人们的自然的生活方式，以至于普通人只知道首领之名，却感受不到首领之实。很明显，《老子》对这样的时代是持肯定态度的。然而，随着时间的推移，首领的权力和地位在不断提高，使普通人感觉到了首领的存在和作用，于是就开始与首领亲近，并设法赞誉首领，以求得相应的好处。这种状态，在《老子》看来虽然不及最早的自然状态，但毕竟普通人还没有受到实质性的伤害。不过，接下来的时代就开始不妙了。为了巩固自己的地位，首领开始使用强力手段，迫使普通人在畏惧的前提下服从首领人物。不用说，这样一来就逐渐到了最差的时代，首领的做法越来越不合理，普通人便开始轻视他们，并最终走上了对抗之路。

君主或首领为什么会有如此变化，《老子》并没有去正面地探求其原因，当然也就不会想到建立一套行之有效的政治制度去约束在位者。从政治发展史的角度来看，当缺乏制度约束的时候，大到一国，小到一个行政单位，当权者的日渐堕落就会成为必然现象。

值得注意的是，《老子》在此所说的"太上"，不仅指时间上最古老的时代，也指在社会道德成就层面上最好的时代，是历史时代与社会评判的统一。也就是说，所谓的"太上"和以后的"其次"，既指时代和

时间下移，也指政治合理程度的下降。在先秦诸子百家的政治理想中，都认为最清明的政治只存在于上古时代，不同的是，他们对上古黄金时代的具体描述有所区别。正统儒家认为那是天下大治的时代，典型的法家思想认为是因为物质匮乏而没有引发私欲膨胀的时代，而《老子》道家则认为是统治者不过度行政的时代。但他们的观点也有相同之处，即：随着时间的推移，社会在不断地退步和堕落。美化过去是人类共同的倾向，但把过去做如此细致的阶段性分析，并且把时间和政治清明的程度相结合，却是《老子》的独到之处。

055-1702○信不足，安有不信?

结合上一节的文义，这一节所讲的信与不信，并不是讲个人之间的信用问题，更应该是就统治者与被统治者之间的关系而言的。在《老子》看来，统治者的不守信，必然引发全社会的信用程度不足。如果全社会的信用程度不足，哪儿还有什么信与不信的问题呢？

至于上文所说的这种政治上一天不如一天的原因，各家的看法也有不同。严格说来，在先秦诸子中，只有法家对此问题有明确的说法，认为是经济的发展使人们变得贪婪无度，致使政治腐败。在正统儒家的思想中，隐约认为是人心出了问题。那么，人心为什么会出问题呢？一些儒家学者归因于外界环境。而外界为什么会影响一部分人而不会影响另一部分人，则始终未有明确的说明。到《老子》这里，为什么社会状况会江河日下？它的绪论是："当信用程度缺乏的时候，怎么还能谈得上信与不信的问题？"这样的结论与《老子》所处时代的政治腐败有关，并且表达了严厉的社会批判精神，所以，在专制时代，这样的观点非常容易得到知识分子的共鸣。

那么，在位者为什么会不诚信？他们的不诚信主要是哪些方面呢？一般认为主要是当政者的欲望太强烈。当政者无限制的占有欲和控制欲，加之缺乏合理制度的有效约束，使他们无法用诚信的心态和做法对待被统治者，最终激起了社会下层的反抗。换句话说，在《老子》看来，社会动荡的主要原因在统治者一方。但是，结合《老子》一书的整体思想来看，《老子》从根本上并不反对统治者的欲望，而是把批评的重点放在统治者不注意表现欲望的方式方法上。当然，从思想家的理性认识来看，如果统治者欲望过度，很难做到让被统治者清心寡欲。

所以,问题的关键还是统治者一定要把握好实现自己所有欲望的方法和途径。只是顺着这个思路,才出现了后来韩非子的"帝王术"。

056-1703○犹乎其贵言也。成事遂功,而百姓曰:"我自然也。"

在上两节的批评之后,这一节是《老子》给在位者的正面劝告。

《老子》说:"君主要小心谨慎,不要轻易发布政令。只有这样,每当事情完成,百姓才会说,本来就该是这样的。"《老子》曾有"犹乎其如畏四邻"(047-1502)的说法,其中的"犹"与这一节相同,都是心中有数之后的小心翼翼的表现。这种"帝王术"的中心是思想意识,是《老子》总结出来的"贵言"。对于统治者来说,并不应该只是做到简单的少说话,而是要做到政令简明而有效,也就是不轻易发布容易引发被统治者欲望的法令。能做到这一点,统治者的诚信就没有问题了,社会信用度的改善和提高也就有希望了。在这么"信足"的情况下,每当老百姓完成一件事情时,都会说这与君主无关。既然与君主无关,就是说君主不用承担任何责任。这看上去似乎是降低了君主的权威,其实最重要的是老百姓就不再会反对君主了。在《老子》看来,最好是百姓不说好,也不说不好,这样一来君主就能够长久保持自己的特殊地位了。

第十八章　故大道废（057—058）

057—1801○故大道废，安有仁义？

　　从竹简本来看，本章与上一章的文字接续在同一版竹简上，中间并没有章与章之间相分别的记号，而在下一节的末尾则有明确的这种记号，这就说明，本章与上一章在《竹简》本中是同一章的内容，所以，应该在这一节的开头加上"故"字。事实上，从内容来看，本章的意义也是对上一章的接续。

　　世传本《老子》文字是："大道废焉，有仁义。"意思是说："大道被废弃，才有了仁义。"并且在后面还有一句"智慧出焉，有大伪"，意思是说："人们要表现智慧，才出现了严重的伪诈。"这样的观点固然也能说得过去，但从总体上来看，却与《老子》全书主旨和表现手法不太一致。只是因为我们看到了考古本，才意识到"焉"或"案（安）"在这里不应该作为句尾的语气词使用，而应该是句首的疑问副词。只有这样，不仅文理通顺，而且也符合《老子》的思想和思维方式。另外，在《竹简》本中，这一节与下一节的内容也正好接续在同一版竹简上，中间并没有间隔。这就说明，无论在形式上，还是在内容上，《帛书》本和世传本上增加的那一句都是多余的，是后世抄书者误将注释文字抄写在了正文中。也就是说，"智慧出焉有大伪"是后人对"大道废焉有仁义"的解释或引伸，不是战国中期以前《老子》版本中的内容。

　　《老子》思想与儒家思想固然是不同的，甚至是相对立的，但《老子》采取的批判手法不是头痛医头、脚痛医脚式的，而是釜底抽薪式的。根据世传本《老子》的说法，仁义低于大道，追求仁义只是人们在失去大道后的不得已的选择。其实，在《老子》看来，它的主张远远高于儒家思想或其他任何思想派别的主张。或者说，《老子》认为自己的主张远在儒家之上，跟儒家的主张根本不在一个层次上，所以才对儒家采取了不屑一顾的态度。在上一章，针对儒家非常重视的"信"的问题，《老子》从根本上否定了儒家倡导的"信"的价值，认为并不是"信"本身有没有价值的问题，而是在缺乏"信"的大的社会背景下，儒家主张个人修养信用是没有着落的，甚至是毫无意义的。在这一节，《老

子》循着同样的思路,认为一旦大道都被废弃了,整个社会都堕落或崩溃了,仅仅倡导仁义同样是没有着落,没有现实意义和价值的。

在《老子》时代,儒家的"仁义信"的观念影响很大,但《老子》认为这样的思想远远不及大道对社会的益处。根据《老子》的定义,大道是至高无上的,所以,遵循大道的社会也是最美好的,即上一章所谓的"太上"之世。但是,正是因为人们逐渐背离了大道,社会才陷入了无边灾难,这时候,即使人们不得不用仁义道德规范人们的思想和行为,维持社会的存在和运作,也只是一种善良愿望罢了。换句话说,仁义听上去不错,但是,大道不存在了,社会的大方向已经失去了,也就谈不上仁义的存在了。所谓"皮之不存,毛将焉附",实际上,即使是在正统儒家思想的观念里,在一个天下无道的社会里,仁义的作用也是很有限的,只不过是《老子》的看法更苛刻,甚至显得更刻薄而已。

那么,为什么大道会被"废"? 为什么人类社会走上了下坡路? 本来遵循着大道的"太上"之世为什么不断地堕落到"其次"的程度呢?《老子》并没有做出回答。后来《韩非子》的解释是,因为生产发展了,物质水平提高了,引发了人们的欲望,大道就被抛弃了。但是,既然大道是无所不能的,人们面对物质欲望时为什么会背弃大道,依然是个未解之谜。所以,有解释者认为是"智慧出",把这样的转变归因于人自身的原因。不过,在大道流行的时候,为什么会出现"智慧",同样是个未解之谜。

058-1802○六亲不和,安有孝慈? 邦家昏乱,安有正臣?

在这一节,《老子》继续批判道:"亲人之间都失去了和睦,哪里还会有孝慈? 国家政治已经腐败,社会混乱不堪,哪里还能谈得上有贞正之臣?"与上一节的思路一样,同样是对儒家思想的批判。《老子》在此采用了反相诘问的方式,既表达了《老子》思想的高瞻远瞩,又严厉批判了儒家思想的不切实际,与世传本的断句和理解相比,应该是更符合《老子》的思维方式和批判精神。

在儒家思想看来,父慈子孝和贞正之臣是值得倡导和赞美的,但《老子》却不无痛切地指出,大道已经丧失,进而导致社会风气不正,亲人之间失去了基本的和睦;国家政治也是一片混乱,腐败成风;在这种情况下,只是片面地提倡孝慈和正臣,根本没有切中要害,对社

会还会有什么益处呢？一句话，在大道盛行的时代，社会不需要孝慈，国家也不需要正臣。如果有孝慈，怎么会有"六亲不和"？如果有正臣，怎么会有"邦家昏乱"？

所谓"六亲"，传统儒家认为是指父子、夫妇、兄弟之间的关系。所谓"正臣"，帛书本和世传本也作"贞臣"或"忠臣"，唯有竹简本称"正臣"，意为堂堂正正，不做阴暗之事的大臣，而所谓"忠"和"贞"的观念，则多少有些失之于狭隘，明显是后人的理解。

与本章的第1节和上一节的第2节一样，这一节在断句上的不同，也对《老子》与儒家思想的分歧有着重大影响。对于这一节，世传本的说法是："六亲不和焉，有孝慈：国（邦）家昏乱焉，有忠（贞）臣。"意思是说，在家庭不和睦的时候，才显示出孝慈的作用；在国家政治混乱的时候，才显示出忠臣的力量。这与《老子》对于仁义孝慈一类的观念相反，显然是比较典型的儒家思想。历来的注释家虽然在这个问题上多为曲说，还是难以弥合其内在的矛盾和分歧之处。而考古本的出现，以及对《老子》思想的全面思考，才真正让人们看到了《老子》是如何对当时的儒家思想提出具有《老子》逻辑特色的严厉批判的。

老庄经典　老子通说

第十九章　绝智弃辩(059-060)

059-1901○绝智弃辩,民利百倍;绝巧弃利,盗贼无有;绝伪弃诈,民
　　　　复孝慈。

上两章是《老子》从历史发展的角度批判当代文明,这一章则是从社会现实的意义上进行再批判,可以说是纵横交合。由于早期的《老子》文本并没有现在这样的章节之分,所以,现在的第17章至第19章应该是思想联系比较紧密的一部分文字。

在这一章,《老子》首先总结道:绝弃智慧和善辩,民众就会受益无穷;绝弃机巧和财利,盗贼就不会出现;绝弃虚伪和欺诈,民众就会复归于孝顺和慈爱。在文本方面,这一节的古今版本之间有两处重要的不同。其一是,帛书本和世传本都称"绝圣弃知",而竹简本则是"绝智弃辩",因为《老子》整篇都充满了对圣人的赞扬,所以,竹简本的说法更为合理一些。其二是,世传本和帛书本都是"绝仁弃义,民复孝慈",对仁义的观念提出了明确批评,而竹简本则是"绝伪弃诈,民复孝慈",并未对仁义加以指责,并且肯定了孝慈的原则。综合各方面的情况,竹简本应该是正确的,是古本《老子》的本来面目。

在上一章,竹简本也有"大道废,安有仁义"的说法,但这只是说仁义不及大道,并没有说是仁义导致了不孝不慈。再说,上一章各种版本的共同说法是"六亲不和,(安)有孝慈",也并没有把孝慈与仁义挂上钩。所以,这一章所谓"绝仁弃义,民复孝慈"的说法,显然是后世学者的随意改变。在春秋战国百家争鸣的早期,比如说孔子在世时,各种系统的思想尚未形成气候,也未产生面对面的批评,所以,最初的《老子》并没有对仁义的观念有过特别的批评。然而,到了百家争鸣的后期,尊崇《老子》的学者不得不对不同的思想派别做出激烈回应,以至于对"仁义孝慈忠"的观念提出了批判,并且不惜改变《老子》原文,以为自己的观点做佐证。事实上,那个时代的正统儒家认为,正是因为有了不孝不慈的行为,圣人才提出仁义教化;但战国时代的道家却认为,圣人自以为是地提出了仁义教化,才导致了不孝不慈的行为。

060-1902○三言以为辨,不足。或命之,或呼属(嘱):视素抱朴,少私
寡欲。

　　为了回应上一节提出的重大问题,《老子》在这一节指出:上述三
方面无论如何区分,也会有所不足。一定要对世人有所强调,有所嘱
咐:重视和坚持朴素,减少私欲。这一节的第一句应该说是有错失的
文字,所以历来都有不太一致的解释。在文字上,世传本是"此三者以
为文不足",帛书本是"此三言以为文未足",而竹简本则是"三言以为
辨,不足"。另外,帛书本和世传本都是"见素抱朴",竹简本则是"视素
抱朴";世传本是"故令有所属",竹简本则是"或命之,或呼属",显然
竹简本语义更为明晰。

　　《老子》在这一节的要求,明显与上一节提出的批判是相对应的。
遵循"视素抱朴"和"少私寡欲",就可以"绝智弃辩",就能够"绝巧弃
利"、"绝伪弃诈"。在这里,"素"指尚未染色的丝线,"朴"是指还没有
劈削的原木,喻指事物的自然状态。

　　这一节的一个最重要的问题,是对于"绝学无忧"四个字的处理。
世传本和帛书本在这一节的后面都有这四个字。世传本通常是置于
下一章的最前面,但显然更不妥当。因为"绝学无忧"与下一章的内容
毫无关系,所以就认为置于这一节的最后更为合理一些。但是,这一
节并没有谈到"学",所以,放在这里,仍然很不协调。幸好竹简本的出
现使这一难题峰回路转。在竹简本中,"绝学无忧"四字出现在第48
章,并且与第48章第一节的文字就在同一版竹简上。更重要的是,第
48章的第一节正是在明确讲说《老子》关于"学"的意见。所以,关于
"绝学无忧"的解释,本书也放在了第48章。

第二十章　唯与呵(061-066)

061-2001○唯与呵(hē),相去几何? 美与恶,相去何若?

　　这一章是讲述《老子》哲学的具体内容,即事物及其概念之间的差别和转化。

　　《老子》说:唯诺与呵责之间,能有多少差别? 美好与丑恶之间,能有多少不同? 其实,这并不是说这两对概念及其所对应的事物之间真的没有差别,而是强调它们之间的差别是暂时的,而相互间的转化才是永恒的。根据《老子》的辩证发展观,事物不可能停留于某一种存在方式,而是必定要向自己的反面进行转化。正是在此意义上,《老子》认为不可能有永恒的顺从和呵责,也不可能有永远的美好或丑恶。《老子》这一哲学观点的积极意义,并不仅仅在于概念上的推导,而在于告诫现实中的人们,不要用停滞不变的眼光看问题。进而言之,不要目光短浅地看待任何事物,而是要从发展的观点入手,对事物的变化和转化提前做出应有的思想和物质准备。

　　在这一节,世传本中多有一些不合理之处。如将"唯与呵"改为"唯之与阿"。唯与阿同义,于是众多解释者不得不在唯与阿之间寻找不同,并因此而异见纷起。世传本还把"美与恶"想当然地改为"善与恶",以为善与恶才是相对的概念。可是,在竹简本中,"阿"实际上是"呵"或"诃",都有责备、责难之义;"善与恶"是"美与恶",因为《老子》说过"天下皆知美之为美也,恶已"(005-0201),正好是美与恶相对应。

062-2002○人之所畏,亦不可以不畏人。荒兮,其未央哉!

　　正因为事物不是永恒不变的,所以,《老子》不得不语重心长地告诫说:人们所敬畏的人,也不可以不敬畏人们。意思是说,那些此时此刻被人们所敬畏的人,不管是当权者还是有钱有势者,也应该敬畏那些此时敬畏他们的人,或者说迟早有一天,此刻的有权有势者也会成为无依无靠者,也会不得不去敬畏那些曾经敬畏过他们的人。这样的

道理,特别适合于提醒《老子》时代的在位者。在春秋战国时期的动荡年代,贫与富、贵与贱的转化经常发生在转瞬之间,并且在当时的人们看来,这种转化还远远不是结束的时候呢! 正是在此意义上,《老子》才总结说:广阔无边啊,似乎没有尽头! 就是说事物的发展或转化不会终结在某个地方。

在文本方面,世传本是简单的一句话,"人之所畏,不可不畏"。这样的话也不是没有道理,意思是说大家都敬畏的,我也没有必要不敬畏。但是,这样的道理未免失之于浮浅,而且也难以从《老子》思想中推导出如此说法。幸好在考古本《老子》中,"不可以不畏"的后面又出现了一个"人"字,这就从根本上改变了这一节的意义,并把这一章的整体思想水平提高到真正的《老子》的思想层次上。至于"荒兮未央"一句,帛书本或作"望兮未央",意义相近。"未央"是没有尽头、没有边际的意思。汉朝的皇宫建筑中有个"未央宫",就是用的这个意思。

063-2003○众人熙熙,若飨(xiǎng)于大(太)牢,而春登台。我泊(bó)也未兆,如婴儿未咳。纍(léi)呵,若无所归。

为了应对事物不断转化给人带来的冲击,《老子》的作者选择了一条特殊的生活道路。他说:"众人兴高采烈,好似享用大餐,犹如春天登高远眺。独有我自己,内心淡泊,无所冲动,如同安静的婴儿。无所事事,似乎没有归处。"根据上两节阐述的原则,世俗中的普通人之所以无所顾忌地追求享乐和刺激,是因为他们并不知道事物向相反方向的转化是必然的和无止境的,所以,他们只知道吃喝游玩。所谓"太牢"是当时正式场合中,比如国家祭祀和朝堂宴会中规格最高的食物标准。所以,《老子》此言,更多的是告诫有权有势的人物。

与有权有势者的挥霍无度相比,《老子》赞成完全不同的另一种生活方式,即如安静的婴儿一样淡泊自适。在这里,"泊"是宁静、安静之义;"兆"则是萌芽状态,指事物发展变化的先兆,"未兆"就是说没有什么明确的朝向或欲望;"咳"是指婴儿的哭闹;"纍"则是指一种完全放松甚至懒散无着的样子。《老子》强烈主张 "复归婴儿"(090-2801),因为从表现上看,婴儿除了基本的生存需要之外,并无成年人的那些不断膨胀的物欲。所以,婴儿的状态是《老子》认定的纯粹自然的状态。因为没有欲求,也就不存在失望,更不会有转化,《老

子》认为这才是真正的永恒。

064-2004○众人皆有余,而我独遗(匮)。我愚人之心也,惷惷(浑浑)
　　　　　呵(ā)!

　　这一节是接着上一节的讲述,在比较作者“我”与普通人的不同
思想和表现中,阐述《老子》思想的独到之处。
　　《老子》说:“众人都有盈余,唯独我有所不足。我真是个愚钝之人
啊,浑浑噩噩地生活着!”《老子》认为,普通人竭力追求外在的财物和
权势,但这些都是有限的东西,完全可以有富富有余的感觉。然而,圣
人拥有的是无限之物,并没有多寡之分,也就无所谓有余和不足。表
面上来看,普通人拥有着看得见的富富有余的东西,而我所匮乏的正
是这些有限之物,但实际上却是,任何有限的东西总有耗尽的一天,
而只有拥有了无限的人,才永远不会有匮乏的时候。
　　尽管如此,《老子》的作者还是自称为“愚人”,认为自己的思想太
愚钝。“愚”的本意是鲁钝,与“诈”相对,本是纯朴、率真之义。在各种
版本中,此处联绵词或称“惷惷”,或称“沌沌”、“纯纯”、“涽涽”,都是
描述一种表面上的浑然无知的状态。这显然是《老子》的作者在冷冷
地自嘲:与这些俗人相比,我好像总是有所不足。与其像俗人那样自
作聪明,我还不如承认自己是个笨拙不堪的愚人。这如同一个器皿,
如果你一下子把它装得太满,当然就不可能再添加什么了;可如果一
直让它有点空余之地,就能让它不时地有所收获,不断地给人适度的
满足。显而易见,在这个过程中,真正不断有所收获的,不是众人,而
是《老子》式的圣人。

065-2005○俗人昭昭,我独昏昏;俗人察察,我独闷闷。忽呵其若海,
　　　　　恍呵若无所止。

　　这一节还是在比较“俗人”与“我”的不同之外,并且具体说明
“我”的“愚”表现在哪些方面。《老子》的作者说:“世人明明白白,只有
我昏昏沉沉;世人精精明明,只有我懵懵懂懂。像无边的大海一样飘
忽不定,恍恍惚惚,好像没有止境。”比如说,俗人显耀巧智,我却深藏
不露。俗人斤斤计较,我却宽大为怀。我的外表糊涂,内心却清静明

了，不受外物的牵制。不过，世俗之人的精明强干是有限的。遵循大道之人超然物外，看上去空无一物，实际上却锐利无比。也就是说，圣人的昏昏闷闷是持守大道、不屑于蝇营狗苟的表现。

总之，俗人自以为有智慧，能够面对一切具体问题。其实，具体的东西无穷无尽，只能达到有限的解决。有鉴于此，《老子》强调说，圣人不拘泥于具体事物，而是从总体上把握万物。所以，外表上看去，圣人反应缓慢，俗人则精明强干。但实际结果却是，圣人得到了一切，俗人则好比是井底之蛙，所见有限，所获更有限。

066-2006〇众人皆有以，而我独顽以鄙。我欲独异于人，而贵食母。

在与普通人的最后比较中，《老子》的作者说："众人都有所用，唯独我不堪造就，鄙陋无知。只有我与众人不同，因为我看重根本。"特别是最后一句，明显是这一章的总结。

这一节的两个"以"字，前一个是实词，是"有用、有所依恃"的意思；后一个是虚词，相当于"而"。所谓"有以"，其实强调的是"众人"的自我感觉。普通人对于外在的追名逐利都觉得有所收获，因为他们只能掌握看得见、摸得着的有限的东西。相对于普通人的表现，"我"却既顽劣，又鄙陋。所谓"顽"，是说分不清好坏多少；所谓"鄙"，是说见识太短。很显然，《老子》的作者是在用一种自嘲的口吻，表现他对于社会现实的激烈批判。当然，"我"与"众人"的不同，并不仅仅在于有所区别，而是有着严格的高下之分，这主要表现在最后所说的"贵食母"。"贵"是重视和看重的意思，"食母"则是借用婴儿对母亲的依恋，说明人生的根本是什么。也就是说，"我"掌握的是人生的根本，而"众人"则是在人生的细枝末节上做文章。

另外，在专制政治之下，有作为的当政者都会统揽全局，让在下者去处理局部的、个别的问题。这样一来，在下者会觉得自己有所收获，可真正得到利益的却是当政者。总之，各有各的满足，上与下之间就不会产生矛盾。在下者时常也会利用一些小聪明蒙骗在上者，但只要这类小聪明不危及在上者的利益，在上者乐得不去理会，以使在下者有所炫耀，有所满足。这样的上与下的不同，就是《老子》所说的"我"与"众人"的不同。

第二十一章　孔德之容 (067-069)

067-2101○孔德之容,惟道是从。

在这一章,《老子》通过讲述大德与大道的关系,进一步对大道进行了描述。

《老子》说:"伟大的德,它的运动完全遵从大道。"传统解释认为"容"是仪容和外表的意思,但这显然与"德"字在这句文字中的意义不相符,因为并不能说大德只在外表上遵从大道。其实,"容"在古文中本来就有"动"的意思,与动词"搈(róng)"意义相近,表示某种不露形迹的运动过程。

我们说过,《老子》书中的"道"、"德"二字,我们用"大道"和"大德"来称说,以免与普通意义上的"道"和"德"的概念相混淆,实际上,这一节的"孔"字,就是"大"的意思。《老子》哲学中的大道和大德,是对同一原则或原理的不同角度的描述。从整体上来看,宇宙万物的生成者是大道,即宇宙万物在整体上是遵循大道的原则而创生或生成的;但是,具体到每一事物,其中的生成原则就是大德了。换句话说,大道是总的原则,大德是总原则的具体体现。正是基于此意义,《老子》才在此处说,大德的运动完全遵从大道的要求。

"德"字源于"得"字,本义是获取利益,引申为获利的规则,后来进一步引申为一般意义上的规则之义。如同"道"一样,《老子》用"德",既与这个字的本义有关,又为其增加了新内容。总的来说,大道是万物整体的生成原则,大德则是个别事物的生成规则。

068-2102○道之物,惟恍惟惚。惚兮恍兮,其中有象;恍兮惚兮,其中有物。幽兮冥兮,其中有情;其情甚真,其中有信。

那么,从大德的角度来看,大道是什么呢?《老子》的解释是:"如果说大道是个事物,也只存在于恍恍惚惚之中。恍惚之中,好像有具体形象,又好像有具体事物。在无限的深远幽冥之中,确有一些真实而可信的东西。"很显然,这一节还是想用相对通俗的语言,力图把哲

学意义上的大道和大德落实到实际之中,让更多的人理解它们。无论是世传本的"道之为物",还是帛书本的"道之物",都是一种企图把大道和大德落实到实际之中的比喻之辞,意思是说,如果人们一定要把大道和大德理解成一个可以把握的具体事物,那么,这个事物只存在于"恍惚"之中,《老子》有时也称之为"忽恍"(043-1402),意思一样,可以说都是绞尽脑汁地向人们表达那种恍惚之中的若有若无之意。所谓若有若无,是说从大道创生万物的角度来看,大道是"有";从它不可触摸的角度来看,只能说它是"无"。

在这一节,考虑大道与大德的关系,《老子》主要是从"有"的角度来描述大道的"模样"。《老子》使用了"象"、"物"、"情"、"真"、"信"等概念,并用"恍惚"和"幽冥"这样的形容词加以限制。其中,世传本有"其中有精"的说法,但帛书本却是"其中有情"。"情"就是实情的意思,在此是说幽深和冥暗之中却有实实在在的东西和作用,较之世传本更能体现《老子》之意。"精"是指确定无疑的某种具体东西,"情"则是从总体上概括大道的实在性。

069-2103○自古及今,其名不去,以顺众父。吾何以知众父之然也?以此。

这一节是《老子》从时间或历史发展的角度,揭示大道和大德的作用。

《老子》说:"从古到今,大道的名称不可或缺,并循历着万物的起始。我根据什么了解万物的起始呢?根据大道和大德。"所谓"其名不去",并非只是说有这么个名称,而是强调这个名称,即大道或大德,是从古到今一直在发挥着作用的。有了大道之名,才有了万物之名。所谓"顺",是说大道和大德与万物共始终。所谓"父",与"母"一样,也是指示着万物的来源,而"众父"则是宇宙万物的代称。

本章提出了"德"的概念。据记载,《老子》又称《道德经》,即《道经》和《德经》两部分。在较早的时候,本来是《德经》在前,《道经》在后。世传本多以《道经》为先,但考古发现的较早版本还都是《德经》部分在前。这就进一步说明,《老子》全书章节的划分,完全出自后人之手。至少可以说,最早的《老子》一书是没有后世这样的章节之分的。有很多研究者在章节先后的问题上做文章,其实,《老子》本是当时盛行的一种语录体,章节的先后,总的来说并不影响它的内容。

第二十二章　曲则全(070-072)

070-2201○曲则全,枉则正,洼则盈,敝则新,少则得,多则惑。是以圣
人执一,以为天下牧。

　　在《老子》哲学中,理论阐述与实际应用是紧密结合在一起的。在同时代的哲学家中,虽然《老子》的作者最擅长讲述纯粹的哲学原理,但这并不能掩盖他或他们在联系实际方面的教化目的。

　　在本章,《老子》明确指出:"有委曲才能保全,有弯曲才能正直,有低洼才能盈满,有敝坏才能新生,有损失才能获得,而过多的获得会使人迷惑。"这些原则可以说是《老子》人生哲学的生动说明,它既是《老子》阐述的转化哲学的逻辑推演,也是实际生活经验的概括和总结。

　　遵从《老子》哲学的庄子就说过,只有弯弯曲曲、不中规矩的树木才能长寿,因为使用木材的人不会去砍伐它们,这大概是"曲则全"的最佳注解。《易经》上说,蚯蚓的屈身,就是为了伸直。换句话说,有所退让,才能得到伸展。这就是"枉则正"的道理。其余各项,也都可以在实际生活中找到很丰富的例证。当然,从《老子》哲学的角度来看,当事物发展到极限之时,就必然会向相反的方向转化。曲与全、枉与正、洼与盈、敝与新、少与多、得与惑,都是相反的两极,相互间的转化也就在料想之中了。

　　然而,《老子》的"曲"、"枉"、"洼"、"敝"、"少"与"全"、"正"、"盈"、"新"、"得"的关系用一个"则"字来联系,它们之间究竟是因果关系,还是有限或无限的条件关系,《老子》并无明确的说法。以"曲则全"为例,是因为有曲才有全,或是有曲就有全,或是有曲可能会有全,都会让后人产生歧见。在现实生活中,委曲得全的事例固然很多,但委曲而不能全者也不少见。不过,《老子》的引人之处,也就在于这种模棱两可的特色,因为它会给人留下想象和尝试的空间。

　　根据上述原则,《老子》总结说:"圣人持守大道,以实现天下的大治。"我们说过,从大道的整体性和纯粹性来说,大道就是"一"。所以,这里的"一",就指大道。

　　这一节在文本方面有一些重要的问题需要略加说明。世传本说的是"圣人抱一，为天下式"，而帛书本则是"圣人执一，以为天下牧"。"执一"与"抱一"不同。"执一"指掌握《老子》的哲学法则，即事物的变化和转化法则；"抱一"指精神与物质的统一，心与神的合一。因为有这样的不同，世传本才说圣人是天下的楷模，而帛书本则认为"执一"是治理天下的根本。"式"指法则，"牧"是"治"义，"天下牧"，指天下得到大治，这更符合《老子》本意。

071-2202○不自视，故明；不自见（现），故彰；不自伐，故有功；不自矜，故能长。夫唯不争，故莫能与之争。

　　这一节是对本章主旨的深化，以说明"曲全"哲学的具体运用。

　　根据《老子》的观点，"不自以为是，才能明达无误；不自我表现，才能彰明自己；不自我夸耀，才能取得成功；不自高自傲，才能长久"。世传本把"不自视"改为"不自是"，多半是因为把"见"与"视"看作同义，为避免重复，改"视"为"是"。其实，"见"与"现"为通假字，尽管用"不自是"也能讲得通，但是，从帛书本来看，"不自视"和"不自见（现）"才是《老子》的原文。

　　所谓"自视"，是说只盯着自己，以为自己的所作所为都是完美无缺的。所谓"自现"，是说时时处处都要把自己突显出来，无视他人的存在。至于"自伐"，"伐"的意思是强力求取，典籍中"自伐"多为自夸之义。而"自矜"则是自高自傲的意思。根据《老子》哲学，一切事物的发生和存在都是有条件的。一个人要想心明眼明，就不要自以为是；要想使自己得到像样的社会地位，就不要过分表现自己；要想获得事业成功，就不要自夸自诩；要想保持长久，就不要自高自大。反过来说，只有广泛听取和尊重别人的意见，才能明白通达；只有给其他人留下足够的生存空间，才会获得自己的稳固地位；只有获得别人的夸赞，才能算作是自己的成功；只有目中有人，才能保证自己的长久存在。在这里，《老子》的总的指导思想是保持低调，因为只有这样才会掌握主动权。特别是对于从政者，这四个"不自"尤其重要。

　　为什么会有上述原则呢？《老子》的解释是："因为不去争夺，才没有人能与之争夺。"这话听起来有些自相矛盾，其实是道出了一项非常重要的为人处世的原则。

乍看起来，"争"与"不争"是矛盾的两极，互不相容。但《老子》却不这样认为。根据《老子》哲学，世上并没有绝对的事情；而同一事物的两极，也会处在不断的变化和易位之中。也就是说，由争，可以走向不争；由不争，也可以走向争。如果你一味地争抢，最后可能会丧失一切机会，落入不争的境地，没有资格再去争什么。相反，如果你能够坚持不争的原则，最后反而会得到自己想要的东西，实现争的目的。比如说，人们都在抢先，自己独自在后，接受别人不想要的，使自己一直处于不与人相争的境地。在这样的境地，又有谁能与我相争呢？

所以，《老子》的"不争"，并不是不想争，也不是不去争，而是讲究策略、注重时机的"争"。把争抢的机会先让给别人，等他们在争斗中两败俱伤，"我"却因为起先的不争而坐收渔翁之利。所以，"不争"的关键是要想方设法使对手失去竞争能力，这才是最高境界。这一原则，特别适合于古代专制制度下的政治斗争。

072-2203○古之所谓"曲全"者，岂语哉？诚全归之。

这一节是本章的总结，把重点归结在"曲全"的古老命题上。

《老子》说："古人所说的'曲全'，难道只是说说而已吗？不是。那确实能让人全部收归。"这一节的原文本来很清楚，可世传本的校释者们大概是觉得"曲全"不如"曲则全"明白，于是就把"曲全"改为"曲则全"。其实，"曲全"是先秦和汉代的常见说法，是当时的固定用法。虽然"曲全"的意思就是本章开头时所说的"曲则全"，但按当时的习惯用法应写作"曲全"。世传本又把《老子》原本的"岂语哉"擅自改为"岂虚言哉"，大概是认为这样说更为清楚一些，其实这都是没有必要的误改。

"曲全"之辞在《老子》时代就已流行很久了，所以《老子》才说它是"古之所谓"。所谓"曲全"就是由曲到全，甚至比"曲则全"意义更加深远。至于"诚全归之"，是说如果能够实现由曲到全，就毫无疑问地能够获得想得到的一切。但是，获得一切的想法未免太赤裸，似乎不太符合《老子》的精神，所以就使用了"归"，强调这是大道的本来规定。而能够实现"全归"者，也就是指具备了上述德性的所谓"全德"之人。

第二十三章　希言自然（073-075）

073-2301○希（稀）言自然。

本章还是泛论《老子》的"道"、"德"哲学。

《老子》说："少言少语，是符合自然之道的。"这里所说的"言"的含义，严格说来并不是普通的言语，而主要是指政治举措和思想学说。《老子》时代，正是天下政治纷扰、百家争鸣的高峰期。如同《老子》的作者一样，当时的许多人都把这种混乱归因于政治举措太多，比如各国不断地变法和立法，以及诸子百家的思想学说。在他们看来，变法和立法是天下政治不稳定的祸根，而层出不穷的思想学说则扰乱了人心，使人们的思想一直处在迷惑之中。所以，《老子》才说，真正符合大道要求的是"稀言"。很显然，这才是《老子》所定义的"自然"。

显然，"稀言"并非不言，也不是忘言。《老子》非常重视言语的作用。但是，不言则不明，多言则迷惑，关键是把握好"度"，而这个量度和限度，却是因时、因地、因人、因事而不同。从《老子》来看，"稀言"即寡言少语，体现在政治领域，应该是统治者减省政令，避免过度作为。

不过，对于现实中的帝王，只有在确保其权力正常运作之后，他们才有可能履践《老子》在此所说的"稀言"的主张。在中国古代专制政治体制下，所谓"治世"也确实是政令相对稀少的时代。所以，我们不得不承认，《老子》所说的政治规则是层次较高的原则，是政治领域的奢侈品。大概就因为如此，《老子》的政治主张更多地被后人所曲解和滥用，不是被认为高不可攀，就是被庸俗地理解为某种阴谋之术。

074-2302○飘风不终朝，暴雨不终日。孰为此？天地。天地而弗能久，
　　　　　又况于人乎！

这一节是对上一节的解释。

《老子》说："暴风骤雨不可能从早到晚地没完没了。这是谁的作用呢？是天地啊。天地都不能长久保持这种状态，又何况是人呢！"世传本在"孰为此"的设问之后有"天地"二字，帛书本却没有。从上下文

老庄经典　老子通说

73

意来看,有"天地"二字之后意思更加明朗,即使是明显的增补,对文义也无大碍。

以比喻说明相对抽象的道理,是中国哲学的重要传统之一。为了反对违背自然的过度和极端行为,《老子》以自然现象为例,指出即使是天地间那来势汹汹的暴风骤雨,也不可能维持很久,更不用说人类或某些人的过度和极端的行为了。这显然是围绕着上一节的"希(稀)言自然"而说的。不过,比喻毕竟是比喻,其说服力是很有限的。即使狂风暴雨真的不能长久下,但又有什么理由说因为它们不能长久,就不是自然界本来的面目,或者说就是强求的结果呢?人与天地按理说应该有联系,也许在某些方面还应该有一致性,但又有什么根据说,天地的所有表现都应该为人所效法呢?

很显然,关于人取法或效法于天地的规定,完全是人为的东西,是某些哲学家的一种臆想,这本身就有悖于自然之道。但是,这种思维方式却是由来已久,因为哲学家必须为自己的思想寻找一个最终的根据。那么,以天和天道为此根据,既是大家都能理解的,也是大家不能改变的。在哲学上,《老子》主张的人与天地自然的机械联系,在中国思想史上也起了深刻而明显的消极作用。战国时期阴阳家的思想,汉代的"天人感应论",都与《老子》的自然观有着不可否认的联系。特别是"天人感应论",认为天地的一切现象,都为人的行动昭示着方向,或者意味着对人类行为的评价。这一点,对于古代专制政权证明自己之存在的合理性,起了很重要的作用。由"天人感应论"形成的所谓"天人合一"的思想,经常被人提起,在当代更成为时髦的观点,来为某种现代观念寻找古代的思想依据。这种想法可能没有太大的问题,但这并不能掩盖"天人合一"思想在传统哲学中牵强附会的一面。

既然严格说来《老子》的自然观与哲学观的一致是缺乏根据的,那么,由此引导出的一切,当然也缺乏其存在的基础了。所以,尤其是在政治上,《老子》倡导"希(稀)言",要求统治者减少苛政,在大多数时代并不曾起过积极作用。倒是在统治者想愚弄人民,企图让人民俯首帖耳的时候,才会想起让人民处在一种《老子》式的自然状态之下,不思不想,老老实实地接受统治。当然,这也许是《老子》自然政治观的本意。

075-2303 〇故从事而道者,同于道;德者,同于德;失者,同于失。同于德者,道亦德(得)之;同于失者,道亦失之。

这一节按理说应该是对这一章的总结,但由于文字过分简约,致使历来释义颇多,莫衷一是。

《老子》说:"追求大道和大德,就要与大道和大德保持一致;有所错失,就会失去大道。追随大德,就会得到大道的认可;一旦错失,大道也只能放弃。"这样的言语,乍听上去并没有什么新东西。最浅显的理解应该是说,追求大道和大德的人,应该让自己的行为与思想保持一致。如果行为上有所错失,没有遵循大道和大德的要求行事,就说明在思想上也会失去大道,即未能理解和体会大道的真实意义。而对于这一切,大道也只能听之任之,因为大道的本性就是自然,对任何事物都不作强求。

如果深一步理解,《老子》的意思也许是说,追求大道的人,不应当执著于大道的一般意义,而是应该体悟大道的精神实质,至少不要停留在大道的表面性的言语之中。如果执著于言语,就不会觉悟,进而迷失大道。同样,不论是追求大道,还是迷失大道,大道自身对此都是无可奈何的。

这一节的难点在于"失"字。追求大道和大德还可以理解,而究竟"失"了什么,则难于理解。特别是在后半节,世传本在文本方面加入了太多的不必要的补充,把这一节的意义弄得更加复杂了。虽然帛书本的文字简明扼要,但总的来说,这一节的难点并没有因此而化解。也许还有待于更新的考古发现,才能进一步解决这一节的文本方面的问题。

第二十四章 企者不立(076-078)

076-2401○企者不立。

本章的新内容并不多。以此来看,《老子》的成书更可能是作者思想的零碎记录。尽管它保持了整体上的思想基本一致,但在写作上并不是系统地一气呵成。这也符合先秦哲人们的著述习惯,但却给后人随意增删文字提供了方便。

在这一节,《老子》说:"踮起脚跟,并不能长久站立。"对于人来讲,放下脚跟站立和行走,是正常不过、自然不过的事情。而踮着脚则是应付特殊情况的特殊表现,因为不符合自然,所以《老子》认为不能长久。"企"字世传本也作"跂(qǐ)",也是踮脚行走的意思。

本章的结构与上一章颇有相同之处,都是第一节以一句话开始。但是,世传本却在"企者不立"之后又加了一句"跨者不行",意思是说一个人并不能长久保持跨步而行的状态。出现这种情况大致有两种可能的原因。一种是后人寻求对文而妄自增加的字句,特别是六朝以来时兴骈体文,人们觉得有"立"就该有"行"。二是在传抄中把注释的字句掺入了正文之中,因为以"行"释"立"可以加深文意、加深理解。但不管怎么说,帛书本中并没有"跨者不立"的句子。

违背自然的行为,既不能持久,也不会成功。这个关于"自然"的提法,虽然一定意义上得之于对大自然的观察,可它并不完全等同于我们所说的自然界。自然界是一种实体,自然则是一种特性。《老子》断言,在大道的特性中,没有多余和过分的东西,因为它是崇尚自然的。那么,什么是自然呢? 自然就是人为的反面。有些人本来能力不济,还去争强好胜,结果却不能坚持到底,只好半途而废。有很多人,唯恐别人,特别是周围的人超过自己,于是就制定了不切实际的超越他人的目标,结果不仅没有赶上,反而拉大了与他人的距离。事实上,如果一个人能真正认识自己的特长并适时发挥, 或者说在适合于自己的位置上充分表现自己,成就未必会逊色于人。根据《老子》的观点,一个人最好是能扬长避短,否则就违背了自然的原则。违背自然的结果就是,不仅得不到想要得到的,自己已经拥有的也会失掉。

077-2402○自视者不彰,自见(现)者不明,自伐者无功,自矜者不长。

这一节是为上一节的观点提供的佐证,历数一些违背自然的行为会有什么样的恶果。

《老子》说:"自我表现的人不能显现自己,自以为是的人不能彰明自己,自我夸耀的人不能建功,自高自傲的人不能长久。"在前面(072-2203),《老子》曾说过类似的话,这一节以肯定的口吻说出,或者是《老子》有意强调这一思想,或者是《老子》的续编者重新写入的。但不管怎么说,与这一节的上下文意还是一致的。所谓自视、自现、自伐和自矜,在《老子》看来都是"企而立"的非自然的行为,所以,结局也不会是理想的。

078-2403○其在道也,曰:余食赘(zhuì)行(形)。物或恶之,故有道者弗居。

这一节同样是总结性的言语。

总的来说,《老子》认为:"在大道看来,这些行为如同残渣剩汁、赘瘤痈肿一样。它们是些令人厌恶的东西,所以,有道之人不会接受。"上一节所述都是不符合大道的自然要求的,是多余的东西,《老子》将其比喻为"余食赘行"。"赘行"一般理解为多余的行为,但这样的解释与"余食"并不一致。其实,"行"与"形"是通假字,所谓"赘形",是指胼胝一类不属于人身体的自然存在的东西。也就是说,"食"应该与"形"保持一致,都指某种具体的东西,而"行"则是指行为,与"食"不是一类。《老子》以两类让人厌恶的东西比喻那些过度的行为,所以,结论就是,遵循大道之人绝不会去做违背自然的事情。

这一节的最后一句,世传本称"有道者",帛书本是"有欲者"。帛书本研究者认为"欲"与"裕"通假,"裕"有"道"字之义,故"有欲者"即"有裕者",也就是有道者。所以,本书直接采用了"有道者"的说法。不过,也许《老子》原文就应该是"有欲者",因为在《老子》看来,符合大道要求的有欲望者也是可以接受的,事实上,《老子》中的圣人就是有欲望者。在任何时代、任何情况下,正当的有欲者都是应该被肯定的。这样一来,在《老子》看来,"有道者"与"有欲者"并不是矛盾的。

老庄经典 老子通说

第二十五章　有状混成（079-083）

079-2501〇有状混成,先天地生。寂兮寥兮,独立而不改,可以为天下
　　　　母。

　　本章又转为对大道的直接描述,以及对其本质的论证。
　　《老子》说:"有一种混沌一体的状态,在天地之前就已存在。没有
声音,没有形象,独自存在,也没有任何改变,它就是天下万物的根
源。"世传本在"天下母"之后加入"周行而不殆"一句,意思是说大道
的变化是一个周而复始、无穷无尽的过程。这话说得不错,但在考古
文本中并没有这一句,证明它是后世学者加入的,或者亦是在抄写文
本时把前人的注文掺入了正文之中。
　　考古本的"有状",世传本多为"有物",比较而言,前者更适合《老
子》定义的大道的本质。"状"是一种状态或形态,比"物"更加抽象。
"状"介乎虚空与实物之间,适合于作大道与天地之间的过渡阶段,而
"物"则容易让人理解为具体事物。虽然历代释家喜欢直接把这个"物"
说成是"道",但究竟在表达上还有一定距离,容易让人产生误解。
　　《老子》说"道"是"有状",但又不是具体的事物。如果是具体之
物,就需要别的事物作为它的来源,而"道"之为状,是不需要来源的,
因为"道"就是宇宙万物最终的依据。

080-2502〇未知其名,字之曰"道",吾强为之名曰"大"。

　　在概括了大道的本质之后,《老子》又说:"我不知道它的名字,只
好称之为'道',勉强称之为'大'。"无论是分析说明,还是描摹叙述,
总得给那个对象一个名称。不过,名称虽然是必要的,但有时也会造
成麻烦,让哲学家处于被动。因为,一旦某个事物有了确定的名称,它
的存在就容易被理解成有限的和具体的,而《老子》的"道",在《老子》
那里,既不想让它成为有限的,更不想让它成为具体的。所以,《老子》
不得不拐弯抹角地说,我真的不知道它叫什么名字,只好称之为
"道"。这个"道"的最基本的特性是"大",它是所有"大"之中的最大,

也就是说,没有什么存在物比这个"大"还大。这个"大"就是道,道也就是大。本书称之为大道,也主要是从这方面着眼的。

《老子》对"道"的这种方式的说明,不仅使自己陷入两难,对于想理解"道"的人来说,同样有难处。无论是什么样的东西,对于普通人来说,只要是想说给他们听,他们就要求能看得见、摸得着。如果大道是能够看得见摸得着的具体东西,那么,天长日久,它不就会变小,甚至消失不见了吗?具体的东西,在时间和空间两方面都是有限的。而大道,既没有时间性,也不具有空间性,所以才是最大的、永恒的。面对这样的两难,《老子》自觉地承认了"强",即勉强,既表现出聪慧,也证明了无奈。

081-2503○大曰逝,逝曰远,远曰反(返)。

既然《老子》把大道的本质定义为"大",那么,它所谓的"大"是什么呢?从这一节来看,"大就是运动不息,遥不可及,往复循环"。这里的"逝"指不息的运动,"远"指运动没有尽头,"返"则如《老子》所谓的"返也者,道之动也"(133-4001)一样,是指新一轮运动的开始。换句话说,之所以把大道的本质规定为"大",或者说大道之所以具有"大"的本性,就是因为大道运动不止、没有穷尽,并且最终要返回到根本之处或初始之处。其中最重要的表现是"返",这既指大道的万变不离其宗,也指事物发展中的物极必反。

082-2504○道大,天大,地大,王亦大。国中有四大焉,王居一焉。

对于这个抽象的"大",依照《老子》的风格,不仅要有抽象的说明,还得有具体的例证。在这一节,《老子》指出,道、天、地、王都是"大","国中的四大,王占据了其中之一"。按照《老子》的逻辑,道、天、地、王四者并不能并列,因为大道是独一无二的,而后三者是具体事物。但是,从大道总摄万物的角度来看,这四者也不是矛盾的,并且形成一个由高到低的序列。况且这一节的本义是解释什么是"大",那么,在自然界,天和地是"大";在人类社会,"王"就是"大"。当然,"王"也可以被理解为人类的代表,"王"就是指全体的人。总之,"大"的特性,在"四大"之中有着不折不扣的体现。古来有所谓天、地、人之"三

老庄经典 老子通说

才"说法,以证明天、地、人之间的一致性。在《老子》关于"四大"的思想中,也贯彻了这样的原则。不过,在竹简本中,"四大"的顺序与世传本不同,这也说明,在《老子》最初的写作中,并没有认为四者在层次上会有什么不一致的问题。

世传本也有"域中有四大"的说法,"国"与"域"为同义词,均指人的生存范围,在此不可以作一般的机械理解,正如在"人"与"王"之间不能把"王"理解为狭义的王者一样。

083-2505○人法地,地法天,天法道,道法自然。

不管怎么说,《老子》所定义的大道,并不是一直在理念王国里徘徊,而是要指导人间事务,正如本章所述,人的地位可以与大道和天地并列。换句话说,则如这一节所总结的,"人效法地,地效法天,天效法大道,大道效法自然"。这里所说的效法,其实更应该是遵循的意思。"四大"的一致性,更深层的意义在于它们有共同的本质规定,即自然。

依《老子》的看法,大道的另一种说法就是"自然"。"道"之所以有多种名号,是因为人们可以从不同的角度去认识和把握它。对大道来说,如果从万物之源的角度来看,它就是道;如果从它的范围上来看,它就是大;而如果从它的本性上来看,那就是"自然",自然而然。这个关于"自然"的提法虽然一定意义上得之于对大自然的观察,可它并不完全等同于自然界。自然界是一种实体,而"自然"则是一种特性。

《老子》所说的"自然",并不是大自然那样的天然本性,而是遵循某种它所认定的规律或规则。事实上,完全地遵循大自然,也不是任何人能够做到的。首先,大自然究竟是什么样子,大自然的本性如何,每个人的认识总不会一致。其次,即使有一致的认识,遵循起来也会受到不同程度的天时、地利、人和的限制。总之,《老子》所说的"自然",与其说是一种状况,还不如说是一种理念,甚至信仰。这样一来,或许我们就能够更好地理解和把握真正的自然之道了。

第二十六章　重为轻根（084-086）

084-2601○重为轻根，静为躁君。

本章以论述和解决实际问题为主。在这一节，《老子》说："稳重是轻率的根基，镇静是急躁的主宰。"重牵制轻，静主宰躁，这是常识性的判断。根据生活常识，如果是自然形成的状态，必定是重在下，轻在上；同时，任何事物，无论如何躁动，最终也会归于寂静。

看看高山，总是下部稳重，上部巍峨；看看大树，总是根重而枝轻；看看动物，躁动的雄性总是围绕着安静的雌性打转。总之，事物的存在方式，如果能分辨出高下的话，总是重者在下作为基础。稍有科学常识的人会说，这与地球重力作用有关，而鲜能想到它们还会有什么哲学意义。但在《老子》的作者看来，万物的这种表现方式，正是动对静的皈依。

一个讲究睿智和智慧的人，更多的时候会把人的命运交给一些简单的规则。这不得不使我们想到，也许《老子》哲学还有它更深一层的意义。守静与持重，其实在《老子》那里只是一种手段，而且应该是一种灵活的手段。它们只是一种暂时隐蔽的蓄积待发状态。如果有什么人认为，人的一生，或者做事的全过程都应该是守静而持重，那就大错而特错了。所谓"静为躁君"，就是要以静制动，由静而动。

守静本身没有任何价值。守静能得到什么呢？肯定得不到具体实在的东西。守静只能得到某种机会，制动的机会。静极而动，才能得到一切。

085-2602○是以君子终日行，不离其辎(zī)重。虽有营观，燕处则超若。

在这一节，《老子》对上一节所说的轻重、静躁的观点指出了具体的实践例证。

《老子》说："所以，君子长途远行，不能缺少行囊。虽然拥有上好的住所，却能安然而居，超脱于物外。"此处的"君子"一词是周朝以后才出现的，初义是国君之子，引申为拥有社会地位的当权者。通常来

说，有社会地位的人在礼仪修养方面要强于普通人，所以，"君子"一词也逐渐泛指具有高尚道德修养的人。

《老子》中的"君子"正处在新旧词义共存的时候，在本章则是指头脑清醒的从政者，与道德修养无关。"辎重"本义是指装载重物的车子，在此则指后勤保障。当权者虽然拥有世俗的荣华富贵，但《老子》劝他们不要因此而飘飘然，否则就容易失去。"燕"即"晏"，后世典籍通作"安"。"营观"的字面意思是指繁华的建筑，在此喻指在位者的奢华生活。"超若"是说超然物外的样子，强调并不把外在的优越条件，包括政治上的和物质生活上的，全然放在眼里。这并不是说这些条件对于君子不重要，而是说不能把这些视为一旦获得就不可改变的东西。换句话说，只有超然对待，才能长久保持这样的条件。

086-2603○奈何万乘之王，而以身轻于天下？轻则失本，躁则失君。

这一节的总结，既是对第一节的回答，也指出了《老子》哲学的真正归趣，即为君王提供政治指导。这一指导就如《老子》所归纳的："可是，身为王者，为什么要轻率对待天下呢？轻率会失去根本，急躁会失去主宰。"世传本称作"万乘之主"，"主"与"王"同义，但根据周朝的制度，只有"王"才能拥有"万乘"之军。"万乘"是拥有万辆战车的意思，这在周朝是天子的武装编制，诸侯则只能拥有"千乘"。世传本又作"轻则失臣"，以为"臣"与"君"呼应才更合理。殊不知，此处的"君"与第一节一样，本是主宰之义，并不是君臣意义上的"君"。

所谓"以身轻于天下"，是说把自身看得比天下更轻。《老子》主张看重自身，只有看重自身的君王，才能更好地治理天下。所谓"轻于天下"，是指治理国家过程中举措轻率，从《老子》全书来看，主要是说君王烦劳百姓。比如说，不是重赋，就是不断的劳役，直到好战黩武，这些都是君主看轻自身并容易丧失天下的做法。

在《老子》看来，君王虽然拥有相当优越的政治地位和物质生活，但也不必因此而洋洋得意，忘乎所以，而是应该安然而处，守静笃，为天下人做表率。这是《老子》理想的帝王风范。但不幸的是，现实中高高在上的统治者，并没有认识到，或者根本就不想守静安处，故而穷奢极欲，恣意妄为。这使《老子》不禁发出这一节的浩叹，其中的"奈何"一词，尤其令人深思。

第二十七章　善行者无辙迹（087-089）

087-2701○善行者无辙迹，善言者无瑕谪，善数者不用筹策，善闭者无关钥而不可开，善结者无绳约而不可解。

本章又是阐述《老子》的处世之道。

《老子》说："完善的行车不会留下车辙马迹，完善的话语不会留下瑕疵错误，完善的计算不会借用筹码，完善的关闭不用门闩也不会被打开，完善的捆绑不用绳索也不会被解脱。"这里的"善"字，既可以理解为"善于"，也可以理解为"完善"，考虑到《老子》哲学的整体趋向和本章的上下文，理解为"完善"更恰当一些。所谓"辙迹"，是指车轮碾过的痕迹和马蹄踏过的印迹。"筹策"是指当时使用的计算工具，所谓筹码算策之类。"关钥"，世传本多作"关楗"，均为当时的闭门之物，泛言当时的门锁，或顶门的横木之类，是当时的一种机械装置。

《老子》的这些说法，乍听上去有些不可思议，甚至像痴人说梦。其实，略作思忖，就会悟得极深刻的哲理。不用说，"善行"、"善言"等五项，都是生活中的常见之事，是形容与大道相一致的完善境界。"善行无迹"，显然不是生活中的行车，而是指思想活动；"善言无瑕"，就是《老子》强调的"希言"（073-2301）；"善数不用筹策"，是指政治上的谋划，当然有足够的心计就可以了；"善闭无关钥"和"善结不可解"，则是指对人对事物的思想控制。

再深一步来说，最好的计算者是什么人呢？是会计师，还是数学家？都不是。为什么呢？因为他们计算的都是有形之物、有限之数。他们的善于计算，只是算得快、算得准而已，这根本不是《老子》所说的计算。老子的"算"，是对于利弊、得失的权衡。作为政治家，要做这种计算，根本用不着计算工具。他们用的是脑力，而不是体力。在《老子》看来，人间的帝王，不要像计算家那样在有限的东西上做文章，而是要高瞻远瞩，把目光放在无限远的地方。

同样，对于无形的东西，比如说人的思想，要想使其紧闭难开，只能借助无形的工具，用锁子、栓子之类有形的工具是无济于事的。就《老子》的主要劝说对象，即世俗的统治者而言，所谓无形的锁闭，主

要是指对被统治者的思想意识的控制。当然,令《老子》最担心的恐怕还不是普通百姓的头脑,而是其他思想家的种种不符合大道的思想。要想让这些思想家缄口不言,仅从外在的方面进行控制是远远不够的,而必须用无形的东西,比如大道无所不能的威慑力,进行根本性的锁闭。事实上,用有形之力锁住的东西,也可用有形的工具打开;而用无形之力锁住的东西,只能用无形之力才能打开。

《孙子》兵法认为,不战而屈人之兵才是战争的最上策。用《老子》的话说就是,捆得最结实的,不是使用绳索,而是使用无形的威慑力量。即使最难解的绳结,只要能结成,就能解开。而无形的约束,让你只感到它的压力,却找不到它的来源,也就不存在挣脱的问题了。

088-2702○是以圣人恒善救人,而无弃人,物无弃材,是谓袭明。

根据上一节所述完善的处世之道,《老子》分析说:"圣人总是完善地拯救他人,不把人遗弃,也不会遗弃事物。这叫做暗藏英明。"世传本在"无弃人"之后加入"常善救物,故无弃物",看上去是想弥补原文的不足之处,其实是明显的多余之举。

前文所述"五善"是圣人遵循自然之道的结果。根据《老子》坚持的自然之道,存在的就是合理的,所以,在圣人眼里,既无应弃之人,也无应弃之物。此所谓"救"人,是针对世俗观念而言的。《老子》承认人与人之间的区别,这才有"圣人"和"君子"之类的说法。但是,人的终极价值在于各居其位、各行其是。尽管圣人和君子是人群中的杰出者,但并不是仅有这些人就能组成社会。如果根据人与人的不同而决定弃与不弃,那么,这个世界的灾难就会接踵而至,永无宁日。正是在此意义上,《老子》才决定要"救"人,既是拯救个别不应被抛弃却被抛弃的人,也是拯救全人类于迷惑之中。至于"物无弃材",是基于相同的原理。天生我材必有用,地造万物同样必有其用。大物有大材之用,小物用小材之用,关键是要努力做到因地制宜,物尽其用。总之,在大道的原则之下,圣人做到了人尽其才、物尽其用,使所有的人和物都安于自己的地位和位置,不露瑕疵,不被忽视,也不受挫折,不遭败绩。这样的境界,《老子》称之为"袭明"。

《老子》在此所说的"袭明",套用儒家的说法,可以说是浸润之善。我们已经领略到,《老子》式的"善"的本性是不露痕迹,以"完善"

救人当然需要无声无息。人与物受到"善"的浸润，不知不觉之中已经获得了大道的通明。一般释"袭"为隐藏之义，所谓"密用"是也。总之，"袭"是说不表现在外，"袭明"就是大放光明却不耀眼。

089-2703○故善人，善人之师；不善人，善人之资也。不贵其师，不爱其资，虽智乎，大迷。是谓妙要。

在这一节，《老子》进一步深化了本章的思想。

在《老子》看来："完善之人，固然是完善之人的师长；不完善之人，却是完善之人的借鉴。不看重师长，不爱惜借鉴，即使有头脑的人也会大受迷惑。这是问题的紧要之处。"

孔子说："三人行，必有我师焉。择其善者而从之，其不善者而改之。"（《论语·述而第七》）正可以有助于理解《老子》的观念。可是，世传本的文字却是："善人者，不善人之师。"这样的说法未免失之于狭隘，显然是后世学者的想法过分简单，以至于擅改《老子》原本的结果。其实，《老子》完全是从善人的角度来说的，是说善人或不善之人对善人会有什么样的作用和价值。

"师"的本义是军队，引申为官长、师长、教师。在上古的官方教育中，行政官员兼做教师。《老子》此处所谓"师"，一则有教师之义，再则也有领袖之义。善人在教导和引领不善之人的同时，更要注意避免重蹈不善之人的过失。所谓"资"，字面意思是说可以从中获利，实际上就是有所借鉴、有所利用的意思。不善之人是善人的借资，可以用来作种种利用。所以，正面的老师要看重，反面教师也同样要珍视。

帛书本称"虽智乎，大迷"，世传本缺"乎"字，试图以"虽智大迷"与其他段落取得字数上的一致和整齐，并因此而把这节的文字作了正面肯定。也就是说，根据世传本《老子》所作的传统解释，认为《老子》肯定的是"不贵师，不爱资"的观点。理由是，即使是真正地明白了，也要装作非常迷惑。幸运的是，帛书本很明确地在"虽智"之后有一个"乎"字，这就说明了《老子》肯定的是"贵师"和"爱资"的观点，与传统的理解正好相反。当然，《老子》的"师"和"资"，与寻常的理解是不同的。也就是说，《老子》肯定的"师"、"资"是遵循大道的典范，所以才说，一个人如果不能听从得大道之"师"、"资"的指引，即使很有头脑，很聪明，终究也是会犯迷惑的。这是为人处世的"妙要"之处。

第二十八章　知其雄(090-093)

090-2801○知其雄,守其雌,为天下溪。为天下溪,恒德不离。恒德不离,复归婴儿。

本章讲述的是《老子》所谓"以退为进"的处世之道。

《老子》指出:"明知道自己雄强,却要持守雌柔,以便成为天下的溪流,使永恒的大德不会离失,以便回归到婴儿的状态。"《老子》的作者根据对生物界的观察,进而利用人们的普遍看法,主张以雄性为刚强,以雌性为柔弱。不过,在《老子》看来,"揣(捶)而锐之,不可长保"(027-0901),任何事物都不能长久地坚持刚强状态,更不用说坚持刚强的结果只能是走向衰败和死亡。所以,《老子》教导人们说,即使你真的具有雄强的实力,也要在表面上表现出雌性的柔弱,像溪流一样,看上去并不起眼,但最终却能汇聚成大江大河。只有这样做,才会使"永恒之德"不离开自己,并能够一直以永恒的大道指导自己的言行,最终回复到婴儿的状态。在婴儿的状态下,自己不会成为被攻击的对象,只会成为未来的主宰。世传本多用"为天下谿",帛书甲本作"为天下溪",乙本作"为天下雞"。"谿"本义是大山之间的沟壑,与下一节的"谷"同义;"溪"则是江河之源,与"婴儿"的喻义相应。

《老子》所言"知",并不是普通意义上的知晓,而是含有运用之意;所言"守",也不是被动的持守,而是兼有主宰之意。《老子》如此要求的根据是,圣人认识到,柔静才能胜物,就像溪谷一样,不使用强力,也能使万物聚合而来。溪谷之所以能够容纳,是因为它有空间。人的守雌,就是要为自己的行为留有回旋的余地。当然,在现实生活中,如何把握好强与柔的运用,选择好恰当的转化时机,不仅要全面理解《老子》的思想,还要拥有丰富的生活经验,把理论与实践有机地结合起来。

091-2802○知其荣,守其辱,为天下谷。为天下谷,恒德乃足。恒德乃
足,复归于朴。

这一节与上一节的意思一样,只是换了一个讲述的角度。

《老子》说:"明知道已经获得了荣耀,却要领取屈辱,以便成为天下的山谷,使永恒的大德获得充实,以便回复到朴素的状态。"所谓"知雄"和"知荣",是说"雄"和"荣"已经成为确定不移的事实;所谓"守雌"和"守辱",是强调外在的表现。另一方面,根据《老子》的逻辑,荣到至极之处,必然走向辱,还不如视荣为辱,保持低调,以避免实质性地走向屈辱。"谷"与"溪"一样,都是大地上的低洼之处,是容纳事物的典型地方。"足"与"不离"意义相同,都是说拥有了大道。"朴"是未经处理的原木,与"婴儿"代表同样的理念。

092-2803○知其白,守其黑,为天下式。为天下式,恒德不忒(tè)。恒德不忒,复归于无极。

这一节与上两节相同,相同的句式,表达着相同的思想。

《老子》说:"明知道自己的明亮,却要处在黑暗之中,以便成为天下的榜样,使永恒的大德不会错失,以便回归到无极。"与上述的"雄"、"雌"和"荣"、"辱"一样,这节的"白"、"黑"代表的也是世俗之中认可与不认可的东西,并不一定完全是指某种具体事物和理念。读《老子》书,最重要的是不必拘泥于它所使用的字词,这也是《老子》本身所一再强调的。

对于"白"与"黑",历来说家的理解都不尽相同。从《老子》的政治理念和从政手段来看,"白"指明处,"黑"指暗处。所谓明枪易躲,暗箭难防,人在明处,一切都在别人的视线之内,自然就难有长久的作为。要想有所作为,就得保持低调,躲在暗处,以期出其不意,一击而中。这与知雄守雌、知荣守辱的道理是一样的。所谓"式"是指法式,即众人向往和学习的东西,这一点乍看上去与溪谷不同,但在实质上都是聚拢天下的意思。"不忒"就是不差,没有问题的意思。大道为我所有,并且不出任何差错,就可以达到"无极"。"无极"其实就是一种"极"。无极的字面意思是说没有顶点,这表示的是一种对于大道的思想认识的高度。但是,这种认识却是大道所肯定的思想认识的至高点。大

道是万事万物的开始,但它们的发展却是没有终点的,这就是无极。返回来再说,大道只是事物的逻辑起点,它本身并不是任何具体事物,所以也不是事物的实际开端,这同样是一种无极。

上面三节是从不同角度说明同一个道理。知雄守雌、知荣守辱、知白守黑,都是以退为进的道理。不是不进,而是适时而进。从政者由辱到荣、因辱得荣,是《老子》的追求。在专制政治中,从政者经常把以雌得雄视为大智,把以辱得荣视为大荣,把以黑得白视为大得,因为这些不仅会带来实际的丰厚收获,还会有心理上的巨大满足。

093-2804○朴,散则为器;圣人用,则为官长。夫大制无割。

作为本章的思想总结,《老子》在这一节指出:"朴素的大道分离出万物,圣人掌握了朴素的大道,成为官长。所以,最大的节制就是不去分割。"如前所言,"朴"的本义是原木,即未经加工的木料,《老子》用以比喻大道的原初状态。根据中国哲学的传统,所谓"形而上者谓之道,形而下者谓之器","器"是指具体的事物。"散"是形容大道创生万物的过程,如《老子》所强调的大道、大德与事物的关系。"制"指对万物的节制、掌握。"割"是分而制之,并不是一般意义上的分割、分裂。《老子》有"大象无形"(138-4104)的说法,认为事物发展到最高,就等于是"无",所以,所谓"大制"即大治,"无割"即无为而治。圣人节制万物,只是顺着万物的本性而随其变化,不会自以为巧地去雕琢万物。所以,从本质上说,"大制"就是无所制。

本章的主旨,是强调要抓住大道的根本。"雄"、"白"、"荣"、"器"不是不存在,而是不具备根本性和长久性。《老子》哲学具有强烈的现实针对性,它对大道整体性的重视,是指示世俗的君主把握全局,不要计较一时的得失。所谓"大制无割"就是强调了王者风范。最高的大道并不在意具体事物,最高的统治者也不会关注具体事务。只要掌握了大方向,一切都会迎刃而解。

第二十九章　将欲取天下而为之(094-096)

094-2901○将欲取天下而为之,吾见其弗得已。夫天下,神器也,非可
　　　　　为者也。为之者败之,执之者失之。

　　本章非常明确地讲到了《老子》的政治思想或者说是治国的理念,并且所讲述的对象,很明确地是当政的君王。

　　在这一节,《老子》首先点明主题。它说:"既想夺取天下,还想为所欲为,以我看不会得逞。天下是神圣的器物,不可以为所欲为。为所欲为者会失败,据为己有者也会失去。"历来对这一节的解释,主要集中在"弗得已"三个字上,世传本称作"不得已"。但是,这个"不得已"或"弗得已",并不是现在所使用的迫不得已的意思,而是得不到的意思。"弗得"单独成义,"已"是语助词。观《老子》一书的整体含义,其政治思想的重点并不在于"取天下",而在于"为天下"。"为(wéi)"在此是动词,与"多言"一样,是指在治理天下的过程中出台太多的举措。总之,《老子》并不反对"取天下",也不反对恰当地治理天下,而是反对"为天下",即过度苛繁的治国之道。

　　那么,《老子》所说的"天下"是什么呢? 它自己的定义是"神器",神圣的器物。

　　形器总是体积有限的东西,而作为国家最高权力象征的"神器"则是无形无象的。对于具体物件,只要抓住不放,就不容易失去。但是,对于无形无象的东西,则要采取不同的占有方式。所以,《老子》告诫帝王,对待天下万物和群臣百姓,不能像对待有形器物那样强力占有,而是要设法抓住他们的心。只有这样,天下才会大治。在此,所谓"不可为",就是不要采取蛮横无理的强制手段。

　　至于"为之者败之,执之者失之"一句,在下文(210-6403)有重出。从上下文来看,出现在下文的地方更合适。但在帛书本中,本章就有这一句,说明至少在较早的时候,《老子》原文就已经是这样的了。"为之"是强制作为,"执之"则是强力占有,这都有违《老子》的政治观念,无怪乎《老子》十分肯定地说,这样的做法一定会招致失败。

老庄经典　老子通说

095-2902○故物或行或随,或嘘或吹,或强或羸(léi),或培或堕。

这一节是对上一节所述政治原则的一般性总结或理论提升。

《老子》说:"万事万物,不是前行就是跟随,不是嘘暖就是吹寒,不是强壮就是羸弱,不是培植就是堕毁。"行与随、嘘与吹、强与羸、培与堕,都是同一事物相反的两极。根据《老子》的哲学原理,事物总是要在发展的两极之间游移。不用说,正是有了这样的不可避免的游移,才为人类的生存与发展提供了无限的可能与机遇。

《老子》在这里还隐含着一项重要的原则,即圣人可以超越一般事物的局限。这种超越并不是说《老子》的圣人可以不遵循自然规律,而是说可以利用自然规律的特点。比如说,发生在行与随、嘘与吹、强与羸、培与堕之间的物极必反的现象是自然规律,而圣人的做法并不是要破坏这样的规律,并不是要改变强壮之后的羸弱、培植成长之后的消亡,而是要在承认这些规律的前提下,尽量不要使自己变得过分强壮,不要刻意培植事物的成长,这样一来,就会远离羸弱和消亡。

096-2903○是以圣人去甚,去太(泰),去奢。

这一节是对本章的总结,并且由政治理念上升到哲学的高度。

《老子》说:"所以,圣人要消除过分、骄泰和奢侈。"这就是说,只有圣人才能控制自己的行为,要从根本上去除"甚"、"泰"、"奢"这些极端的行为,目的是避免发展到事物的另一个极端。

在《老子》看来,圣人从来都不会选择一个极端,以避免发生迅速的、难以控制的转化。《老子》的这种思想,深刻影响了传统的做人准则。比如说,做官力求掌握实权,不一定担任最高职位;做生意讲究藏而不露,虽有家财万贯,却显得很寒酸;甚至于武功最高的侠客,也总要表现出一付弱不禁风的样子。这样的原则有它积极的一面,但是,如果把握不好分寸,也会出现新的弊端。

第三十章　以道佐人主者（097-099）

097-3001○以道佐人主者，不欲以兵强于天下。

　　本章阐述的是《老子》的政治原理，并且如同其他场合一样，最终上升为哲学原理。

　　在这一节，《老子》指出："用大道辅佐君主，不打算用武力逞强于天下。"这是竹简本的文字，相当简明扼要。不过，帛书本和世传本接着有"其事好还"一句，意思是说，这样做会有良好的报还。竹简本的说法是"其事好长"，并且位置是在下一节的末尾处。这一节再往后的文字，帛书本和世传本都有"师之所处（居），荆棘生之"（军队驻扎的地方，就会遍生荆棘）一句，世传本接下来还有"大军之后，必有凶年"（大军过后，一定不会有好年景）一句。但是，从竹简本来看，在这一句之后，紧接着就是下一节的文字，并且是在同一版竹简上，不容有其他文字插入的可能。这就说明，如果我们承认竹简本与其他版本有前后接续的关系，那么，"师之所处"云云，就是后世学者逐渐加入的文字。"师之所处，必有凶年"，是对《老子》较早的竹简本的注释和引申，而"大军之后，必有凶年"，又是对"师之所处，必有凶年"的注释和引申。这也说明，越往后世，如同许多其他古籍一样，《老子》的版本也是处在文字不断增加的过程中。之所以有这种情况，一则是技术上的失误，比如传抄过程中发生的问题；再则也有好事者的多事之举，以为古人讲得不够透彻，就自以为是地加上好多自己的观点。

　　根据《老子》的思想，在大道面前，武力的价值是短暂的和微不足道的，而黩武所带来的危害也是显而易见的。纵观全书，《老子》也不是完全不赞成武力，而是反对率先使用武力，反对完全依恃武力，总之，反对无原则地使用和倚重武力。如果是能够以大道辅佐君主的人，就应该实实在在地重视根本，不应该以武力逞强于天下。大臣用大道辅佐君主，讲究以德服人，不使用武力威胁。以武力威胁对方，对方也会以武力抗争，这样一来，胜败与得失就是很难预料的了。

098-3002○善者果而已,不以取强。果而弗伐,果而弗骄,果而弗矜。是谓果而不强,其事好(hào)长。

　　在这一节,《老子》接续着上一节关于"强"的话题,从哲学的角度指出:"一个完善的拥有者,达到目的就可以了,不必过分逞强。达到目的之后,不要自傲,不要自夸,不要骄横。这就是达到目的但不逞强。只有这样做了,才会长久。"世传本在"是谓"之前有"果而不得已"(因为一切的获得只是出于不得已)一句,帛书本则有"果而毋得已居"一句,但在竹简本上却并没有这一句,并且也是在同一版竹简上,"果而弗矜"与"是谓"上下相连,不容有其他文字插入。

　　正如第27章所述,《老子》之"善"是完善、完备之义,不当作善于、擅长理解。前一节以"兵"喻事,这一节则泛言获取的原则。在《老子》看来,一切获取都应当是自然而然之事,不应当强取强夺。"自然"与"天然"不同。"天然"出于被动,"自然"则有自主选择的意味。也就是说,当事情发展到了水到渠成之时,我不得不去获取。如果时机不到,就是强取。

099-3003○物壮则老,是谓不道,不道早已。

　　这一节是总结性的论断。

　　《老子》说:"事物过分壮大就会衰败,这不合乎大道,应该尽早停止。"意思是说,事物壮大就会衰弱,武力强大就会失败,这种不合乎大道的事情应该早早中止。"物壮则老"看上去是大自然的规律,但是,"壮"在这里指过度的强大、人为的膨胀,所以《老子》才会认定这种"壮"是不符合大道的表现。"已"字有两解,一是中止,一是消失、灭亡。如果理解为中止,是强调这种不符合自然的行为和表现应该停止;如果理解为消失,则是说壮老之物一定会灭亡。这两种理解本身并不相互矛盾,但前者的理解与"是谓不道"一句衔接得更顺畅一些。

　　正如我们一再强调的,大道不生不灭,是由于大道能够完全顺应自然,而"壮"则不符合自然,"老"也就在所难免了。世俗之人都认可事物的茁壮成长,甚至不惜使用人工的干预,如庄稼的施肥、火上的浇油。这种干预自然,甚至违背自然规律的做法,确实可以起到一时的效用,获得高于自然节奏的收获,但最终还是会受到自然的惩罚。

第三十一章　夫兵者不祥之器（100-104）

100-3101○夫兵者,不祥之器也。物或恶之,故有道者弗居。

　　这一章阐述的是《老子》对于战争的看法,但并不是讲述一般意义上的战争观,而是为了铺陈大道的思想而进行阐述的。也就是说,它并不是一般意义上的战争理论,不是正面讲述它对战争的系统看法,而是从大道的角度看待战争,以便证明大道的存在和力量。

　　在本节,《老子》开宗明义地说:"兵器是不吉祥的东西,万物有时都会厌恶它,所以,有道之人不会拥有它。"世传本在这一节的第一句是"夫佳兵者",意思是指那些欣赏和赞扬战争的人。当然,《老子》确实是严厉地批评了片面主战黩武的人,但是,那些欣赏和赞扬战争的人并不能称为"不祥之器",所以,还是帛书本的"夫兵者"更能使这一节的意义前后一致。至于这里的"器"字,严格说来并不是指一般的器物,而是指与战争有关的方方面面。"或"在古文多用为"有时"之义,从《老子》一书的整体来看,《老子》并不是反对一切战争,所以用"或"。因为大道是纯粹的和整体的,所以,即使是战争有其可以肯定的一面,大道也不会赞成,所以说是"弗居"。"居"字世传本用"处",意思一样,都是赞成和遵循的意思。

　　"兵"的字面意义是兵器,实指穷兵黩武的思想和行为。《老子》之所以说战争"不祥",断言有道者不会如此行事,是与那个时代战争不断的状况有关的。战争与人类是一同诞生的,如果不能深刻接受历史教训,它也很可能与人类共存亡。这并不是宣扬战争,更不是欢迎战争,而是想说明,从来源上讲,战争是人类生存活动的副产品。人类最早的战争,起因可能只是原始部落间为了争夺一点猎物。但发展的结果,却是人们难以控制的。所幸的是,自从有了战争,就有了反对战争的呼声,其中有愤怒的呐喊,也有理性的思考。特别是在战争相对频仍的时代,比如《老子》成书的春秋战国时期,因为战争对人们的伤害太深,人们的反战情绪就愈加高昂。孟子甚至不无沉痛地说,春秋无义战,断言那个时代的战争,没有一场是正义的。这种说法,固然有一种思想家的义愤在其中,但也确实反映出战争给人们心灵深处造成

的创痛之深。

竹简本没有这一节，而是包括在下一节之中。如果依据竹简本，就可以删掉这一节。而严格来说，这一节的内容也是多余的。

101-3102○君子居则贵左，用兵则贵右。故曰：兵者，不祥之器。不得已而用之，恬淡为上。

为什么有道之人不赞成战争呢？《老子》在这一节给出的理由是："君子平时看重左方，用兵打仗则看重右方。所以说，武力不是吉祥的东西。即使不得已使用武力，也不要过分看重。"君子为什么会有这样的选择呢？主要是因为在《老子》成书的时代，人们习惯上认为左为阳位，右为阴位；阳位代表着生，阴位代表着杀。这样的观念，当然无所谓对与错。世上有生有死，就得有相应的事物和观念来代表或说明这样的生与死，至于用左或用右，说阳或说阴，则是习惯的问题，它们本身并不能证明生或死的存在与否、合理与否。

尽管那个时代的人们相信左生右死的说法，但以这种思想论证战争的不合理性，并不能回答现实之中有关战争的种种问题，特别是战争的根源，所以，这并不是消除战争的有效手段。《老子》把自己反战的理由归之于君子所看重的左方代表生，用兵者所看重的右方代表死，这在逻辑上显然有循环论证之嫌。至于以阴、阳解释"左"、"右"，这是战国中后期才出现的思想观念，无助于加强《老子》反战论的说服力。

在文本方面，世传本的说法是"兵者，不祥之器，非君子之器"，其中"非君子之器"一句，考古本中并没有，可能是后人将注释掺入了正文之中，因为前一节正好提到了君子。

《老子》强调武力并不是绝对好的东西，这在表面上是对于《老子》时代各诸侯国片面倚重军事力量和征战搏杀的批评，但其中也有对于战争的一般性质的思考。所谓战争之不祥，一方面是说战争并不能解决所有的问题；另一方面则是说战争并不是能够完全控制的东西，特别是发动战争的一方，通常是以利己的目的开始，以害己的结局结束，历史上所有的战争，结果都是两败俱伤，不会有纯粹得利的一方。所谓"不详"，并不是指后代迷信意义上的，或者心理感觉上的，而是"不良"之意。战争如同猛兽，要想控制它，就得把它关在牢笼里；

如果一定要放它出来利用它,甚至想用它去攻击对手,结果很有可能也会伤到自己。

102-3103○勿美也。美之,是乐(lè)杀人。夫乐杀,不可以得志于天下。

这一节是对上一节所讲的主题的深化。

《老子》说:"千万不要欣赏它呀。如果欣赏它,就等于是乐于杀人。乐于杀人,不可能得志于天下。"从心理的角度讲,"美"是赞成和欣赏,"乐"则是乐趣和享受。《老子》不赞成"美",更反对"乐",因为在"美"的阶段,仅仅是一种思想的主动追求,而"乐"则是一种身体的自然需求,无疑是更可怕的。所以,《老子》断言,就圣人、君子和侯王而言,如果以杀人为乐趣,并想通过战争而取得身心愉悦,就不会得志于天下,即不会得到天下人的拥护,也就不可能拥有天下。

如前所言,《老子》并没有区分正义与非正义的战争,因为这样的标准通常是难以把握的,也容易让别有用心的政治家和强权者所利用。所以,《老子》式的反战,并没有太多地讲政治和经济方面的根据,而是从人性和人情的一般意义上切入的。如果你乐于杀人,别人肯定不会乐于被你所杀,他们会奋起反抗,最后被杀的就有可能是你。

不过,上两节的内容和文字,各种版本都有所重复,也多有不一致之处,很可能也是把后人的注疏掺入了正文之中,致使整体上显得比较混乱。即使根据考古本可以删掉一些累赘和重复的文字,但从《老子》的文风来看,一个道理也不可能这样反复说来说去。这再次说明,《老子》一书在文字上的混乱,从很早的时候就开始了。

103-3104○故吉事上(尚)左,凶事上(尚)右。是以偏将军居左,上将军居右。言以丧礼居之也。

在这一节,《老子》又试图从另外一个角度阐述它的反战思想。《老子》说:"吉祥之事看重左方,凶险之事看重右方。在军营中,偏将军在左边,上将军在右边。这是说要以丧礼的方式对待军中之事。"在第二节,《老子》已经宣布了"君子贵左,用兵贵右"的思想,在这一节,则继续以它的"左右观"分析自己所寻找到的反战证据,即好事崇尚左方,凶事则重视右方,以至于在军队之中,掌握生杀大权的将军与

普通将军之间也有意分左右而处。这些现象可能在当时是事实,但它们与《老子》所说的"左右观"到底有没有必然的联系,则无从证明。至于丧礼之中是否有这样的原则,也是有待证明的。事实上,传统习惯以左为上,以右为下,但在先秦时代,可能有右为上、左为下的习俗,这更说明偏将军和上将军的位置与事实上的吉凶无关,与丧礼亦无联系。这一方面说明《老子》反战的迫切心情,另一方面也说明《老子》本身并不追求思想推论的严密性,而更看重思想表达本身。所以,《老子》的有限反战论虽然有其现实基础和合理性,但当它从理论上分析这个问题时,还是欠缺对于战争深层原因的认识。而我们只有从《老子》企图证明大道的作用和合理性的角度入手,才能明白它为什么要以这种方式说明战争的不合理性。

104-3105○故杀人众,则以悲哀莅(lì)之;战胜,则以丧礼处之。

这一节应该是对本章的总结,但由于主题有所偏离,或者是由于这一章内容比较杂乱,也只能对后半部分进行一些简单的概括。

《老子》说:"战争使许多人丧命,要以悲哀的态度对待;对于战争的胜利,要像对待丧礼一样。"在《老子》看来,把高贵的生灵付诸战争的攻杀之中,任何具有恻隐之心的人,都会感到悲哀。即使是在两军交战中获胜的一方,也一定会有很多人失去生命。所以,对待获胜者,要像对待丧礼一样;取得胜利的一方,也要像参加丧礼一样。

当《老子》讲述这些观点的时候,它认为,一方面战争是无法制止的,死人是不可避免的;另一方面,战胜也应该有它被肯定的一面,只不过对待胜利的态度要有所克制而已。所以,正如我们一再强调的,与其说《老子》的反战思想是其战争观的一部分,还不如说是其政治观和哲学思想的一部分。以战争为例,《老子》真正想要说明的还是大道的自然特性,还是想证明大道更具有决定性的意义。不管是武力的不祥、左吉右凶,还是反对以杀人为乐,主张以丧礼对待战争,都说明了遵循大道的重要性和必要性。

第三十二章　道恒无名（105—107）

105-3201○道恒无名，朴。虽微，天地弗敢臣。侯王如能守之，万物将自宾。

本章的主旨，依然是描述大道的完美性和完整性，并把落脚点归于大道的政治作用和世俗意义。

《老子》说："大道永远默默无闻、朴质无华。尽管它很微小，天地也不敢主宰它。王公侯伯如果能持守大道，万物会自动宾服。"在《老子》看来，大道独一无二的作用是无可比拟、无可怀疑的。这个大道虽然不能以特定的名字称呼它，也渺小得难以让凡人看得见它，但普天之下却没有什么东西能左右它。相反，因为它是万物的创生之源和主宰，是天地的根源，所以才无法命名。在文本方面，世传本作"虽小"，而竹简本作"虽微"，"小"与具体形状联系较紧，而"微"则显得更加抽象，所以，"虽微"的意义要胜于"虽小"。

这一节的"无名"，与《老子》第 1 章所说的"无名"意义相同，但背景却有所区别，描述的角度也有差别，效果当然也就不同。第 1 章的"无名"，重在说明大道是天地的起源，而这一章的重点在于说明大道是"朴"，是万物的根本和精髓，所以才说它"微"。但是，大道又可以生成万物，又是最大的。正是在此意义上，《老子》才又断言，任何人都不可能主宰大道，不可能以大道为臣属。

大道的至高无上从来都不是抽象的和无意义的，而是有着它的世俗价值的。所以，如果侯王能够坚守大道，天下万物就会宾服，对它俯首称臣。这是《老子》哲学的主要归结，即要献给侯王一个宾服万物的工具。需要指出的是，世俗当权者眼中的"万物"，并不是寻常的事物，而主要是在他们权力之下的臣民。所以，当权者持守大道的最终目的，与哲学家有着根本的区别。《老子》把哲学的大道奉献给当权者，是要为世俗政治找到出路。

根据"周礼"所规划的理想的政治制度，周朝的爵位有公、侯、伯、子、男等五级。《老子》在此以"侯王"代称世俗的当权者，只是言辞上的方便，并不是表示"侯"大于"王"，因为在周朝，只有周天子才可以

称"王"。

《老子》的大道之"朴",是说大道的混沌一体；人之"朴",则是要求帝王的含而不露。传统的理解,说"朴"是反对苛繁的政令,这未免过分狭隘。帝王的"朴",正如韩非子所理解的,是不轻易表现自己的政治倾向,以免让大臣看出破绽,乘虚而入。如果君主只在关键时刻做出决断,天下之人除了宾服就别无选择了。

106-3202○天地相合,以输甘露。民莫之命,天自均焉。

这一节进一步阐述上一节的思想。

在《老子》看来,以天地为表征的大自然是遵循大道的典范,为此,《老子》举例说："天地相互作用,送来雨露,人们不必指使,上天也能自然均匀地分布。"所谓"甘露",可以有种种不同的理解。如果把"天地"理解为实在的上天和大地,则甘露自然是指人间所需要的雨雪,特别是适时的降雨,对于人们的生存有着更大的作用,也容易让人们体会到它的益处。但是,如果把这里的"天地"理解为大道的代表或象征,"甘露"则是泛指大自然给予人类的一切。特别是与上一节关于侯王的观念结合起来,古来的解释者更把"甘露"的降临与政治的清明与否联系了起来。他们认为,只要侯王能够持守大道,不仅会使万物宾服,还会感动天地,使万物享受天地的恩惠。这样的理解,就很有一些所谓"天人感应"的味道了。

在文本方面,世传本多作"降甘露",而竹简本则是"输甘露"。如果结合前面的"天地"来看,"降"之所指显然比较狭隘,而"输"则显得更为合理一些。另外,在这一节的后一句中,竹简本有两处地方也比世传本更为合理。世传本为"民莫之令",竹简本是"民莫之命",命、令同义,但"命"字在战国时期使用更多。世传本为"而自均焉",竹简本为"天自均焉",更明确地指出了行为的主体。

"均"本义是普遍的意思,但也含有公平的意义。这句话的意思是说,天地遵循大道,自有其运行的规则,并不受任何人意愿的左右。包括侯王在内,也只是在遵循了大道的要求之后,才会得到想要得到的一切。正如雨雪的普遍分布一样,帝王如能持守大道,天下万物自然归附,不必使用外在的强制手段。因为不是使用强制手段的结果,所以才能达到"均",普遍而又公平。

107-3203○始制,有名。名亦既有,夫亦将知止。知止,所以不殆。譬道之在天下也,犹小谷之与江海。

这一节的语言是总结性的,但其所总结的内容,严格来说与这一章其他内容的关联不是很紧密,甚至可以说是重新开始了一个话题。

《老子》说:"大道开始制作,万物才有了名份。万物有了名称,就有了限度;有了限度,也就有了确定性。这就好比说,大道对于天下,如同小河汇成江海。"

《老子》曾经说过:"朴,散则为器。"(093-2804)这是在说,作为整体的大道,要把它的原则贯彻到具体的事事物物之中。所谓大道的制作,是一种逻辑上的说法,意思是说在大道的作用之下,宇宙万物开始运动;或者说,万物的运动只有遵循着大道的制约,才会发生。因为大道是决定万物产生和发展的根本,所以,只有在其产生和发展的过程中,万物才会有自己的名分和轨迹。这里所说的名分,既是讲状况和地位,也有名称的意思。根据《老子》的看法,大道造化万物,就是从无名到有名。在大道没有兴作的时候,万物是无名;生成万物之后,则是有名。当然,说大道的兴作与否,并不是说有个具体的时间起点,而是一种逻辑的推断。

任何事物既有其有利的一面,也会有其不利的另一面。事物的名称或名分虽然可以确定事物的地位,但是,既有了此名,就不能有彼名;既有这样的地位,就不能再有那样的地位。同样,不利的一面也可以转化成有利的一名。大道对事物的限定,是对事物的确定和肯定。事物有了确定性,才会成为自身。所以,无论从哪方面讲,事物的生成、发展和变化,都要受"制"于大道。对于"殆",传统的解释是"危",这多少还是受了"王侯"的影响;其实"殆"也有"疑"义,而且更具有哲学意味。因为没有疑问,就会产生确定性。万物的确定性并不是证明大道的有限性,而是证明了大道的具体作用。

对于大道的具体作用,《老子》在此以小河与江海的关系作了比喻。所谓小河汇成江海,就是无生成有,小生成大,如大道生成天地万物。大道虽"微"、"朴",散开则生成万物。大道的微小不在于可见的体积。所以,这一节的"犹"强调的只是一种比喻。小河与大海的比喻,不在于具体事物的大小,而在于所证明的道理。

老庄经典 老子通说

第三十三章　知人者智(108-111)

108-3301○知人者智也,自知者明也。

这一章讲的是《老子》的人生观和生活观,乍看上去与大道无关,其实,《老子》的人生观无疑是其大道观的具体体现。

在这一节,《老子》说:"能够认识别人的人是智者,能够认识自己的人是明达者。"有能力认识和了解别人的人可以说是智者,但是,能够认识和了解自己,人生才达到了高明的程度。古人所说的知人和自知的"知",含义比较复杂。它的侧重点并不在于一般意义上的知道、知晓。一个能够知人的人,对他人不仅有一般意义上的认识,更重要的是理解和欣赏这个人的品行、才能,以及志向之类,以达到所谓的"知人善任"。特别是在中国古代,一个人的政治前程是唯一重要的前程,一个人能够被人知用是其人生价值的最大体现,甚至可以发展到"士为知己者死"的极端程度。但是,无论知人是多么的不易,还是把他人当成了一种外在的对象。对于一种外在对象,相对于内在对象来说,是比较容易做到冷静观察和公允评价的。

古希腊哲学家苏格拉底的座右铭就是"认识自己",《老子》也认为,能够认识别人固然可贵,但是,能够认识自己更重要。认识自己的人可以认识别人,认识别人的人却未必能够认识自己。这就是说,与知人相比,在自知的过程中,要达到冷静观察和公允评价,就相当艰难了。自以为是,认为自己各方面都行,一切都做得恰如其分,乃人之常情;而要克服这种倾向,就是一般人难以办到的了。

109-3302○胜人者有力也,自胜者强也。

为了深化上一节的思想,《老子》在这一节继续说道:"能够战胜别人的人是有力者,能够战胜自己的人是强者。"正因为对人与待己是不等价的,《老子》才如此断言。能达到战胜他人的程度确实不容易,但与战胜自我相比,只能说是个有力量者。这种有力量者,只有进而没有退,缺乏往复的智慧。而真正的强者,只属于能够战胜自己的

人。有力者只具备了一种暂时的冲劲，强者则更有韧性，更能长久。历史上有过无数昙花一现的风云人物，他们之所以不能取得最后的成功，不能流芳百世，就是因为他们只能胜人，不能胜己。

《老子》所说的自知与自强，集中强调了自我决断力在人生旅程中的关键作用。从自我决断的角度来看，一个人犯了任何过错，都没有理由把责任推别人；即使别人有意引诱和蛊惑，最终的决定权还在自己。特别是对于一个成年人，特别是在一些看上去并不复杂的问题上，自我的责任就更重一些。

人要达到自知与自强，确实不易。人是在与外界的接触与协调中生存的，但与人自身的情形相比，外界的变化要复杂百倍。所以，单单强调人的自觉性，似乎并不能解决所有的问题。在很多时候，人不是不想认识自己，但是，由于外界的种种原因，使人自觉不自觉地陷入某种困境之中。

110-3303○知足者富也，强行者有志也。

在这一节，《老子》还是继续讲述人生哲学。

《老子》说："知道满足的人才是富有者，自强不息的人是有志者。"一般所谓"富"是指资财，但《老子》的"富"是"知足"，明显是指品德和修养。当然，即便是对于世俗的财富，所谓拥有，也并不是名义上属于"我"，而是"我"能够实际掌握、实际支配。知足之人，就是知道自己能掌握多少的人。所以，这个"足"就是极限的意思。至于《老子》最为关心的从政者，他们具有"知足"的品质更是至关重要。过度拥有财富，终究要失去；过度拥有权力，更容易招致杀身之祸。

当然，也有人认为，只要守护好属于自己的东西，就能够说是很富有了。或者说，无论是什么样的富有，都不会有客观的标准，而只是自己的一种感觉。更重要的是，知足之人，追求内在品质的提高。一旦修养到家，万物就都会在掌握之中，更不用说世俗的财富了。

但是，不尽的物欲毕竟是人的本性之一，而知足则是人类后天修养中最难得的美德之一。客观地说，物欲与物质财富的多少并没有必然的联系。从历史进展的眼光来看，要想完全摒弃物欲，显然不可能；明智的做法，只能是加以适宜的引导。世上的任何人，如果不能知足的话，就不能算是真正的富人。换句话说，真正富有的人，是那种知道

满足的人。假如把聚财本身作为一种生活方式的话，就很难达到真正的富有。

《老子》在此所说的"强行"，并不是勉强而行，而是自强不息。因为自强不息，人才会"有志"。有了自强不息，人的自由意志就会澎湃而生，就能够掌握自己的命运，就能够直面一切困难。

111-3304○不失其所者久也，死而不亡者寿也。

这一节在行文上与前三节是平行的，但在内容上是总结性的。

《老子》说："不失去根本才能长久，直到身死也不遗失大道的人才是长寿。"显然，这并不是单纯地谈人的肉体的长寿和生死问题，因为所谓"不失"和"不亡"，说的都是大道。所以，这一节的两句话，讲述的是同样的道理，只是不同观察角度的不同说法而已。

《老子》在此所说的"长久"，应该是既指肉体，也指精神。对于理想的人格来说，保持精神和肉体的一致性是必要的。"所"是立身之所，有似于后世儒家所说的安身立命的地方，也就是人生在世的根本，包括人的精神寄托和社会地位。上述六类人都没有失去根本，并且始终与大道保持一致，因而也就能够领会到天道的永恒，在人世间也能够保持精神和肉体的长久。

孔子讲过"仁者寿"的话，是说讲求仁义有益于身心。也有观点认为，仁者身死之后不被人遗忘，所以能够名声久长。《老子》在此所说的"死而不亡"，也包括这方面的意思。身死不亡的肯定是人的名而不是人的实，这就是思想家眼中的长寿。即使他的肉体已经分解，精神也不会灭亡，这才是真正有价值的长寿。

毫无疑问，就人生而言，精神财富比物质财富更可贵，精神财富才是一个人真正的生存根基。从这个意义上来看，《老子》所说的"所"，也是一种场所，一种存在的方式，就是指内心世界的充实和安宁。只有不失掉内心世界的根基，人生才能获得长久。可惜的是，精神的安宁和长存，在急剧变化的年代里，一般不太受人重视。社会骤变可以使世俗的财富分外被人看重，而精神的价值每遭低估。当然，漠视维持生存所需的物质条件确实是一种有害的空谈，可是，片面追求物质享受，正如繁华过后的寂寞，对人的负面影响也是不可忽视的。

第三十四章　大道泛兮(112-115)

112-3401〇大道泛兮,其可左右。

本章又来讲述大道的一般原理,重点在于大道与万物的关系。

《老子》说:"大道泛流,无所不在。"对于大道无处不在的特征,《老子》在这里以大水的泛滥作比喻,意谓所到之处,一切都在它的作用之中。所谓"泛",意义相当复杂和周全。"泛"的本意是说水流的无边无际,没有边界,所以才说可左可右,意思是说可以流到任何地方。对于万物而言,大道的作用可谓无所不包、无时不在、无有不能。根据《老子》的辩证哲学,有确定性的东西肯定是有限的东西。大道之"泛",本质就在于它的不确定性,因而才能无偏无私,涵盖一切。

113-3402〇成功遂事,而弗名有;万物归焉,而弗为主。

从这一节以下,《老子》具体阐述大道与万物的关系。

《老子》说:"即使事情圆满完成,也不会居功;即使万物都来归依,也不去做主。"总的思想还是贯彻《老子》的"无为"哲学。不过,在这一节,世传本与帛书本之间距离还是颇大的。世传本的文字是:"万物恃之以生而不辞,功成而不有,爱养万物而不为主。"这虽然也是《老子》的思想,但与下文的联系不够紧密。特别是"万物恃之以生而不辞",多半是"大道泛兮"的解释文字掺入正文之中的结果。

"成功遂事"是《老子》的常用语,主要强调了自然界和人类社会固有的规律性。大道创生万物,如同阳光普照大地,只是太阳生命过程中的自然流露,并不是有意为大地做什么。同样,大道的不言语、不居功,只是因为无话可说、无功可居。所以,《老子》从来不说大道有恩于万物,而是强调万物自然如此。

当然,大道不去主动居功是一回事,而万物应该有主人、有主导则是另一回事。《老子》在强调大道不居功的同时,也从不会忘记告诫世人,万物终究是要归依、归宗于大道的,因为万物的本性及其生存的规则都是由大道规定的。只是大道从来不去主动显示这一点,原因是,本来属于自

己的东西,与其强调它们的归属性,还不如让它们主动来归依。

114-3403○则恒无欲也,可名于小;万物归焉而弗为主,可名于大。

这一节是对上一节内容的解释和深化。

《老子》说:"因为大道从来都是没有贪欲的,所以就可以认为它的力量很微小;可是,万物归依于大道,大道却不以主人自居,就显示出了它的巨大。"所谓"无欲",指的是上一节的"弗名有",即并没有占有功名的贪欲;所谓"弗为主",在上一节也有明确的说法。更重要的是,《老子》在这里阐述了"小"与"大"之间的辩证关系。从根本上说,这里的"小"与"大"都是表面现象,所以才用"可名"二字。"可"是说在种种选择中可以有这一种,甚至就是勉强可以说得过去的意思。而"名"则有多重含义,既可以是名词性的"名称",也可以是动词性的"称道",而在此更倾向于后者的意思。

大道"泛"兮,实际上掌控着一切。然而,从它不居功的角度去看,似乎它也没有什么力量,表面上看去微不足道,你可以把它看得很轻很小。但是,万物从始到终都要归依于它,它却不把这种归依看得很重,表现出了它的自信和自重,所以,你也可以把它看得很重很大。世传本有的也把"弗为主"写成"不知主",殊不知,"不为"与"不知",二者区别甚大。大道不可能不知道自己与万物的关系,不可能不知道自己是万物的主宰,但是,明知而不为,一则要求万物按照大道早已规定的规则行事,再则强调了大道的无为无欲的本质。

115-3404○是以圣人之能成大也,以其不为大也,故能成大。

这一节的"是以"二字,说明了它是对这一章的总结。

《老子》说:"因为圣人始终不自以为大,才能最终成就大。"很显然,在《老子》看来,既然是"大道",当然它的本质还应该是大。对于万物来说,大道终究是大;对于百姓来说,圣人也是无可置疑的大。只是圣人"为大"的途径与寻常人等不同。寻常人把大放在口头上,而圣人则把大放在心中。所以,最终成为大的也只能是圣人。当然,途径和方法是重要的,但头等重要的还是本质。正如上一节所说,不知大与不为大是不同的。圣人的不为大,并非不知大。只是圣人既认识了大的本质,又注意了保持大的途径和方法,这才"故能成大"。

第三十五章　执大象(116-118)

116-3501○执大象,天下往。往而不害,安平太。

本章还是阐述和论证大道与天下万物的关系。

在这一节,《老子》说:"执持大道,天下就会归往。归往而来,就不会受到伤害,从而安然太平。"这是从为天下万物着想的角度来定义大道与天下的关系。"执"不同于一般意义上的掌握,而是明显具有坚持不懈的意味。"大象"一般认为就是指《老子》哲学的最高原则"大道"。为什么呢? 因为所谓"大象",说的是宇宙间最大的影像,而只有所谓的"无象之象"才是最大之"象"。只要是有具体影像的"象",无论多大,总会有比你更大的。

在《老子》看来,大道是万物的根源,如果说它有什么形象,那肯定是包括一切事物在内的宇宙间最大的形象,所以称"大象"。既然囊括了宇宙,那么,持守这个大象,天下的一切就无处可往了。天下事物尽在大道的控制之中,自然就不会相互伤害。但是,这里的"往"是归往之意。就是说,在大道的感召之下,万物无处可去,只能选择大道。之所以说归往,并不是有个具体的归处,而是从哲学上立意,从源头上讲起,万物本来就属于大道,是大道的产物。

既然天下万物是大道的产物,与大道是一体,那么,在大道这里,万物便不会受到任何的伤害。为了强调不受伤害,《老子》特意强调了三个方面,即"安",没有危亡;"平",没有险恶;"泰",一切顺利。很显然,为了证明大道对万物的积极作用,进而说明大道的至高地位,《老子》在作形上论证的同时,也试图以人们日常生活所看重的优越性来描述大道的本性和作用。

117-3502○乐与饵(ěr),过客止。故道之出言,淡乎其无味。

在上一节,《老子》用形容的修辞手法描述了大道给天下万物带来的安全感,在这一节,则又使用比喻的手法,描述了大道的另一面。

《老子》说:"音乐与美食,可使过往的客人止步。对大道的表述,

却容易流于淡而无味。"在这里,"乐"指音乐,当然是指美妙的音乐。"饵"本义泛指食物,在此当指美食。"过客"指任何人,主要指对大道了无兴趣的普通人。"止"的本义是脚趾,可以引申为去往。在春秋战国时代,"止"字更多地用于"停止"之义。不过,不论是去往之义,还是停止之义,都是说普通人容易被像音乐和食物这样的口体之欲所吸引。而大道的表面正好与"乐与饵"相反,要把它讲述给人们听的时候,只能使用淡而无味的言辞,与音乐和美食所表现的吸引力根本无法相比。但是,正如下一节所阐述的,大道的作用却是音乐和美食之类的东西所不能比拟的。

118-3503○视之不足见,听之不足闻,而不可既也。

　　这一节既是对上一节内容的深化,也是对这一章的总结。
　　《老子》说:"对于大道,看也没什么可看的,听也没什么可听的,因为它是没有尽头的。"如上一节所言,讲说大道的语言是淡而无味的,以至于想看、想听它的时候也让人难以产生兴趣,这是为什么呢?《老子》在这里解释说,因为大道是无形无声的,难以穷尽的。这是什么意思呢?在《老子》看来,普通人只在乎有形的、可以听得到和看得到的东西,如音乐和美食,但是,有形的东西必是有限的存在,而像大道这样无限的存在肯定是无形的。为什么无形的和无限的事物高于有形的和有限的事物呢?根据《老子》哲学,万事万物的存亡,并不是决定于它们的外在表征,而是决定于它们的内在根据。事物的内在根据就是一个事物之所以成为这个事物的本质规定,即事物存在的原理和理由。很显然,这样的原理是无形的。一个事物的存在理由是无形的,整个宇宙的存在理由也是无形的,那就是大道。无形的不一定是无限的,但无限的肯定是无形的,那同样也是大道。
　　这一节的最后一句,世传本是"用之不可既",这显然更应该是注释中的说法。有了"视"和"听",后世抄书之人就想当然地认为应该再加上"用",显得既全面,又可以与后面的"既"字相呼应。"既"的本义是完结和穷尽,正好与功用之类的意思相呼应。加之"而"字容易讹变为"用"字,早期版本中的"而不可既"就变成了世传本中的"用之不可既"。

第三十六章 将欲翕之（119—120）

119-3601○将欲翕（xī）之，必固张之；将欲弱之，必固强之；将欲去之，必固举之；将欲夺之，必固予之。是谓微明，柔弱胜强。

本章的两段文字，都是在讲述《老子》大道哲学的具体应用，但它们之间在意义上并没有直接关联。

在这一节，《老子》指出："要想关闭，一定要先打开；要想削弱，一定要先加强；要想去除，一定要先兴举；要想夺取，一定要先给予。这就叫微妙的先见之明，也是柔弱战胜了刚强。"在文本方面，考古本和世传本之间有一些文字的差异，但这些差异尚不足以导致意义上的差别。特别是在着眼于《老子》在这一节所阐述的"正反"逻辑时，这种差异就更是微不足道了。另外，世传本把"是谓微明"与"柔弱胜强"分成两个部分来讲，看上去也有道理，但实际上却是多余的，因为"柔弱胜强"正是对这一节之意义的高度概括。

根据《老子》的叮咛，如果想关闭好一个东西，一定先把它扩张开来；如果想削弱什么，一定先让它强大起来；如果想去除什么，一定先让它发展起来；如果想得到什么，一定得有所付出。这些做法或策略，乍听上去有些荒谬。难道扩张开来的东西还能关闭好吗？强大的势力还能被削弱吗？兴旺起来的东西还能被废除掉吗？给了人家的东西还能再得到吗？《老子》的回答是肯定的。这是因为，在《老子》看来，任何东西，任何事物，都不能长久保持一种状态；当它发展至极，在一个方向上走到头的时候，就会朝着相反方向转化。

《老子》哲学主张"物极必反"，认为事物发展到极限，就会走到对立面。这一节的翕和张、弱和强等，既是对立的两极，也是相互转化的两个方面。要想守住一端，必须注意另一端；把另一端推到极致，就会来到这一端。这两端之间转化的关节点，就是"微明"。"微"是说事物变化的先兆尚不明显，但变化的趋向已经确定无疑。所谓"微明"，就是说虽若幽隐，而实际上已经很明白了。相对于"微明"，普通人可能更喜欢"大明"或"全明"，其实，当事物的方方面面全部展现出来的时候，普通人早已失去了掌握事物的机会，因为早在"微明"的时候，"圣

老庄经典 老子通说

人"已经看出了事物发展的方向,并且已经开始着手准备了。所以,事物发展的真正关键正是《老子》所说的"微明"。

人之常情,乃好强而不好弱,喜得而不喜失。在强烈的世俗之心支配下,《老子》的学说虽然在实现世俗目的的方法上与寻常人等有所不同,但其终极目标却不敢丝毫偏离俗人的追求。所以,如何以静制动,从无为转化到有为,由弱变强,由失到得,就成为《老子》学说吸引世人的关键。物极必反的原理,就是这些转化得以实现的哲学基础。静极而动,弱极而强,也就成为宇宙和人生的必然法则。

《老子》之所以如此强调物极必反的状态,是因为物极必反之后,事物的稳定状态更可长久。比如说,同样是关闭,只有扩张至极后的关闭才更牢靠,因为再没有什么扩张的力量阻止关闭了。同样是毁灭,而只有经过了至极的兴旺后的毁灭,才来得更彻底,才不会死灰复燃。

120-3602○鱼不可脱于渊,邦之利器,不可以示人。

《老子》哲学当然是有其内在联系和一致性的,但是,具体到每一项主张和观念,也应该有其相对独立性。在这一节,《老子》说:"鱼儿不能离开水,国家的'利器'不能展示出来。"这显然与上一节的"正反"逻辑学没有直接的联系。所谓鱼儿离不开水,是说水是鱼儿活着的依靠;同样,如果君主把统治国家的"利器"丧失了,也就如同鱼儿离开水一样,会失去自己的权力依靠。而在专制时代,对于君主来说,失去了权力,也就等于失去了生命。

看起来,理解《老子》这一主张的关键,不是"利器"对于君主的重要性,而是《老子》在此所指的"国之利器"是什么。"利器"的字面意义是锋利的兵器,引申到治理国家方面,其具体内容,在传统的解释中,或者是指法制,或者是指统治术。《老子》还有"民多利器,国家滋昏"(186-5702)的说法,恐怕也不完全是指"利器"的原始意义。所以,从韩非子开始,多半政治理论家们把"利器"理解为君主手中的赏罚权力和手段。既然《老子》认为这样的锋利之器是某种君主以外的任何人连看都不能看到的东西,那就应该是某种治理国家、约束臣民的具体手段。

从鱼和渊的关系来看,《老子》的"利器"直接关系到君主的存亡。也就是说,如果让臣民看到了这种"利器",君主就会失去它,进而威胁到自己的统治地位,更不用说直接失去这种"利器"了。

第三十七章　道恒无为（121—123）

121-3701○道恒无为也。侯王能守之,而万物将自化。

本章还是正面阐述大道,特别是大道与现实政治的关系。

在这一节,《老子》说:"大道永远都是无所作为的。王侯能够持守大道,万物也将自然化育。"《老子》哲学中的大道"无为",我们已经在前文屡有讨论。世传本的这一节称"道常无为",并且还说成了"道常无为而无不为"。根据考古本来看,"无不为"之类的说法,恐怕是后人所加,或者是抄书者误把注释抄入了正文之中。帛书本的说法是"道恒无名",虽然"无名"与"无为"都是大道的特性,但二者还是有所不同,特别是在一定的上下文之中,是不应该混同的。前文虽有"道恒无名,朴"(105-3201)的说法,但在这一节还是"无为"更恰当。

帛书本又称"侯王若能守之",而竹简本直书"侯王能守之",说明较早的《老子》对侯王的能力和作用采取了肯定的态度。世传本与帛书本一致用"若",采取的是有条件的态度。这二者的区别是比较明显的,所传达的政治意蕴也是不同的。

《老子》所谓的"自化",强调的是一种自觉的改变和行为。大道与万物之间,因为无为而自化;侯王与百姓之间,也应该无为而自化。显然,如同《老子》一贯的主张一样,大道的无为是为侯王的无为而服务的。也就是说,百姓的自觉顺化,才是《老子》所真正关心的。《老子》说过,"侯王如能守之,万物将自宾"(105-3201)。如果将"宾"理解为"宾服",就有一些主动行为的意味,而"化"则是一种连行为者自己也不能觉察的境界,这不仅比"宾"的境界更高,还体现了统治者的高明。

122-3702○化而欲作,将镇之以无名之朴,夫亦将知。

这一节紧接着上一节的意思,《老子》说:"万物一旦在正常化育中出现了欲望兴作的苗头,就用大道加以镇静,万物对此也会感知。"上一节说到了万物遵循大道的"自化"。《老子》所谓的"自化"是个自然而然的过程,一旦有违自然,出现了多余的动向或发展,用《老子》

109

的话说叫"欲作",大道就会及时地加以纠正。所谓"无名之朴"就是上文所说的"道恒无名,朴"(105-3201),即大道。

　　帛书本和世传本都是"吾将镇之以无名之朴",独竹简本没有"吾"。这个"吾"字看似可有可无,其实确有不同。有"吾"字是突出了大道的独断性和强迫性,对于侯王来说,则是助长其政治专制性。汉代以来的专制统治者尊崇《老子》,名义上是追求清静无为,实质上更喜欢《老子》大道的独断性和强制性。《老子》的大道既然是无所不能和独一无二的,既可以"化",又可以"镇",当然很适合专制君主的胃口。在大道的镇压之下,人民就不会起贪欲,社会就会安静,天下也就自然而然地走上了轨道。这一节的末句,竹简本只是简单的"夫亦将知"一句,反映了大道与万物的一致性,但帛书本和世传本却比较复杂,是"(镇之以)无名之朴,夫将不欲"这样的话,其强制性是非常明显的。根据竹简本,大道与万物是平等和互动的关系,而根据其他版本,万物则处在明显的被动地位。这些都在喻示着,《老子》文本的变化,在某些方面是与政治现实的需求同步进行的。

　　本章的前两节其实是同样的意思。但《老子》中常有这种循环往复的句子,意在强调其主旨。不过,在这个主旨中也多少显现有一些自相矛盾的东西。比如说,既然大道无所不能,并且能够使万物"自化",那就不应该出现"欲作"的情形。许多独断哲学都有这个悖论的存在,致使其造物主的作用大打折扣。

123-3703○知足以静,万物将自定。

　　这一节是本章的结论,即如《老子》所说,"万物感知到了满足,就会镇静,也就自然能够安定下来了。"帛书本和世传本的第一句是"不欲以静",强调在大道的"镇"服之下,万物不产生欲望了,也就镇静如初了。但是,竹简本的第一句却是"知足以静",解释了上一节的"知"的内容,而"知"的结果,就是万物的从容和安定,与大道保持一致。世传本把"万物"改为"天下",这就在有意无意之间凸显出了世俗统治者,也就是"侯王"的政治目的。至于帛书本的"自正",当是传抄中出现的错误。严格说来,"自定"与"自正"是有所不同的。"定"是趋向于某种天然的状态,这是《老子》哲学所要求的;"正"则是走向某些既定的规矩,这是现实政治所需要的。

第三十八章　上德不德(124-128)

124-3801○上德不德,是以有德;上德无为,而无以为。

对于人类文明步伐所走过的路程,寻常人等并不去思考它的来龙去脉,但这并不妨碍另有许多人不断地争论它的短长。在这些说长道短者之中,多半人认为人类文明在不断进步,但也有一些人,其中不乏有识之士,认为人类所谓的文明是一种倒退。后者的主要观点是,进步与倒退的标准不是外在的,比如吃穿住行的质量,而在于内在的标准,比如人的道德水准和精神状态。

正如《老子》在这一节所说:"上德之人不执著大德,才拥有了大德;上德之人无所作为,没有目的。"这里所说的"上",可以理解为上下之"上",也可以理解为崇尚之"尚"。至于"德",当然不是普通意义上的道德品质,而是与《老子》的大道所一致的德,即宇宙秩序或天下万物生存法则。"上德不德"的后一"德"字是作为动词使用的,意思是不强求表现大德,这是《老子》"无为"思想的表现。"德"字本义为"得",在此犹有其遗迹。这里的"上德",既可以指《老子》心目中大道流行的上古黄金时代,也可以指《老子》定义的得道之人,即崇尚大道大德之人。当然,就现实而言,"上德"之人就是《老子》所说的圣人了。

根据《老子》的逻辑,强求则无所得,因为强求不符合大道的规定。上德之人并不是不想拥有"德",而是使用了符合大道要求的方法,以"无为"和"无以为"作为自己的行动指南。"无为"是自然的作为,"无以为"则是指没有不合实际的勉强要求的目的。其实,追求大道未尝不是目的,但因为这是世人最大最高的目的,从世俗的角度来看,就可以说是"无以为",没有目的。换句话说,"无以"和"有以",就是无心和有心。《老子》倡导的政治理念并不是绝对的"无为"和"无以",它反对的是有心,是那种缺乏长远眼光的、没有合理步骤的作为。

这一节在文本方面有一些重要的问题。世传本和帛书本都在这一节的第一句之后加入"下德不失德,是有无德"一句,而世传本又在句末加上了"下德为之,而有以为"一句。这样的增加,虽然看上去也能成立,并且文意也能与上一句衔接,但综观本章,显然是后来加上

的多余的东西。首先,本章所有的文句,都是"上"如何如何,只有这两句,世传本和帛书本都出现了"下"。而且,就拿时间较早的帛书本来说,也是只加第一句,不加第二句。第二,附加上的这两句虽然文意不差,但明显是对上句的意义引申,并没有新的内容,所以多半是前人的注释文字被后人当作正文抄写了下来。第三,较早的《韩非子》本中也没有其他世传本中后续的两句。

125—3802○上仁为之,而无以为;上义为之,而有以为;上礼为之,而莫之应,则攘臂而扔(仍)之。

在讲述了最高层次的"上德"之后,《老子》也要面对现实,对现实中盛行的仁、义和礼的观念加以剖析。

《老子》说:"上仁之人有所作为,却无心作为;上义之人有所作为,也有心作为;上礼之人有所作为,一旦得不到回应,就会强迫人们。"在先秦时代,对"仁"的定义各家不一。后世多以为"仁"是爱人之义,这来自于孔子的说法,而墨子则认为仁是兼爱之义。如本书前文所言,在最近考古发现的战国时代的文字中,"仁"字写作"　",以从身从心立义,强调的是身心和谐,其相反之义则是身心分离,所谓"麻木不仁"是也。在《老子》这里,并没有"仁"的明确定义,而只能根据本章上一节的观点作一分析。上一节说"上德无为,而无以为"。显然,仁与德的区别,不在于"无以为",而在于"有为",意思是说,到了"上仁"这里,与无所作为的"上德"相比,已经开始做些什么了,尽管是无心的作为。显然,与"上德"相比,"上仁"的境界已经有所下降。

至于"上义",则完全背离了"上德"的最高境界,不仅有所作为,而且还是有目的的作为。根据传统的说法,"义者,宜也","义"是讲是非对错的。与"上德"所达到的完全自觉和"上仁"保持着的有限自觉相比,"上义"就显得更为勉强了。从《老子》政治思想的角度来看,"上德"是完全崇尚自然,统治者没有什么造作,人民在无所知的状态下生活,不需要约束和管理。"上仁"是指统治者要有所造作,要体现自己的政治意愿,但其本心还不是完全的自私。到了"上义"的地步,则统治者崇尚以规矩约束人民,说明他们是以私意为主的。

既然统治者想把自己的意志强加在人民的头上,就一定会有行不通的时候。在周朝,礼是统治者所制定的上层社会的行事规则,比

如有名的"周礼"。随着社会的发展,到了春秋战国之际,礼有时也作
为"法"的代名词,所谓"礼法"是也。《老子》在此所说的"礼",可能是
指上层社会的情况,也可能是指全社会的情况。不过,即使是在上层
社会,也存在着上与下的等级区分,最高统治阶层也会遭受到来自中
层社会的反抗。特别是从春秋后期开始,统治阶层内部的斗争日趋白
热化,以下犯上甚至以下弑上的事情,在诸侯国已成司空见惯。至于
普通人的反抗,包括武力反抗,也不是什么新鲜事情。正是在这种时
代背景下,《老子》才在这一节指出,在上者不能以"德"服人,不能无
为而治,就只好使用强力手段。"仍"与"扔"是通假字,本义是拉扯的
意思,引申为以强力迫使别人顺服。

126-3803○故失道而后德,失德而后仁,失仁而后义,失义而后礼。

　　《老子》不无悲观地断言:"太上,下知有之;其次,亲誉之;其次,
畏之;其次,侮之。"(054-1701)这描述的是文明程度不断下降的人类
社会的进程,与这一章由道到德,再到仁、义、礼的过程是完全一致
的。对此,《老子》在这一节的总结是:"大道丧失就出现了大德,大德
丧失就出现了仁,仁丧失之后就出现了义,义丧失之后就出现了礼。"
《老子》之所以讲出这样悲观的话,并不是在探讨历史发展的实际过
程,而是在对现实提出激烈的批判。在《老子》成书的时代,旧的社会
伦常全面崩溃,中国社会陷入了空前的大动荡之中。面对这样的现
实,再遥想传说中的上古黄金时代,《老子》才不禁发出如此的浩叹。
通常认为仁、义、礼是人类不断走向文明的结果,而《老子》则说,这些
都是不得已的下策之选。人们失去了最好的,只好选择次好的,并且
由此节节后退,直到选择了最具强制性的、最不符合"无为"理念的
"礼"。
　　在《老子》时代,礼法是维系社会的主要手段,而《老子》却认为这
正说明距离理想社会越来越远。但是,文明程度如此不断下降或下滑
的原因是什么?《老子》一直缺乏正面的解释。事实上,人类社会发展
到今天,虽然远离了上古时代的淳厚民风,也是必然的选择。上古的
世风淳厚,是以生产力低下、生活艰苦为代价的。所以,人们真正需要
做的是,如何在生产发展和生活改善的同时,不断提高道德水准、改
进社会体制,而不是陶醉于过去的美好时光。

127-3804○夫礼者,忠信之薄也,而乱之首也。前识者,道之华也,而
愚之首也。

如上文所言,在《老子》看来,人类社会发展进程的最低点,就是
当时礼法盛行的时代,所以,《老子》才断言:"礼缺乏忠信,是混乱的
开端。而那些自以为具有先见之明的先知者,是大道的浮华,愚钝的
创首。"也就是说,礼法的所有规定,看上去是要求人们持守忠实和诚
信等最基本的人类道德观念,但实际上由于礼法本身的强制性特点,
使得它最缺乏忠信的要求。因为忠信是发自内心的自觉的表现,而述
诸礼法的强制,忠信的表现只会是伪装的。所以,《老子》才下结论说,
礼法是天下混乱的罪魁祸首。

《老子》的这一思想,看上去是批评了当时盛行的礼法观念,但实
质上依然是典型的古代中国传统政治理念的表现。也就是说,《老子》
还是把社会政治状况的改善完全寄托在人的内在的道德自觉性上,
而完全排斥外在制度的作用。这种反对外在强制性的思想,看似平
和,实际上正是中国古代专制思想的怂恿者和支持者。专制政治的核
心是当权者的随心所欲,而《老子》思想正是强调了大道和大德的权
威性和随意性。可以说,如果人类真的能够生活在一个道德自觉的时
代,那就是传说中的天堂。可是,就人类实际的发展史而言,完全的道
德自觉是没有出现过的,也是不可能出现的。所以,片面强调人的主
观能动性,在当时的政治体制下,最终也只能是为专制统治张本。

128-3805○是以大丈夫居其厚,而不居其薄;居其实,而不居其华。故
去彼而取此。

既然主张礼法的人和自称"前识"的人是不可取的,《老子》就在
这一节总结道:"因此,大丈夫要立身敦厚,反对轻薄;存心朴实,反对
浮华。所以,要去掉后者,求取前者。"《老子》所谓的"大丈夫",是那种
与"礼者"和"前识"者相反的真正遵循大道和有远见的人。"丈夫"是
那时的常用词,指男子。《孟子》对"大丈夫"的定义是:"富贵不能淫,
贫贱不能移,威武不能屈。"(《孟子·滕文公》)《老子》的"大丈夫"虽然
在表述上不同于孟子的,但其精神实质还是有相通之处,即完全不同
于世俗所定义的"强"人。

第三十九章　昔之得一者（129-132）

129-3901 ○ 昔之得一者：天得一以清，地得一以宁，神得一以灵，谷得
　　　　　一以盈，侯王得一以为天下正。

　　这一章是从一个新角度来论说大道的存在和作用。说是新，其实
也不新。在前文，《老子》已经多次提到了"一"，如"营魄抱一"
（030-1001），"此三者，不可致诘，故混而为一"（042-1401），"圣人执
一，以为天下牧"（070-2201）。很显然，《老子》所说的"一"就是大道的
另一种说法。尽管《老子》更为有名的说法是"道生一，一生二，二生
三，三生万物"（140-4201），但在"道生一"的说法中，"道"是就抽象的
原理而言，"一"是就具体的生成物而言，它们是同一事物的两个方
面，本质上是统一和一致的。

　　之所以称大道为"一"，是就大道的整体性和单一性而言的。所谓
整体性，是说大道的理念对宇宙万物的作用是整体一致的，不会因为
不同的时间、地点而发生偏差。所谓单一性，是说大道是独一无二的。
正是在此意义上，《老子》才在这一节说："自古以来，天得到'一'会清
明，地得到'一'会宁静，神得到'一'会灵敏，空间得到'一'会满盈，侯
王得到'一'就会统领天下。"在世传本中还加入了"万物得一以生"一
句，但在帛书本中并无此句，很可能也是后人的加入或把相关的注释
在誊抄时掺入了正文之中。

　　在中外哲学史上，数字曾以其独特的魅力起过特殊的哲学作用，
其中尤以"一"为甚。这个极具魔力的概念意味着不可分的整体，也意
味着对杂乱的整合。"一"是独一无二的，是包容万有的。

　　对人类来说，天、地、谷、神等遵从大一的意义，并不在于天地会
怎样，而是天地的存在方式给人以某种启发和引导。说到底，人并不
能左右天地万物的存在方式，即使是拥有了高科技手段的现代人，也
只是比古人更深刻地体会到了人类对天地万物的依赖性。总之，人类
对天地万物的遵从与效仿实际上是日甚一日。

　　《老子》的"一"又怎么样呢？在这一节，它先从四个方面阐述"一"
的关键作用。从《老子》的自然观和宇宙观来看，清静安宁是天地的本

性,满盈灵敏是谷神的本性。在这里,天地比较容易理解,笼统地来说,是指自然界。而神和谷则不太容易理解。《老子》说:"谷神不死,是谓玄牝。"(018-0601)"谷"是无限空间的象征,"神"则是指运动或作用。所以,"天"、"地"、"神"、"谷"这四个方面,涵盖了大道的作用及其范围。不过,无论是大道,还是大一,它们真正的作用或意义,并不在于如何左右天地万物,而在于如何指导人的言行,特别是帝王的言行。

130-3902○其诚之也,谓:天无已清,将恐裂;地无已宁,将恐发(废);
　　　　神无已灵,将恐歇;谷无已盈,将恐竭;侯王无已贵而高,
　　　　将恐蹶。

　　这一节是上一节的延伸,但并不是从正面进行的延伸,而是从反面所作的阐述。
　　《老子》说:"需要告诫的是:天无休止地清明,就会崩裂;地无休止地宁静,就会坍塌;神无休止地灵敏,就会消散;空间无休止地满盈,就会枯竭;侯王无休止地自视高贵,就会被颠覆。"由于世传本和考古本在文字上的不同,这一节的意义便有了重大的不同。帛书本称"其诚之",世传本则是"其致之"。由于世传本的说法并不明确,所以,古来只能牵强作解。
　　更重要的是,世传本作"天无以清"云云,帛书本则作"天无已清"云云。"无已",是无休止、无节制的意思;"无以",古来说家多作无法达到、无法实现之类的解释。这样一来,由文字和解释的不同所产生的意义,就大相径庭了。
　　按照"天无以清,将恐裂"的传统解释,是说如果天不能达到"一"所要求的清明,就会崩裂。这样的解释,看似通顺,其实等于什么也没说,而且也不是《老子》思想所讲述的内容。上一节说"天得一以清",既然已经得到了"一",就会达到清明。这样一来,所谓"天无以清"的假设就显得多余。再看"天无已清,将恐裂",是说天虽然达到了"一"的要求,实现了清明,但是,如果太过度了,无休止地清明下去,天也会崩裂。也就是说,无论是好是坏,都不能推演至极,都不必过度。
　　当然,《老子》在这一节所说的"天"、"地"、"神"、"谷"等,只是一种比喻,而落脚点还在于人世间,在于人间的侯王。按照《老子》的逻辑,连天地谷神都应该有所节制,人间的侯王更不应该把自己本有的

"贵而高"无限制地拔高和推演，以防止物极必反，最终失去自己的高贵地位。这样的理解，不仅符合《老子》的哲学宗旨，也与下一节紧密地联系在了一起。可是，如果依世传本的说法，"侯王无以贵而高，将恐蹶"，则与帛书本正好相反，主张侯王为了避免自己被颠覆，应该充分发挥自己高贵地位的作用，而这与《老子》的整体主张正好是南辕北辙的。

131-3903○故必贵以贱为本，必高以下为基。夫是以侯王自称"孤、寡、不穀(gǔ)"，此其贱为本欤？非也？

为什么说，如果侯王们过度依赖自己的尊贵地位，反倒会被颠覆呢？在这一节，《老子》从哲学的角度予以诠释。

《老子》说："所以，尊贵必定以卑贱为根本，高处必定以低处为基础。侯王自称孤、寡、不穀，不就是以卑贱为根本的吗？不是吗？"也就是说，贱是贵的根本，下是高的基础。所谓根本，是以大树为比喻。无论多么高大的树木，都是从根底长起的，所以，无论多么高贵的人，都需要下层民众的拥护。

在《老子》的时代，高明的统治者之所以要得到下层民众的拥护，并不是出于类似现代社会的民主理念，而完全是一种实用考虑。即一方面需要民众创造基本的社会财富，另一方面惧怕民众的反抗。正是在此意义上，《老子》才说，作为侯王，他们最喜欢以"孤"、"寡"、"不穀"之类低贱的称号称呼自己，以便保持长久而高贵的政治地位。所谓孤、寡、不穀，一般以为说的是孤德、寡德和不善。在春秋时代，称王称霸的人喜欢如此自称，表示的是一种谦逊的美德。后代的帝王有时也这样自称，至少在表面上时刻提醒自己，个人的修养还很差，需要改进。但是，专制君主所使用的孤、寡、不穀的称呼，即使最初确有谦让的意思，也不会对臣民的思想有多大的影响，更不用说这些称呼最终成了帝王的专用名称，让人感觉不到丝毫的谦让，而只能感受到专制权力的随心所欲。

老庄经典 老子通说

132–3904○故诚"数舆(誉)无舆(誉)"。是故不欲琭琭(lǔ)若玉,硌硌(luò)若石。

这一节是对这一章的总结,要总结的内容分作两个方面。

《老子》说:"所以,要小心的是,过度的美誉就不是美誉。不要像玉石那样华贵耀眼,而要像岩石那样稳重踏实。"在这里,"数"是促迫和繁琐的意思,"数誉"则如"无已贵而高"一样,是过度荣耀的表现。而在《老子》看来,任何事情,只要做得过了度,就会走向其反面。所以,过度的美誉,特别是自我的肯定,最终不会得到任何的荣誉。由此,《老子》进一步比喻说,就好比同样是石头,玉石虽然外表好看,但却不如外面粗糙的岩石更坚硬。"琭琭"是闪闪发光的意思,形容玉石的外貌;硌硌是稳重的样子,形容岩石的外观。

第四十章　返也者道之动（133—134）

133-4001○返也者，道之动也；弱也者，道之用也。

本章又来阐述大道的运动和作用。

在这一节的倒装句中，《老子》说："大道的运动是归返的，大道的作用是柔弱的。"《老子》的"返"，即是"复"和"归"。在《老子》看来，大道的本性就是动，无休止的运动；这种运动的本质，就是事情对立面的相互转化。《老子》一书有许多看似对立的概念或事情的本性，其实都是相互转化的结果，如善与恶、美与丑、高与下、多与少等等。《老子》为什么要强调这样的哲学原理呢？一方面，《老子》以此来反对过度的执著，如上一章所言，切忌"无已"，即不要无休止地推进事物的某一方面，因为即使是美好的东西，推进至极，也会成为丑恶的东西。另一方面，因为这种永远的转化是大道所规定的，那么，一旦进入某一境界，无论是美是善，是美是丑，都不要太以为意，因为事物不会永远停留在这一境界。比如说，对于人的遭遇，《老子》主张"宠辱若惊"（039-1301），就是因为宠与辱之间是会相互转化的。

那么，难道因为事物的转化是永恒的，人们就应当坐以待时吗？也不是。在《老子》看来，大道还有其"用"的一面，而"用"的本质就是"弱"，即大道以看似柔弱的方式发挥其独特作用。《老子》对"弱"的理念有相当多的论述，如"柔弱胜强"（119-3601），"柔弱者生之徒"（245-7601），"弱"既是大道的运作原则，也是圣人最佳的生存方式。柔弱最直接的作用，是可以延缓事物向其对立面的转化。可是，既然转化是必然的，柔弱也是不可改变的，那么，还有多少人为的余地呢？在《老子》看来，这个余地是非常之大的。比如说，当人处于有利之势时，坚持柔弱，就可以延缓其向对立面的转化；当人处于不利的境地时，坚持柔弱，则可以蓄积有生力量，以期扎实推进向对立面的转化。

134-4002○天下之物生于有，有生于无。

有与无的关系，《老子》不断提及，而这一节的说法，只是调整了

老庄经典　老子通说

一个新的描述角度,基本上没有新意。

《老子》说:"天下万物都生自'有','有'生自'无'。"

"无"与"有"既是大道生成万物的两个逻辑进程,也是大道的别样名称。那么,既然大道生成万物是不变的原则,为什么还要有"无"和"有"的区别呢?并且这一节还说,"有"生成了万物,"无"生成了"有"呢?大道是宇宙万物最普遍和最根本的原则、原理,从这个角度来看,大道就是"无",这是就人的感觉或感知而言的。既然是普遍的原则,大道的原理就会体现或渗透在所有的万事万物之中,这个过程就是"有"。也就是说,就其普遍性而言,大道是"无";而就其特殊性而言,大道又是"有"。天下之物是具体的,所以才说产生于"有";但具体事物的"有"并不是孤立的,而是相互间有联系,有共性的,所以又说是"无"。

在文本方面,世传本称"天下万物",帛书本则称"天下之物"。两种不同的文字看上去区别不大,但实际上反映了不同的时代观念。随着对于《老子》思想的理解不断加深,不同的看法也不断出现。"天下之物"的说法容易把事物看成一个整体,不利于理解事物的具体性和个性,所以,后世有的版本就把"之物"改写成"万物"。这种修改既是可以理解的,也是多余的。

第四十一章　上士闻道(135-139)

135-4101○上士闻道,勤能行于其中;中士闻道,若闻若亡;下士闻道,大笑之。弗大笑,不足以为道矣。

在这一章,《老子》从另外一个角度对大道进行了描述。

《老子》说:"对于大道,上等士人获知后,会勤勉实践;中等士人获知后,好像听到了,又好像没听到;下等士人听到后,哈哈大笑。其实,不被嘲笑,就不足以称为大道。"从字源上讲,"士"字的本义是武士和武士阶层。东周以后,随着周天子大权旁落,周朝廷和各诸侯国享有特权的武士阶层开始失势和消亡。由于这样的武士都是有知识的人,他们中的大多数就以自己的知识谋生,形成了中国历史上最早的知识分子阶层,而当时的人们也就逐渐用"士"字泛指有文化知识的人。《老子》一书本来就是写给有知识、有地位的人的,所以它才区分了上、中、下之"士"。所谓"闻",不同于一般意义上的"听"。"听"只是听到,"闻"则是听到之后有所理解,甚至有所接受的意思。《老子》把"士"分为三种,只是为了方便说明大道的遭遇。根据《老子》的看法,上士能够完全理解并接受大道,所以马上付诸实践;中士并不能完全理解,将信将疑;下士的大笑,是因为完全不理解或理解不了大道,这才会大笑不止,以示轻蔑。

《老子》所说的当时的士人对于大道的三种态度,也是历史上所有伟大的思想学说的共同遭遇。但是,《老子》对自己的思想颇为自信,所以才说不被嘲笑就不足以成为大道。换句话说,如果凡夫俗子也对大道感兴趣,甚至去积极地实践大道,那么,这肯定是变了味儿的大道。在思想史上,某种思想学说的被歪曲或者消失,主要原因并不是没有人去实践,而是被逐渐地庸俗化和大众化。在《老子》看来,大道只能掌握在少数人手里,其余的人悉听得道者的指引就可以了。或者说,只要关键人物,特别是君主掌握了大道,臣民自然就会顺服。

old纵列 side text

老庄经典　老子通说

136-4102○是以建言有之：明道如昧，进道如退，夷道如类（颣lèi）。

这一节紧接上一节来述说，阐明为什么中士和下士会对大道有所疑虑，甚至不能接受。

《老子》说："立言者说过：光明的大道好像很暗昧，前进的大道好像在后退，平坦的大道好像有起伏。"所谓"建"就是建立的意思，"建言"就是立言，古人讲"立德、立行、立言"，立言就是在思想上有所创建，在此则是《老子》作者对自己的一种肯定。明与昧相对，指光明与黑暗；进与退相对，指前进和倒退；夷与颣相对，指平坦与起伏。竹简本作"明道如字（bèi）"，"字"字有阻塞不通之义，虽然与"昧"字意义不甚相同，但对《老子》此节的意义并无大碍。"颣"的本义是丝结，即丝线上绾的节扣，引申指不平坦、有起伏。

在《老子》看来，如同世界上许多高尚的事物一样，它们的表面与其内里是有区别的，有时甚至是看上去完全相反的。大道也是这样，它的真理性的思想内核并不是直白地呈现在每个人的面前，而是看上去普普通通，甚至容易让人视若不见。这有两方面的原因，一方面是大道本身就是平易的，特别是它并不想以外表的美轮美奂吸引人；另一方面则是，大道并不是普通人能够理解和接受的。这两方面的原因加在一起，才容易使大道看上去很不成个样子，以至于让中士不能全部理解，下士不能接受。

137-4103○上德如谷，广德如不足，建（健）德如偷，质德如渝。

这一节还是遵循上一节的思路，重在解释为什么有些人会误解或者难以理解大道和大德的绝对性。在《老子》那里，大道是万物生存的终极理念，大德则是大道的具体表现。大德是大道生成万物后的具体化，是决定万事万物各自存在的具体原则。所以，德也就是道，它们既可以分而为二，又可以合而为一。

《老子》说："大德的品质，崇高却好像虚谷，宽广却好像有所不足，刚健却好像苟且不安，质朴却好像混浊一片。"在文本方面，世传本这一节的错乱较多，最主要的地方有二。一是把下一节的"大白若辱"夹在这一节当中，二是把"质德"误写为"质真"。因为古文中的"德"、"真"二字相近，容易在誊抄中被误写。

不管怎么说,表面上看,最崇高的"德"好像有些低下,最广大的"德"好像有些不足之处,最刚健有力的"德"好像有些懈怠的样子,最质朴的"德"也好像有些混浊不清。最崇高、最广大、最刚健和最质朴之类的说法,是大道和大德的根本特性,并不是说除此之外,还有不太崇高、不太广大和不太刚健的大道和大德。表现大道的大德之所以看上去不像理论上讲的那么绝对和唯一,但这并不妨碍它与大道共同构成世界万物的根本。

138–4104○大白若(无)辱,大方无隅,大器免成,大音希(稀)声,大象无形。

这一节还是贯彻了《老子》的一个基本写作手法,即用反证法来描述大道的至高无上。《老子》说:"最洁白的东西不会有污垢,最大的方正没有棱角,最大的器物没有成形,最洪亮的音乐没有声音,最大的影像没有形状。"在文本方面,这一节中有一个最有争议的字,足以改变人们一个根深蒂固的看法:世传本的说法是"大器晚成",帛书本却是"大器免成"。

从《老子》这一节的文字和句子结构来看,每一句话的第三个字应该都是否定副词,而"大器晚成"的说法却不符合这一规律。当然,"大白若辱"一句同样不符合这一规则,但它的原文很可能是"大白无辱",意思是说,最广大的白色是根本谈不上有没有污垢的。后人受上一节文字的影响,加之对这一节的主导思想不甚明了,就把"大白无辱"妄改为"大白若辱",使它的意思更容易为寻常人所接受。

后人把"大器免成"改为"大器晚成",一方面是不理解"大器免成"的意思,另一方面也可能是受到字形的影响。古文为竖行书写,"免"上面的"器"字"口"字太多,容易使古书抄写者的视力受到影响,誊写出错字。也就是说,容易把"免"字抄写成诸如"冕"字这样的字。有人觉得"冕"字意义不明,就把"日"放在左边,最终形成"晚"字。当然,字形演变主要是推测的结果,而更重要的,则是意义分析。

当出现上述字形方面的错误以后,后来的人们为了把"大器晚成"说得通,就把这一句解释为,正是因为没有人为的干预,大器才在晚些时候完成,并进而引申到人的成材过程之中。事实上,大器并不总是晚成,而晚成的也未必就是大器。而从这一节的整体文义来看,

《老子》认为，最大的器物与天地宇宙比齐，是无所谓成与不成的。因为有成的事物就是有限的事物，而大器是无限的，所以不能说它有成与不成。更重要的是，有成就会有毁，而作为大道和大道的"大器"是不会毁灭的。其他如大方、大音和大象等，都是这个意思。也就是说，只有最大的方正之形才看不到边角，而有限的方形就会显现出棱角；只有最洪亮的音乐没有声音，因为已经超出了一般人接受声音的有限的范围；只有最大的影像没有形状，因为它把一切有限的事物都纳入了其中。比如一座宏伟的建筑，当我们身处其外时，就能看到它的外形和大小，可是，当我们身处其中时，就不会看到它的外观。大道与我们的关系也是这样。我们身处大道之中，大道的伟大和宏大远远超出了我们能够以感官加以把握的范围，它的成毁也是我们有限的生命难以比拟的。

在《老子》一书中，"大"的性质不仅在自然界展现出了它的不同寻常的作用，而且，在人世间同样也有不凡的表现。《老子》在这方面有许多有名的说法。除了这一节的说法之外，还有"大巧如拙，大成若讪，大直若屈"（150-4502）之类的说法，都说明了真正的"大"未必就是外表看上去的那种不起眼的样子，而是要看它们的内里。

139-4105○道褒无名，善始且善成。

这一节显然是对本章的总结和概括。

大道之所以被有些人漠视甚至嘲笑，是因为大道的本性是不张扬的，甚至看上去还是最寻常的、有所不足的。但是，正如《老子》在这一节所说的，"大道广盛，却从不显露自己。只有大道，才能善于开始，善于完成"。世传本称"道隐，无名"，显然意义重复。帛书本谓"道褒无名"，"褒"是盛大之义，意思是说，大道的本质是广大无边、无穷无尽，但在具体表现上却是不事张扬、默默无闻，这与《老子》所规定的大道的本质是一致的。其中的"无名"，一般理解为没有名称，但是，把这个"名"理解为扬名、彰显，更适合上下文意。世传本是"善贷且成"，帛书本则是"善始且善成"，意思就更加明确了。"善贷"是说善于付出，有起始之义，但更容易让人误解大道有功利之心，付出就是为了收获。而"善始"与"善成"相对，就是善始善终之义。当然，大道是没有终结的，所以才使用了"成"字，只是强调了它的始终如一的特点。

第四十二章　道生一（140-142）

140-4201○道生一,一生二,二生三,三生万物。万物负阴而抱阳,冲
气以为和。

　　这一章明显是由两部分的内容组成,而前一部分的内容尤其受
到后世研究者的重视,因为它终于正面讲到了大道创生万物的过程,
不管是实际的过程,还是逻辑的过程。

　　《老子》说:"大道生成一,一生成二,二生成三,三生成万物。万物
背负着阴,面向着阳,在涌动激荡的气旋中凝聚成和谐的整体。"这里
的"一"、"二"、"三"究竟是什么,千百年来说家各有不同理解,甚至可
以说是千奇百怪,莫衷一是。因为有了种种不同意见,致使后人总要
比前人说得更复杂一些。

　　传统的解释,是根据下一节的说法,认为"二"是阴和阳,"一"是
"冲气","三"是万物。但也有人把"二"理解为天和地,"三"理解为天、
地、人"三才"。还有人把"二"说成是"两仪",两仪加上"气"成为"三"。
更有人根据《老子》本身的"有"与"无"的关系,把"二"理解为有和无,
把"三"理解为大道加上有和无。这个问题也许永远是个谜,甚至从
《老子》开始就是个大谜。

　　《老子》所说的大道创生万物的过程,在哲学上是个由一到多,由
少数到多数,由单一到复杂的过程。哲学家根据现象世界作哲学思
考,推断出事物发生的逻辑过程和基本原理,并不是要解决世界万物
的个体起源问题。至于具体事物的来源,现在认为是由自然科学家处
理的事情,而在《老子》时代,人们甚至觉得是个无足轻重的问题。因
为事物已经产生,即使弄明白它们从何而来,又能如何呢?

　　根据《老子》哲学,大道是万物产生和存在的基础。按理说,所谓
大道生养万物,应该是个抽象的逻辑过程。但是,有感于一般人对此
过程难以理解,《老子》不得不做一些比喻,比如这一节的"一"、"二"、
"三"的形象说法。《老子》在此所说的"生",显然受到了生物生长发育
过程,特别是人类繁衍生息之道的启发,尽管大道创生万物与这种实
实在在的生育过程有着根本区别。说实在的,《老子》的"道"的概念本

身就有很大程度的猜度性,一定意义上是思想陷入迷惘的表现。没有人能证明,《老子》在说一生二、二生三、三生万物的时候,进行过任何形式的科学考究。说到底,这个生生的过程,只是说万物是由简单的"一",一步步地走到了复杂的"万物"的境地。

所谓"道生一",是说抽象的原则——"道"决定着实在事物的生发。"一",表示一种整体的存在状态。在《老子》的观念里,宇宙最初的状态是混沌未分的整体,是一种大一统的状态。所以称之为"一",就是说还没有任何分别。尽管这种状态受着"道"的支配,可是,"道"的精神并不就此中止,而是不断作用下去,使"一"进一步分化,向着丰富多彩的世界进发。根据《老子》的辩证思维,有正面就会有反面,所以,"一"也应该有它的反面,于是就有了"二"。就这样正和反继续下去,"三"和"万物"就相继出现了。不过,这个一、二、三的过程是逻辑的过程,并非实实在在的程序。也就是说,从道理上讲,万物的生生过程应当如此。它是肉眼看不到的,也是肉眼没必要看到的。

为了理解所谓逻辑的过程,我们先来看一看非逻辑的过程,也就是实在的过程。依《老子》之见,无论是"一生二",还是"二生三"、"三生万物",并不是说在万物产生的过程中,是由混沌的"一",分化成两大块,有人说是阴气和阳气,然后二气涌动冲荡,形成一个第三者——这么一个时间上的前后分明的过程。事实上,万物没有实在意义上的起始点,所以,哲学家不得不用逻辑的方法,人为地确定一个道理上应该有的起点。在《老子》那里,这个起点就是"道"和"一"。

在《老子》这里,由于道生万物的整体过程只是一种想象和猜度,至多也只是一种逻辑的分析,所以,天下万物的实际形成过程,也只能从整体上把握。所谓"负阴而抱阳",是说具体的事情都有它们的两面性,都是由内和外组成。这从对事事物物的观察中就可以得知,因为它与阳光的照射有关。至于《老子》在这里所说的"阴"和"阳"到底是什么,由于在这本书再没有出现过这两个字或概念,人们就很难从《老子》本身得到进一步的说明。也许《老子》是想解决运动和变化的问题,因为从大道的"一",经过"二"、"三"到"万物",运动和变化是关键。而阴与阳的激荡,既是自然界和人世间常见的变化之因,也可以便于人们从常识的角度理解大道的作用。"冲气"二字,世传本作"冲气",即虚冲之气的意思,表示阴气和阳气之间相互作用,从而产生万物。但是,这样的理解未免过分引申。而帛书本则是"冲气",其中的

"冲"字，《说文解字》的解释是"涌摇"；而"气"字的神秘性和复杂性，通常是只能在具体的上下文中把握它的意义。

　　阴、阳相对的观念产生于战国中后期，晚于《老子》产生之初的时代。在战国中期以前的竹简本《老子》中，也没有这一对观念，而秦汉以后的《老子》版本中，它们也只出现了这一次。所以，"负阴而抱阳"极有可能是《老子》后学提出，并加入到《老子》正文之中的。事实上，这一节的文字在意义上与本章余下的两节并不一致。总之，用阴阳观念来解释"一生二"、"二生三"并不完全合适。

141-4202○天下之所恶，唯孤、寡、不毂，而王公以自名也。故物或损之而益，益之而损。

　　与前一节相比，这一节的内容显得有些突然。当然也可以比较勉强地解释说，大道由一到多，到万物，是一个由少到多、由小到大的过程，所以事物的存在和发展并不是一成不变的。正如《老子》在这一节所说："普天下都厌恶孤、寡、不毂之类的名称，王公大人却用它们称呼自己。所以，万事万物，有时候减损反倒会造成增益，增益反倒会造成减损。"

　　关于"孤、寡、不毂"的说法，在第 39 章已经出现，而"损益"的说法也不是新鲜内容，这是《老子》物极必反的哲学的自然推演。但是，在第 39 章的前提是"故必贵以贱为本，必高以下为基"（131-3903），与这一节的"损益"哲学是有区别的，至少是谈问题的角度不同。至于第 39 章讲"侯王"，这一节说"王公"，意思应该是一样的。"王公"是当时的习惯说法，《墨子》中就常用"王公大人"的称呼。

142-4203○古人之所教，亦我而教人。故强梁者不得其死，吾将以为学父。

　　这一节是上一节思想的引申和总结，强调损益和柔弱的价值。

　　《老子》说："古人教导别人的思想，我也用来教导当今的人们。那就是，强悍之人不得好死，我认为这才是一切思想的根本。"世传本是"故人之所教"，帛书本作"古人"。虽然《老子》其他地方并未提到古人，但在此处，却比"故人"的解释性更强。"人之所教"大抵有所谓"好

为人师"的意思,指当时已经存在的各种思想,都想教人怎么办。针对这种风气,《老子》说,我也来说一说教化的真义。"而"是"以"的意思,表面上是说要用古人的思想教导人们,其实《老子》对古人的思想是有选择的。正好比孔子所说的"述而不作",述说的过程有所选择,就等于是一种创作。

"强梁者"是说那种过度强悍的人。"梁"指房梁或挡水的木梁,都是发挥强硬作用的地方,"强梁"则进一步强调了强悍过度。"不得其死",是指非自然死亡,也就是未能寿终正寝。译为"不得好死"可能容易产生歧义,因为其中有道德判断的内容,实际上,《老子》在此所说的"不得其死"却与道德评判无关。《老子》认为,"人之生也柔弱,其死也筋朋坚强",故"坚强者死之徒也,柔弱者生之徒也",(245-7601)过度的强悍不符合大道的基本原则,所以才会"不得其死",得不到寿终正寝的结果,而在《老子》看来,自然而生、自然而死,才是大道的根本规定,即"学父"。"学"指一切的思想学说,"父"有根源的意思。

不过,所谓强悍之人不得寿终正寝,本质上是懦弱者的自我安慰。特别是在社会政治领域,统治者对于被统治者始终都是"强梁者";在统治集团内部的斗争中,也都是"强梁者"才能占得上风。所不同的是,遵循《老子》之道,"强梁"者不仅要强在外表,而且要强在内部,即注意方法和策略,以期长久占据"强梁"的位置。对于被统治者,王公们之所以欣赏这种观点,主要目的是劝诫人们做安善良民。

第四十三章　天下之至柔（143-145）

143-4301○天下之至柔，驰骋于天下之至坚。

　　这一章集中讲说大道的特质之一——"无"的作用和表现，所采用的手法，也是从最简明的比喻说起。

　　《老子》说："天下最柔和的东西，可以穿透天下最坚硬的东西。"《老子》所肯定的"柔"，用现代词汇来理解，如柔和、柔弱，甚至阴柔，都不十分恰当。《老子》所说的"柔"，是一种绵延不断，只能感觉、不能触摸的力量。比如君主的命令，虽然无形无象，但任何强梁之人都得服从，因为君主有其权势。在现代社会，健全的法律就是以柔克刚的法宝。"驰骋"本意是形容战马疾驰、所向无敌，在这里引申为无所阻挡、穿透和贯穿的意思。世传本无"于"字，容易产生歧义，似乎是至柔之物可以左右至刚之物，这多少对《老子》的思想有些过度发挥之嫌。帛书本有了"于"字，文义就比较顺畅了。

　　任何哲学家的思想都不是凭空想象出来的，而是来源于现实，来源于对现实的观察和感悟。在自然界，表面上看去，水是最柔的东西之一，没有固定的形状；反过来也可以说，几乎任何事物都能改变水的形状。但是，就是这种看似最最柔弱的事物，却可以小自点滴穿石，大到改变大自然的生态，最刚强坚硬的东西最终都不是它的对手。我们虽然不能说《老子》的作者关于大道之"无"的观念完全来自于对水的观察思考，但至少水的特性坚定了《老子》关于"无"的思想。

144-4302○无有入于无间，吾是以知无为之有益也。

　　在这一节，《老子》由上一节对"柔"的肯定，发展到对"无有"的肯定，进而引申出"无为"的哲学。

　　《老子》说："无形之物可以穿透没有空隙的东西，我因此才认识到无所作为是有益的。"所谓"无有"，就是不可触摸、不可目视的东西。古人所说的"无有"之物，多指有具体作用，但却是让人的感官感受不到的东西，比如气、气势，以及思想观念之类。抽象的东西，特别

是思想观念之类,对人的影响是确定无疑的,但却是没有形体的,无法感觉的。《老子》的大道,本质上就是一种观念性的存在。根据《老子》的观点,大道控制着天下万物,但万物(包括人在内)却无法感受大道的具体存在。

然而,正是这样的"无有"之物,却可以影响到许多看上去并无缝隙、并无空当的东西。比如说寒气、潮气对人的影响,很难说这类气就在人的身体的某个具体的地方。再比如说思想对人的影响,实际上,在人的身体内部,并没有一个可以看到的专门承载思想的地方,像仓库一样,存储着可见的事物。大脑是可以思维的,但思想是无形的,更不用说并不是所有的大脑都可以正常思维。"间"是缝隙、空地的意思,"无间"是形容一个物体的整体性。没有间隙的东西,是指从外部难以改变的东西,所以,要想改变之,必须使它的内部发生变化。比如孔子说:"匹夫不可志夺。"(《论语·子罕》)人的"志"就是看不到的东西,但是,要想真正改变一个人,关键是改变其心志。

《老子》的"无为",就是一种观念和信仰。正是根据思想观念的牢固性,《老子》意识到"无为"是"有益"的。"无为"就是没有任何外在规定性,这样就显示出了它的普遍适用性。具体到人世间,"无为而治"的政治才是最高的政治,因为它并不把政治取向固定在任何一个利益群体上,这样才会调动起全社会的积极性。对于崇尚"无为"的古代帝王来说,也是不把自己的意志固定在某个人或某些人的身上,以便让所有的臣民都处在战战兢兢的状态,以此保证其权力不会旁落。

145-4303○不言之教,无为之益,天下希(稀)能及之矣。

总结以上两节的内容,《老子》不无遗憾地断言:"不言说的教导,无所作为的益处,天下很少有人能够达到。"在《老子》时代,"教"多指政教,即政府的法令和法规,"不言之教"是指尽量减少苛繁的法令。而"无为"则诚如上一节所言,也是一种政治法则或"统治术"。所以,我们不得不说,《老子》的哲学,归结到一点,就是为现实政治服务。只可惜的是,寻常的王公大人们总是不能完全理解《老子》的深刻意蕴,或者鼠目寸光,或者不想劳心费神地遵循《老子》所制定的一揽了规划,致使《老子》不得不叹息"天下希(稀)能及之"。

第四十四章　名与身孰亲（146-148）

146-4401○名与身孰亲？身与货孰多？得与亡孰病？

　　这一章是正面讲述《老子》的人生哲学，当然是与大道的本质规定相一致的人生哲学。

　　《老子》说："名声与身体，哪个更亲近？身体与财货，哪个更重要？得到与失去，哪个更烦心？"《老子》以三个连续的反问开始它的论说，这也是《老子》常用的手法。"多"字就是"重"的意思，由多少，引申到多重和重复，再引申到重要。"病"字的传统解释是"苦"，不是痛苦的意思，而是忧虑和烦恼的意思。在《老子》看来，名声只是实际身体价值的代表，可有些人却为了名声而损伤身体，所以《老子》才问哪个更亲近，也就是更可爱、更值得珍惜的意思。财货应该是为人自身服务的，可有些人却为财货而损害了自身，甚至为了得到财货而亡身，所以《老子》才问哪个更重要。总结上述两种情况，《老子》尖锐地发问：到底什么是得到，什么是失去？到底你要得到什么，最终却失去了什么？如果这些问题不能得到根本解决，就只会让你烦心。

　　《老子》哲学看重自我，在诸子百家的时代独树一帜。到战国中期，孟子批评杨朱的"为我"哲学，因为杨朱声称"拔一毛而利天下，不为也。"（《孟子·尽心》）不论类似杨朱这样的哲学是否受到了《老子》的影响，但是，《老子》的重视自我与杨朱的"为我"却是不同的。相对来讲，杨朱的自我是封闭的，《老子》的自我是开放的。因为《老子》的重视自我，是反对过分的、超出自我承受能力的外在利益。

　　在许多人看来，看重名声和财货，是人的本性，俗语所谓"人生一世，名利二字"是也。《老子》也并不是一概地反对追名逐利，而是强调要把"身"放在首位，不可以舍本而逐末。"身"就是自身、自己和自我，就是自我的根本所在。人生一世，固然不可能完全脱离名与利，但要记住，任何的名与利都是为"身"而服务、为"身"而存在的。不幸的是，虽然名和利是为"身"而存在的，但却足以对"身"造成危害，那就是下一节所说的限度或量度。

老庄经典　老子通说

147-4402〇甚爱必大费,厚藏必多亡。

这一节是为上一节作注,说明为什么过度地看重名声和财货会使自身受到损害。

《老子》说:"过分的爱惜必定导致大量的破费,太多的敛藏必定导致严重的损失。"世传本是"多藏必厚亡",考古本是"厚藏必多亡",意思应该没有本质区别。这里所说的"甚"和"厚"就是过度和过分的意思。名声再好、再大,也有人承受不了的时候;利益再多、再重,也有人承载不起的时候。特别是在政治上,在中国古代专制政治体制之下,政治上过度的名和利,就是灭亡自身的代名词。正是在这个意义上,古人以为,一个人的失败或灭亡完全决定于自己,一是决定于自己有多大的承载能力,二是决定于自己如何看待和评估自身的承载能力。如果在这两方面有所欠缺,那么,灭亡的结果就在所难免了。

148-4403〇故知足不辱,知止不殆,可以长久。

那么,面对上述危险,《老子》给出的对策是什么呢?

《老子》总结说:"知足就不会受辱,知止就不会遇险,可以保持长久。"很显然,"知足"和"知止",就是针对"甚"和"厚"而提出的。生活常识告诉我们,知足之人不会过度吝惜,知止之人不会过多积藏,而只有这样的人才可能长久。这里所说的长久,意义是多方面的。对于从政者来说,既可以长久保住官位,又可以长久得到升迁。对于普通人来说,寻常平安日子的长久,也是人们的重要追求。看起来,《老子》所说并不是不可捉摸的道理,而是可以实实在在地感受到的生活的指南。

《老子》"知足"和"知止"的告诫,与春秋战国时代普遍存在的不安定心理有关。在那个社会大动荡时期,"知足"与"知止"是自我生存的第一要义。有太多的屈辱和危险,是来自人们的不知足,而知足之人,则是可以长存长在的。只是一般的人难过此关,在欲海的挣扎中,永远都不会明白:由知足产生的满足,才是实实在在的满足。当然,"知足"与"知止"的好处并不难理解,难的是不容易把握"足"和"止"的分寸。

第四十五章　大成若缺（149-151）

149-4501 〇大成若缺，其用不敝。大盈若盅（zhōng），其用不穷。

本章还是利用相反相成的手法来描述大道的作用和特性。

在这一节，《老子》说："最大的完整似乎有所欠缺，但它的作用却不会衰竭。最大的盈满好像很虚空，但它的作用却没有穷尽。"《老子》中经常出现"大"，如果是形容什么事物为"大"，通常是说已经达到了最高的境界。所以，《老子》所说的"大成"并不是一般意义上的大获成功，而是至高无上的成功，比如大道之于万物，帝王之于天下。《老子》在此所说的"若"并不是普通意义的好像什么的意思，而主要是形容一种姿态。换句话说，要想获得这样的"大成"，一定要每时每刻都表现出"若缺"的姿态，即永远还需要有所补足的样子。"盅"是空虚的意思，是说最大的圆满要表现出一无所有的样子，这样才会更好地拥有已经获得的一切，以便永远发挥其作用。事实上，真正的谦逊来自真正有所成就的人，正如拥有巨大财富的人更应该表现出勤俭一样。

不过，从终极意义上讲，在《老子》看来，一旦到达了"大"的境界，就不会有真正的对手出现，在这时候表现出谦逊或有所不足的样子，既会显示出自己的大度，又会让潜在的竞争者不知所措。这是《老子》所主张的"不敝"和"不穷"的思想基础。在这样的思想基础上，再加之以适当的手段，"大成"和"大盈"就能保持下去。这再次说明，《老子》哲学的目标并不是"无"，而是"有"，甚至是全有。

150-4502 〇大巧如拙，大成若诎（qū），大直若屈。

这一节还是阐发"大"的哲学，只是论述的角度和句法有所不同。

《老子》说："最灵巧的似乎笨拙不堪，最完满的似乎有所不足，最正直的似乎弯曲变形。"这一节在文本方面有一句明显的不同。世传本中有"大辩若讷（nè）"（最善辩的似乎笨嘴笨舌）一句，考古本中没有。而在考古本中，帛书本是"大赢若绌"，竹简本是"大成若诎"。上述三个不同的句子虽然都符合《老子》的哲学精神，但从文辞方面讲，竹

简本不仅最早,而且也最合理。

《老子》的"大"字哲学,上一节已有说明,还有前文的"大方无隅"(138-4104)等,共同形成一种思想,即:一种事物要想保持长久,一定不能以自己的本来面目出现,大道是这样,大道之下的其他事物亦复如是。根据战国名辩家的说法,直线到了地平线处,看上去就弯曲了。不过,《老子》的意思恐怕不止于此。所谓最大的"直",是说不计较暂时的委曲;最大的完满,是不在乎一时的不足;最大的"巧",则是不在细小之处表现自己。最高明的灵巧,当数大自然的鬼斧神工,但在普通人看,拙笨之物随处可见;最宏大的盛满,当数宇宙之大,但在普通人看来,不圆满的地方比比皆是;最完美的直线,当数光线,但在普通人看来,即使是天上的闪电也会有弯曲。显然,《老子》用这种思维方式说明大道,既肯定了大道的存在,也非常严厉地批评了寻常人等的短视。

151-4503○燥胜冷(chuàng),清胜热。清静为天下正。

这一节与上两节并没有直接的联系,严格来说讲的是不同的内容。事实上,在竹简本中,这一节与上一节虽然在同一版竹简上,但是二者中间有明确的分篇符号,说明这一节并不是本章的内容。

《老子》说:"干燥优于湿冷,清凉优于炎热。清静是天下的正道。"世传本作"趯胜寒",帛书本作"趯胜寒",竹简本则是"燥胜冷",意思基本一样,但竹简本最为明确。世传本作"静胜热",考古本作"清胜热",结合上下文来看,"清胜热"更为合理。"胜"字通常解释为胜过、赛过、克制之类,显得太刚硬,不如"优于"更符合《老子》的口气和精神。

总之,从生活的经验出发,再结合大道思想中的阴胜阳、柔胜刚的观念,《老子》断言,只有清静无为才是天下的正道。思想清静,可以解决人们在日常生活中遇到的问题;政治无为,则可以解决治国理天下的政治问题。当然,从《老子》的整体思想来理解,这样的清静无为并不是通常意义上的无所作为。

第四十六章　天下有道(152-154)

152-4601○天下有道,却走马以粪;天下无道,戎马生于郊。

这一章严格说来是不同的两段意思。在这一节,《老子》讲述对战争的看法,当然是他的政治理论的一个方面。

《老子》说:"天下有道,用马匹运送肥料;天下无道,战马会布满边境。"在《老子》成书的时代,思想家们虽然对于"道"的内容各有不同理解,但对于有道之政与无道之政的看法,还是基本一致的。如同在这一节所描述的,有道的国家,人民安居乐业,很少有战争;无道的国家,民不聊生,战事不断。"却"是回还或摒弃的意思,"走马"是跑马,指健壮的马匹。"却走马"就是说让那些健壮的马匹专门使用于"粪"。据考证,直到西周时期,人们才开始使用农家肥,所以,"粪"就是耕田种地的代称。"粪"也有清除和清扫的意思,也有人把"走马以粪"理解为用马来清扫田园。总之,在政治合理的时代,健壮的马匹用于生产和生活。与之相反的是"戎马生于郊"的状况,"戎马"就是战马。一般认为"生"指出生,是说因为马都用于战事,经常会有小马出生在边境地方。可是,战马产仔并不是经常之事,所以,根据小马出生的地方来证明把马用于战争,明显太迁曲。所以,此处的"生"应该是存在和出现的意思,是说那些健壮的马匹不在和平时所应该出现的地方,而是在旷野之中。在当时,"郊"与"都"相对而言,"郊"是指远离都城的边远地方。军队驻扎在这里,肯定在与邻国开战,所以通常就把这里的"郊"字理解为国境。可是,如果把"生"理解为存在或出现的意思,则对"郊"的理解就不必这么生硬了,也可以理解为郊外或野地。

在第31章,《老子》认为战争是不吉祥的,不是君子应该拥有的,可是,他还是强调说,在不得已的情况下,选择战争也是可以的,只是应该以恬淡的心态作为战争的主导思想。为什么《老子》一直强调战争的选择是不得已的呢?《老子》的原则是:"物壮则老,是谓不道。"(181-5504)意思是说,在战争结束之后,得胜者的力量往往已经达到了顶峰,而一旦达到了顶峰,随即就会衰落。在《老子》看来,为了达到

顶峰而使自己走向衰落,完全不符合大道的原则;而一旦不能循大道的原则而进退,就会提前消亡。

153-4602○罪莫厚乎甚欲,咎莫险乎欲得,祸莫大乎不知足。

严格说来,这一节与上一节没有直接的联系。在竹简本中,这一节是紧接在第66章之后的,显然意思更加连贯。所以说,《老子》这一节表达的是另外一层意思。

《老子》说:"最深重的罪恶是过度的欲望,最危险的灾难是想得到什么,最大的祸殃是不知道满足。"在文本方面,世传本与考古本之间有一些不同,各种考古本之间也有所不同。但这些不同都不足以影响到对本节文字的理解,都是在说"欲、得、不知足"的危害。

有一种比较流行的观点,认为欲望和不知足是人类发展和文明演进的必需动力。从《老子》的整体观点来看,它并不否认这一点,所以,它强调的是欲望和不知足的另外一面,即过度和危险的一面。当然,这基本上也是那个时代思想家的共同认识,因为他们生活的时代毕竟是个战乱的时代,某些人的过度欲求对社会的危害显得尤为突出。但是,《老子》这方面的观点之所以著名,是因为这是它的整体哲学的一部分。而它的以"道"为中心的哲学思想,就是强调无为的作用。

154-4603○知足之为足,此恒足矣。

这一节是对上一节的总结和概括。

《老子》指出:"知道满足的时候之所以能让人感到满足,因为那是永远的满足。"其他版本都是"故知足之足,常(恒)足矣",意思是说,知足这样的满足,是一种永恒的满足。这种说法也有道理,但从哲学的角度讲,远不如竹简本和《韩非子》本讲得更深刻,即本书所采用的《老子》原文。《老子》真正想说的是,知足这种美德之所以能让人感到满足,是因为它是一种永远的满足,是放诸四海而皆准的真理。知足之人,能够时时处处感觉到满足,因为知足是一种自我感觉,内心的知足才是永远的知足。

第四十七章　不出于户(155–156)

155-4701○不出于户,可以知天下;不窥于牖(yǒu),可以见天道。其出弥远者,其知弥少。

本章的内容涉及到《老子》哲学中的知识论。

在这一节,《老子》首先声明:"不跨出门槛,才可以认识天下;不向窗外张望,才可以理解天道。走得越远的人,知道得越少。"在这一章的文本方面,《韩非子》有着比较完整和明确的记载,世传本和考古本都与《韩非子》的记载有个别文字的差异,但却是比较重要的差异。特别是《韩非子》中"可以"二字的使用,对于完整把握《老子》的思想,具有重要意义。所谓"不出于户"和"不窥于牖",只是一种比喻的说法,并不是说遵从大道的人整天就闷在屋子里,而是说能够理解大道的人不会受外在具体事物的左右。因为外在事物是个别的和有限的,不可能连接通向天道的目标。所以,在《老子》看来,天地万物的根本,只能用思想来把握,如果从具体事物中寻求,就会离大道越来越远,真知灼见也会越来越少。

《老子》的作者或者有感于思想家的思考过分肤浅,或者有感于学者的追名逐利,怠于进行严肃认真的思考和严格的自省,所以提出,对外界的了解一定要适可而止。但这绝不是说,一个从来不出门户的人才可以了解天下、获得天道。

《老子》的大道,既然是不能听到,又不能看到,更不能触摸到,甚至连个名称都不该有,那么,就不可能完全通过具体事物去认识。换句话说,这个大道,既不能在个人活动中认知,也不能在社会活动中认知,唯一的选择,只好反观内心,在纯粹的内在体认中去把握了。

根据《老子》的逻辑,对大道的认识,往外跑得越远,跑得越勤,知道的反而越少。在外在的活动中,很容易被具体的事事物物所吸引;而在一件件孤立的事物和事件中,肯定得不到对大道的完整认识,最终只会一事无成。单个事物是有限的,要想从有限的事物中得到无限的大道,怎么可能呢?

平心而论,在人类的生活中,并不需要多少绝对真理。理论是灰

色的,生活之树长青。任何真理都是具体的,都是有它确切的对象的。
当人类遇到某种难题时,当然有必要通过发现有关的真理来解决这
种难题。但是,在这个发现真理的过程中,完全没有必要(也没有可
能)穷尽所有的事物;事实上,穷尽所有事物之时,也是真理失去对象
之日。也就是说,理性知识的归纳,并不需要穷尽所有有关的感性事
物。达到了一定的量,即"度",理性认识便会自然而生。由感性知识上
升到理性认识,一般来说是个水到渠成的过程,并不存在确切的量的
规定。并且,随着感性知识的进一步积累,已有的理性认识也许会随
着改进,但理性认识的得到,绝不意味着已经掌握了所有有关的感性
知识。

其实,不出户的要求,与《老子》得到一切、主宰天下的愿望是相
辅相成的。说到底,"不出户"的哲学还是智者的哲学、帝王的哲学。帝
王们如果能(但愿可能)说服或压服老百姓坚守自己的岗位,种田的
只管种好田,做工的只管做好工,不要过问本职工作以外的任何事
情,特别是不要过问国家政治的得与失,天道自然就会降临。这就是
历代专制帝王们最信奉的治国之道。

156-4702○是以圣人不行而知,不见而明,不为而成。

根据上一节所说的经验和论断,《老子》在这一节总结说:"圣人
不在外行走也能知道一切,不看事物也能明白大道,不做事情也能获
得成功。"世传本是说"不见而名",显然不如帛书本和《韩非子》的"不
见而明"更准确、更合理。所谓"行"、"见"、"为",是外在的、具体的行
为,这些都是有限的和不完整的行为,所以并不能达到"知"、"明"、
"成"。所以,在《老子》看来,只有圣人才能不行而知、不见而明、不为
而成。

《老子》如此说,并不是反对具体实践,而是强调了思想升华的必
要性和重要性。所以,《老子》在此所说的认识论,是一种极度高超的
境界。只是由于表达方式比较特别,才让许多人难以全面把握其思想
脉络。

第四十八章　学者日益 (157-159)

157-4801 ○ 学者日益，为道者日损。损之又损，以至于无为。

　　本章是阐述《老子》的"无为"之道，并进一步延伸到了《老子》所真正关注的治国之道。

　　在这一节，《老子》说："学习就要不断增加，求道则是不断减少。减少再减少，一直达到无为。"在文本方面，这一节主要采用了竹简本的文字。世传本称"为学日益，为道日损"只是为了文辞的整齐，却使得文意比较迂曲。帛书本称"闻道者"，不及"为道者"更注重实践的功夫，不一定是合理的说法。《老子》在此所说的"学者"和"为道者"，从语辞上说，可以指学习的人和遵循大道的人，也可以指"学"和"为道"这两种事情。既然学者和为道者的结果是相反的，那么，这两件事或这两种人的作为肯定也是相反的。所以，传统解释认为这里所说的"学"，就是世俗的学问，或者是指实际生活中的具体学习。在当时来说，小自种田做工，大至做学问、治理国家，都是学习的内容。然而，《老子》想要强调的是，世俗的这些学习，要求的是不断地增长具体的学习内容，即所谓的知识，但是，正如后来《庄子》的一句名言所说，"吾生也有涯，知也无涯"（《庄子·养生主》），以有限的生命去追求无限的具体知识，那是费力不讨好的、有害无益的事情。如何解决这一难题呢？《老子》主张"为道"，即掌握知识的要领和根本，不要过分追求感性知识，而要把重点放在理性知识上。所谓纲举目张，任何的学习，如果不得要领，抓不住中心，只是一味地求多求快，最终只能是一无所成。同理，感性知识的对象是无穷无尽的，而理性知识的对象则更具有一般性，掌握了大道，就等于是掌握了一切的原理。

　　平心而论，《老子》在此也只是强调"为道"的重要性，抓根本的重要性，并不是说世俗的所谓学习就应该完全终止。从下一节来看，只是对于治国治天下的人来说，具体之道的重要性远不及大道的重要性。总之，这一节的思想，因为《老子》与人们对"学"的普遍看法在字面上互相矛盾，所以，传统的注释中都有左右为难之感。其实，"学"与"为道"并不矛盾，而是两个相续而相辅的步骤。"学"是需要到户外求

取的具体事物的知识,"道"是关于事物的原理;"益"是知识的积累,"损"是原理的总结。《老子》在此只是强调了这两种知识不同的求取途径,并没有说这两种知识是矛盾的。当然,从终极意义上来说,《老子》认为,"为道"始终高于"为学"。

158–4802○无为而无不为,绝学亡忧。

这一节是对上一节内容的深化。

《老子》说:"达到无为,就能无所不为;断绝了学习,就不会再有忧虑了。"

正如前文第 19 章所考辩的,世传本和帛书本上的"绝学无忧"四字应该移到这里,这样做的文本依据来自竹简本,因为在竹简本中,"绝学亡忧"这一句就是在这一节的后半部分,且与上半部分在同一片竹简上,中间也没有分篇的符号。同时,在内容上,"绝学无忧"也与这一节联系紧密,上下贯通。具体说来,《老子》的"学"除了上一节分析的具体知识,也包括当时流行于天下的各种思想学说,这些学说同样有碍于人们返归朴质无华、少私寡欲的状态,这样一来,所有的学问当然也就是多余的了。在政治上继承和发扬《老子》之学的韩非子,明确指出了"绝学"的措施,即消灭学者,禁止各种思想学说的传播。

学习,对于绝大多数人来说,应该是人生旅途中天经地义的一桩事儿,古今中外,绝少异议。一般来说,对学习持有异议者,其意见也大多集中在学习的内容和方法上,而对学习本身,皆能表示认同。但是,历史上也确实有一些人,包括一些思想家,对读书学习本身坚持怀疑甚至否定的观点,特别是对于普通大众是否应该学习的问题,更是十分敏感。在《老子》时代,尽管天下大乱并不是由普通人引发的,而是那些有地位的、号称知书识礼的贵族挑起的;尽管在那个时代,学习还没有与普通人接上缘分,只是中上层社会的特权,但是,《老子》看得更深更远,得出的结论也更具普遍性。

在《老子》看来,天下大乱,是由于人们多欲;人们之所以有太多的欲望,是因为知道得太多;而太多的见识,太发达的头脑,太复杂的思索,就是学习的罪孽了。占人口少数的贵族都能通过学习把天下搅得一团糟,如果让全天下的人都去学习,以至于滔滔不绝地讲出许多道理,岂不要导致天翻地覆?为了少私寡欲,为了升华到朴素自然的

140

崇高境界，《老子》毅然提出"绝学"的主张。也就是说，只要绝弃了学习，天下就会太平无事。看起来，"绝学"是大道的理想要求，是断绝人生忧虑的根本出路，是"损之又损"的最终结局。

159-4803○取天下也，恒无事。及其有事也，不足以取天下。

　　从哲学的无为，到政治的无为，本是《老子》的一贯做法，但在这一章里，这种转化似乎有些勉强，说明现存《老子》这一章的后一节与前一节可能并不是同一章的内容。同样的证据是，竹简本在上一节之后，在同一版竹简上紧接着就是其他篇的内容，而并不是这一节的文字。也就是说，这一节不是其他章节文字的插入，就是后人增加的部分。

　　《老子》说："要想治理天下，就要一直保持无所事事。一旦事务纷繁，就不可能治理天下了。"世传本是"常无事"，帛书本是"恒无事"，"常"与"恒"的关系，已多次说过，是后人为了避讳汉景帝刘恒而改动的，都是永久和长久的意思。"取"字的本义是以手（又）取耳，是古代战争中取胜一方的惯常做法，引申为"获取"之义，在此则是"治理"的意思。在《老子》看来，治理天下的最好的态度是一直保持"无事"。此所谓无事，并不是一般意义上的无所事事，而是有以下几层意义：一是不要兴事，如不要加重老百姓的负担等；二是不要多事，所谓政令苛繁，政治腐败；三是不要管事，即君主要掌握国家的大方向，不要亲自处理日常事务。上述三项，不仅是儒、墨所赞成的，即使是法家也不反对。不同的是，《老子》的作者是"另类"哲学家，特别是它的最初作者，并不想把事情说得那么具体明白，因为越是具体越是有限，越是明白越是片面。

　　反过来讲，君主一旦有事可做了，就说明出了问题。比如说，越是那些没有能力治理天下的君主，越是喜欢擅自役使百姓，使百姓不得不揭竿而起。到了这个时候，即使想要用武力镇压，也未必能够奏效了，也就是《老子》在此所说的"不足以取天下"了。

第四十九章　圣人恒无心（160-162）

160-4901○圣人恒无心，以百姓之心为心。

　　这一章是讲圣人的作为，也就是君主的所作所为。《老子》之所以以圣人称君主，是希望君主们能够遵循大道的要求，而能够遵循大道的君主，就是《老子》心目中的圣人。因此，《老子》才说："圣人总是无所用心，而是以百姓的想法作为自己的用心。"世传本多称"常无心"，如上所言，是避讳汉景帝刘恒之名的结果；而某些世传本称"无常心"，则是明显的擅改原文的结果。

　　在《老子》看来，圣人的思想只是应受外物，并没有不变的用心。"恒无心"就是说思想中没有先入之见或极端的主张，并不是说圣人没有想法。根据《老子》哲学，不变的东西，就是有限的东西。当然，君主虽然没有具体用心，但总的来说也是要使政治达到完善，这就要把百姓的想法当作自己的用心。只有了解和实现了百姓的心思，百姓才能无条件地服从君主。只有百姓无条件地服从君主，国家政治才能达到完善。当然，百姓的想法到底如何，也需要君主的引导或诱导。所以，《老子》的"百姓之心"，是君主所认为的百姓的想法或利益，更不用说真正的百姓之心本身也不会完全一致。《老子》的政治智慧，在此有着生动的体现。

161-4902○善者善之，不善者亦善之，德善也。信者信之，不信者亦信之，德信也。

　　这一节继续阐述《老子》独特的待人治国的理念。

　　《老子》说："完善的人，我要善待他们；不完善的人，我也要善待他们，这样才能得到完善。讲信用的人，我信任他；不讲信用的人，我也信任他，这样才能获得信用。"在这一节，各方面在理解文意上的分歧，远远大于在文本方面的分歧。

　　首先说"善"字，可以理解为善良和美善，也可以理解为完善。再说"德"，可以理解为称赞、肯定，也可以理解为与"得"字通假，是得

到、达到的意思。对于上述歧义,本书均持后者的观点,目的是二者达到一致。特别是"德"字,其初义本是获得的意思。

站在大道的高度,寻常意义上的善与信是微不足道的,也是得道者能够容忍的。所以,对于普通人,《老子》强烈主张君主要有宽容的心态,这是因为普通人在思想认识上根本达不到大道的要求,而掌握了大道的君主,只要百姓不在大的原则上出问题,一般意义上的善与信,能不能达到并不重要。而君主只有有了这样特殊的宽容心态,才能实现大道所要求的完善和信用。直截了当地说,普通人只想要生活,而君主则首先要得到稳固的江山。

162-4903○圣人之在天下,歙歙焉,为天下浑心。百姓属(zhǔ)耳目焉,
圣人皆孩之。

这一节是总结性的阐述,重在强调圣人与百姓的不同。

《老子》说:"圣人治理天下,收敛心思,没有特别的用心。百姓都关心切身利益,圣人则像婴孩一样质朴。"这里所说的"圣人之在天下",相当于上一章所说的"圣人之取天下",都是治理天下、巩固政权的意思。"歙歙"通常释义为收敛的样子,显然是《老子》无为思想的又一种说法,强调圣人不会主动地采取政治措施,而是要根据百姓的行动做出反应。所谓"为天下"同样是治理天下的意思,"浑心"则是不取巧、不投机的意思,就是说圣人的政治举措都是公开的。《老子》主张,圣人治天下,一方面是态度审慎,另一方面又是无所用心。但是,无所用心并不是松懈,而是超脱,所以才有上一节所肯定的包容的心态。

"属"是专注之义,强调了百姓的态度。对于"耳目"和"孩之",各家说法不一。一般认为,"耳目"指身体,"孩之"指思想。意思是说,百姓只关心外在生活,圣人更关注内在修养。但也有观点认为,"孩之"的意思是说圣人如同慈母,把百姓视为婴孩;或者是说,圣人不想让人民一味地关注耳目,而是努力让他们执守大道,像小儿一样无知无虑,达到无为,从而使天下安定。但是,纵观《老子》全书对"孩之"的用法,以及这一章的整体意思,可以确定,这一节的后半段显然是指圣人与百姓的不同。所以,"孩"是动词,"孩之"一语更可能是对圣人而言的,说明的是圣人的态度。

第五十章　出生入死(163-164)

163-5001○出生入死。生之徒,十有三;死之徒,十有三;民之生,生而
　　　　动,动皆之于死地,十有三。夫何故? 以其生生也。

　　本章可以说是《老子》的人生哲学,但由于文辞怪异,千百年来,
人们的理解各色各样,莫衷一是。

　　在第一节,《老子》说:"对于生命,超脱可以长寿,痴迷就会早死。
生来长寿的人,有十分之三;生来早死的人,有十分之三;人们获得生
命之后就会强求长生,但正因为强求长生而早死的,也有十分之三。
这是为什么? 因为太看重生命了。"对于"出生入死"的理解,历来说法
不一。根据下文,"生"应该指长生、长寿,而不是一般意义的生命;
"死"指夭死、早死,而不是正常死亡、终其天年。后来成语中也有"出
生入死",其意义是指冒险、历险,与《老子》的意义不同。

　　根据生与死的结果,《老子》把人均分为三类,这样的划分显得突
如其来,难以理解,多半是战国中后期的肤浅观念,不可能是《老子》
的早期思想。或者说,《老子》在此的意见是,人的生命过程,大体上可
以分为这样的三类,并不是说恰好就有三分之一的人如何如何。

　　在文本方面,分歧较大的是"民之生,生而动",这是《韩非子》上
的记载,而世传本和考古本都比较简单,意思反而更不明确。世传本
称"人"不称"民",一般认为是避讳唐皇李世民的结果。

　　根据《老子》的看法,前两种人的结局都是自然的结果,而值得讨
论的是第三种人。这第三种人,如果能够遵循自然,本来是可以长寿
的,但却盲目而"动",企图用后天所谓的养生之道或其他的强硬手段
获得长寿,最终未能尽其天年。特别是在《老子》成书的年代,有权有
势者,不是沉溺于声色,就是驰骋田猎,巧取豪夺;不是纵欲太过而损
阳丧生,就是在争权夺利时相互残杀,这样的人注定要提前结束自己
的人生旅程。对于他们,再好的身体条件,也无能为力。所以,《老子》
设问说,这是为什么呢? 很简单,就是因为"生生"。"生生"的前一个
"生"是动词,意指过分地维护生命、消耗生命;后一个"生"是名词,是
生命和长寿的意思。

人生的过程,从肉体存亡的角度来说,就是生命的过程。对于个体的人来说,生命的产生意味着做人的开始,生命的完结则意味着做人的结束。生与死是人生最显著的两个特征,也是两个最无可争议的,而又是人力改变不了的特征。这两个特征,尤受宗教哲学的重视。特别是东方宗教,都很重视生与死的问题。佛教的创始人释迦牟尼,就是震撼于生老病死对人的纠缠,才教导人们如何脱离生死,进入涅槃。中国的道教更注重人的生与死,它的养生和成仙的思想,是对生死自然过程的一种挑战。

对于大多数人来说,达到涅槃和成仙,委实是一种奢望。如何能在从生到死的路上走得慢一点儿,时间长一点儿,感觉充实一点儿,才是最现实、最理智的选择。不过,单纯的长寿,在有识之士看来,并不是人生的最高品位。真正的长寿是精神境界的高尚,这种"长寿"是不能以在人世的时间长短来论定的。

面对芸芸众生,《老子》作者的态度是复杂的。他瞧不起众生为口体之欲而忙碌,为针尖小利而厮杀;但也可怜众生,因为他们也不是不想去过《老子》作者心目中的圣人般的生活,只是为利所障,不知所从而已,有时,对他们又有一种恨铁不成钢的心情,难免有些重责。

164-5002○盖闻善摄生者,陆行不遇兕(sì)虎,入军不被甲兵。兕无所投其角,虎无所措其爪,兵无所容其刃。夫何故?以其无死地。

与上一节的"生生"者相反的,是这一节所说的"善摄生者",也就是真正擅长于养生之道者,这可能是《老子》所说的人群中余下的十分之一的人。

《老子》说:"我听说,能够完善地养护生命的人,在陆地上行走不会遇到犀牛和老虎,两军阵前不会受到武器的伤害。因为犀牛不知道犄角往哪里顶撞,老虎不知道爪子往哪里扑抓,兵器也不知道往哪里砍杀。原因何在?因为没有处在死亡之地。"很显然,《老子》眼里的善于养生的人,为我们展示了人生的高妙境界。

《老子》的养生之道,主旨是"不争",所以,在《老子》看来,对"生"的威胁是人自己造成的。如果你主动与物相争,就会受到伤害。《老子》也有"长生久视"(194-5903)的说法,但那并不是让人们追求肉体

145

的长生不死,而是在劝告人们清心寡欲,返璞归真,过一种自然而然的生活,达到精神修养的高层次,这与后来某些以《老子》学说为名而倡导的养生之道根本不同。那种养生,重在自然生命的长生不死,得道成仙。由于目的不同,双方的手段也不同。《老子》的手段是智慧的明照,成仙者的手段则是养气炼丹。

通过精神修养可以达到长寿吗?哲人的回答是肯定的。孔子就有"仁者寿"(《论语·雍也》)的说法,认为讲究仁德就可以使人长寿。理由很简单,讲究仁德的人,内在修养充分,内心平静,对外应付裕如,不结怨仇,自然就长寿。传统医学早已指出,人的心理平衡和精神健康,是抵御和治疗疾病的最好处方。清朝人阎敬铭把他的长寿秘诀写成一首《不气歌》,歌曰:"他人生气我不气,我本无心他来气。倘若生病中他计,气下病来无人替。请来医生把病治,反说气病治非易。气之为害大可惧,诚恐因病将命弃。我今尝过气中味,不气不气真不气。"

现代心理学则认为,生气必然要怒,怒是一种富于冲动性的情绪,是各种刺激的压抑或愿望不遂而积累起来的紧张和爆发。人在发怒时,呼吸加快,肺泡扩张,耗氧量加大,肝糖原大量损失,血流加快,血压升高,心跳剧烈,周身处于正常生理机能的失控状态,犹如决堤的洪水,大有摧枯拉朽之势。这股力量蓄积于内,自戕身心,轻者影响健康,身体罹疾,重者则会发生殒身之不幸。

古今中外的养生学者都告诫人们,内心的紧张是养生的大忌,而宽心则是长寿的核心。《老子》所批评的"生生",就是因为它只能使人深陷物欲之中不得自拔,导致内心世界的极度不平衡,进而危及生命。这并不是说肉体的存亡是无足轻重的,而是说,精神的修养,既有益于生活的安乐,又有益于生命的延续。换句话说,物质的满足确实没有尽头,无尽的追逐,就等于是无尽的忧愁和祸患。只有老子所强调的精神的充足,才能导致无尽的幸福,才能真正地长寿。

长寿应该是安稳地尽其天年,而不应该是追求肉体的长生不死。一个能成就长寿的人,既能平平静静地尽其天年,又能从容地面对死亡的自然到来。肉体的存续毕竟有限,而精神的存在则是无限的。《老子》所强调的"死而不亡者寿"(111-3304),指的也是人的精神的长存不朽,而不是肉体的羽化成仙。

第五十一章　道生之而德畜之(165-168)

165-5101○道生之而德畜之，物形之而器成之。是以万物尊道而贵
德。

本章具体来讲《老子》主张的大道生成万物的过程，在《老子》的
道论中相当重要。

在这一节，《老子》说："万物由大道生成，大德畜养，物性赋予其
外形，器性成就其全体。所以，万物都会尊崇大道、看重大德。"在文本
方面，世传本通常把道生、德畜、物形和器成分为单独的四句，而帛书
本则由两部分构成，看似区别不大，其实是把道生万物区分为由无到
有、由有而成两个基本的过程。世传本多为"势成之"，帛书本则是"器
成之"，器与物相对应，应该是帛书本更为接近《老子》本意。

道生而德畜，是说大道规定了万物的本质，并由大德付诸实施；
物形而器成，则是说万物的创生过程。具体说来，道生，是对万物内在
本质的规定；德畜，是把这样的规定落实到事物之中；物形，是指万物
总体的出现和形成；器成，则是指各种具体事物的出现和形成。总之，
"道""德""物""成"，是想解决万物由抽象到具体的生成过程。《老
子》认为，大道决定事物的本质，大德把整体的本质分化到各个事物
之中，使事物形成不同的本性和外形，最后顺势利导，各自完成。

当然，从总体上说，虽然万物的具体形成和存在状态是人们能够
看得见的，但事物的本质规定依然是最主要的，所以《老子》才强调
说，因为大道和大德给了万物以生命的本质，万物才会尊崇大道和大
德。毕竟，从哲学的角度去看，万物的内在本质才是事物的根本。

166-5102○道之尊也，德之贵也，夫莫之爵，而恒自然也。

这一节紧接上一节，回答了大道和大道为什么受到万物尊崇的
问题。

《老子》说："大道的尊荣，大德的珍贵，并不是赐封所得，而是永
葆自然的结果。"从世俗的角度来看，一切的尊贵都来自于当权者的

赏赐。所谓"爵",是指封爵,可以说既指受封,也指封人,这在人世间是受到尊崇的重要原因,在《老子》时代甚至是唯一的重要原因。

但是,大道和大德并不是世俗之物,也不受当权者的约束,更不会受封赐爵,它们为什么会受到万物的尊崇呢?《老子》坚定地回答,那是大道遵循自然的结果。换句话说,因为大道的本性就是遵循自然,这不是外在力量所决定的,所以才能得到宇宙万物的尊崇。世间的当权者,帝王也好,侯王也罢,他们只能得到部分事物的尊崇,因为他们是凭借外力保持着自己的优势地位,与"恒自然"的大道是无法相提并论的。

根据《老子》,大道和大德对于万物的生成和蓄养是一种内在规定,所以,万物对大道和大德的尊崇和珍视,并不是迫于外在压力,而是一种自然倾向。引申到人际关系,最珍贵的也是内在感召力,如《老子》所说的"归"。

167–5103○道生之畜之,长之育之,亭之毒之,养之覆之。

上两节是从总体上肯定大道对万物的生养,这一节和下一节则具体说明大道生养万物的作为和具体方式。

在这一节,《老子》说:"对于万物,大道生成它、蓄养它,让它成长发育,成熟定形,并养护到底。"大道对于万物的"生、畜、长、育、亭、毒、养、覆"诸种具体作为,历来的解释多种多样。虽然各种解释的大方向比较一致,但在具体解释上依然有相当的分歧。《老子》使用了这么多意义相近的词汇来说明大道对万物的具体作用,或者是一种总体上概括,或者是指不同的作用。说家通常倾向于不同的作用,比如说,生和畜,是指生成;长和育,是指身体的形成;亭和毒,是指内在品质的养成;而养和覆,则指整体的呵护。这样的划分,有它合理的一面。但是,事物生成和成长的过程不可能会有这么严格的区分,从这个意义上讲,分而述之未免有些机械。

值得指出的是,在文本方面,有些世传本以"成之熟之"替代"亭之毒之",但考古本却是"亭之毒之",亭、毒二字有安定和安稳的意思,更有可能是《老子》所用的本字。

168-5104○生而弗有也,为而弗恃也,长而弗宰也。此之谓玄德。

　　这一节是对上一节意义的深化,也可以参看"生之畜之。生而弗有,长而弗宰也,是谓玄德"(032-1003)。

　　《老子》一书多有完全重复的文字,也有人认为是错简重出,但是,细察其上下文,文意连贯,也不能排除是作者有意如此。《老子》说:"大道对于万物,创生育成却不自占自有,畜养施为却不自恃其功,抚养成长却不主宰制约。这就是玄妙的大德。"总的意思,是说大道创生万物是"恒自然",保持自然无为的结果。既然如此,对于万物,大道从不会强制性地要求什么,也不必体现自己的存在和力量,以避免有意显示自己的功绩。事实上,万物既然从大道中来,其本性也是自然无为的。包括万物对大道和大德的"尊、贵",也是一种自然而然的生发,既不要求对大道做什么,也不要求大道对它们再做什么。因为遵循自然而产生的这种自然和谐的结果,对于大道来说,就是一种"玄德"的品质。

　　那么,"玄德"究竟是什么意思呢?《老子》一书经常用到"玄"字,一般是指那种幽暗不明,但见其用、未见其形的情状。从这个意义上来说,"玄德"就是形容大道的作用无处不在,大道无所不能,但其具体的形状却不会被看见。换句话说,大道的"生而弗有"之类的作用,并不是眼见为实的结果,而是从万物的生长和发展过程中体味到的、推断出来的。万物为什么会有共同的本质特性,肯定是有一个共同的出处和一个共同的主宰。但是,这个出处和主宰并不显露自己,这就是可以被称作"玄德"的大道。

老庄经典　老子通说

第五十二章　天下有始（169-171）

169-5201〇天下有始,以为天下母。既得其母,以知其子;既知其子,复守其母。没(殁)身不殆(dài)。

　　这一章又是从一个不同的角度阐述大道与万物的关系。

　　《老子》说:"天下起始的地方,就是天下的根源。掌握了根源,就能认识支流;认识支流,又能反过来持守根源。这样一来,就永远不会有疑虑了。"《老子》说过:"无名,万物之始也;有名,万物之母也。"(002-0102)《老子》所说的"始"和"母",都是从不同角度出发对大道的定义,所以,这两个名称是对同一事物的不同说法。从时间的角度来看,大道是万物的起始处,也就是"始";从空间的角度去看,大道则是万物的根源,也就是"母"。显然,特别是"母",只是一种形象的说法,一种比喻,目的是让人们更好地理解大道,而并不是说大道像母亲一样是个具体事物。既然大道是起始和本源,万物是本源的支流,所以,相对应地,《老子》就用"子"比喻万物,目的是强调万物的来源。既然万物源于大道,万物就不应该忘记或忽略大道的作用和地位,这不仅是应该做的,也是必须做的,所以,只有守护着大道,万物的存在和发展才会顺理成章。就好比是一个人,只有守护自己的母亲,不忘记自己的来源,才不会有疑虑,才不会失去生活的方向。《老子》作这样的比喻,显然跟那个时代对于家庭的重视是有直接关系的。"殆"字通常理解为危险,但在古文中也有疑虑的意思。"没身不殆"可以理解为一生平安,也可以理解为一生思虑静谧。从《老子》哲学的总体来看,一生平安显然缺乏哲学意味,所以本书采纳了一生无疑惑的意义,并且这样的理解也能与下一节的意义相联系。

　　从哲学的角度来讲,"始"和"母"是同一个意思,即万物的根源。具体事物的总根源不可能是具体事物,因为事物千差万别,根源不应该有万万千。大道统一万物,无论事物的差异有多大,都不能脱离大道的制约。这种观念体现在政治上,就是帝王的专制。

170-5202○塞其兑,闭其门,终身不危。启其兑,济其事,终身不逮(lái)。

　　承接上一节的意思,《老子》接着说:"堵塞窗口,关闭门户,终身不会劳累。打开窗口,沉溺于事务,终究不会到达目的地。"这种境界,显然是一种精神追求,是从终身没有疑虑的角度展开的。

　　理解这一节的关键是对"兑"和"门"的理解,特别是"兑"字,自来就有种种理解和说法。从字义上说,"兑"是指某种孔穴或开口之处,引申指人的感官,因为习惯上对于人的感官有"七窍"之类的说法。在《老子》时代,社会处在转型时期,外物的诱惑空前繁多,所以,《老子》指出,虽然个人不能改变外物,却可以约束自身,不受诱惑,实现"终身不危"。"危"字本义是高高在上的意思,在此是说人的内心的浮躁和精神的不安,即上一节所说的"殆"。如果仔细分别,"兑"是由内向外的欲求,"门"是由外向内的诱惑。总之,正是内外交汇,才使人心疑虑,终身奔波,也就是"不逮"。"逮"的本义是到达和实现的意思。在《老子》看来,如果欲求不断,一生也不会平静下来,既不可能达到大道的要求,人自身的世俗追求也未必能够实现。当然,《老子》的本意并不是要求人们割断与外界的联系,而是警示了纵欲的危险性。

171-5203○见小曰明,守柔曰强。用其光,复归其明。毋遗身殃,是为袭常。

　　这一节是对这一章的总结,最后归于"袭常"。《老子》说:"见到细微之处叫做明,持守柔弱叫做强。运用内心的光照,回归于明。不给自己留下祸殃,就是袭常。"《老子》的"明"有多方面的定义,如"知常,明也"(052-1603)、"知常曰明"(180-5503)、"不自视,故明"(071-2202)、"自知者明也"(108-3301)、"袭明"(088-2702)、"微明"(119-3601)等,都是强调了一种心理状态,一种精神境界。至于"强",《老子》主要有两方面的使用,一是体力或体魄之强,即强力;另一种是精神之强,如"自胜者强"(109-3302)、"心使气曰强"(180-5503)等。于此可见,"见小"和"守柔"同样是一种精神境界。

　　《老子》的人生哲学以持弱守柔为主旨,这一节就是这一主旨的比较全面的说明。所谓"见小",是说要认识到事物的细微变化,尽早

为事物的大变化做准备,而不要等到事物来临时再行动,那时候很可能为时已晚。为此,《老子》制定的总的原则是"守柔",即不要强梁,不必强求,而是要静观事物的细微变化,在最有把握的时候采取行动,以实现真正的强大。当然,强大是不可能坚持永久的,所以,《老子》又强调适时而退,就如这一节所说,要运用内心的智慧,复归于"见小"之"明",保持清醒的头脑。能做到上述要求,就不会给自身留下祸殃,这也就是《老子》所说的"袭常"。

对于"袭常",古来说法颇多。最常见的,就是因袭永恒,遵循大道。按理说,这样的理解也符合《老子》的思想,但在这里却显然有些平庸。我们知道,因为避讳汉文帝刘恒名字的缘故,汉以来的世传本《老子》以"常"字替代"恒"字,而在汉文帝以前的帛书本《老子》中则没有这样的避讳,"恒"字未被"常"字取代。但是,在帛书本中,"袭常"却并没有写作"袭恒",这就说明,在这个地方,"常"并不作永恒的"恒"字来用,而是用的"常"字的本义,即"裳",而"裳"有障蔽之义。所以,所谓"袭常",就是遵循柔弱、韬光养晦,即守柔、归明的意思。

第五十三章　使我挈有知（172-174）

172-5301○使我挈（qiè）有知，行于大道，唯迤（迤 yǐ）是畏。

本章是《老子》联系实际，说明什么是面对大道的正确态度。

在这一节，《老子》首先假设道："如果我是个明白事理的人，就会行走在大道上，时刻担心不要走上邪路。"世传本多作"介然有知"，以"介"为宏大之意，虽然与《老子》的本意并不相远，但不如帛书本简明。"挈"是携带和掌握的意思，"知"是对于大道的理解和掌握，所以，接下来才说"行于大道"。"迤"是邪曲之意，而世传本多作"施"，意思是有所施为、有所作为，也不能说是乖离了《老子》的主导思想。但是，从这两处文字的错讹之处可以看出，在历史上对于《老子》思想的理解中，有一种越来越复杂的倾向。特别是在对于不清楚的或者有可能产生歧义的文字的改动中，通常的做法是向着复杂的方向改动。这样一来，《老子》的一些非常平和的思想，反而给弄得非常复杂。

很显然，从总体上来看，这一节的意思只是一种假设。意思是说，如果一个人想对大道有真正理解，最应该防备的是对大道的理解失之于偏颇，也就是要防止片面性和绝对化，既不要把简单的理解成复杂的，也不必把平和的理解为激烈的，所以才有下一节的说法。

173-5302○大道甚夷，民甚好径。

上一节所说的"迤"的种种表现中，就包括这一节所说的"径"，偏僻小道是也。《老子》说："大道非常平坦，人们却特别喜好行走小路。"喜好走小路的人，通常被理解为是想走捷径，于是就有人认为《老子》在此是说，有些人是为了求得大道而走捷径。其实，结合上一节所说，《老子》在此所说的"径"，是指与大道不同的小道，与大路不同的小路。"民"与"人"，两字通用，在此可以视为指所有的人。不过，从现实政治的角度讲，也许多半是指有社会地位的人，因此才有下一节的明确说法。

在《老子》看来，即使面对着宽阔的大路，人们也还是会认为，可能小路更好一些，离目的地更快一些。当然，有些小路之所以能够成

为路,也确实是因为它比大路的路程更短一些。但是,路程短不一定意味着花在路上的时间就短,更不用说小路走起来危险更多。正是在此意义上,《老子》说它所宣扬的大道其实是很容易理解和掌握的,并且作用也是无与伦比的,但是,就因为大道与普通人的固有见识有所不同,理解和掌握的过程中需要革除旧观念和旧做法,所以,普通人宁肯选择小道,这样更适合这些人的惰性,使他们感觉更便捷。

174-5303○朝甚除(涂),田甚芜,仓甚虚。服文采,带利剑,厌(餍)饮食,而资财有余。是谓盗竽(yú),非道也哉!

在这一节,《老子》对社会上层的腐朽进行了严厉抨击。《老子》说:"朝廷政治非常污浊,田地也很荒芜,国库极度空虚。穿着漂亮衣服,佩带利刃宝剑,饮食过度,财富有余。这等于是江洋大盗的作为,不符合大道的要求!"

这一节有三个字非常重要。一是"除"字,通常解释为治理、肃齐,认为统治者把廷堂装饰得富丽堂皇,而对于民生却毫不关心。但是,从这一节的整体来看,第一句中的各项都是说现实政治的不足之处,第二句都是说当权者的过度之处,所以,"除"和"涂"的通假关系就更有说服力了,而"涂"字有泥污之义,在此喻指各国朝廷政治的污浊。政治的腐败、国家经济的废弛、国库储备的空虚,全面说明了《老子》时代上层社会的腐朽。而接下来以"资财有余"为结语,则说明了上层社会的堕落。其中的"厌(餍)",本义是饱食,但多用于过度的饱足。第三个字是"竽",在当时是乐队演奏时的定调乐器,其他乐器以它为准,引申为首领之意。各国的上层都成了盗贼的首领,其社会状况可想而知,所以,《老子》才断言,这样的情形是不符合大道的要求的。

《老子》一书对于上层社会的批评是非常严厉的,所使用的语辞也是非常沉重的,切入的角度则是同时代其他思想家所欠缺的。比如这一节连用三个"甚"形成排比,犹如连击三掌,并且一掌重似一掌。而"盗竽"的说法,言简而意赅,真正地击到了统治者的痛处,不禁让人拍案叫绝。国家政治那样的混乱不堪,统治者个人却奢靡无度,这怎么能够让人忍受下去,所以就只能用大道加以清除了。当然,纵观《老子》全书,对统治者的批评明显流露着恨铁不成钢的倾向,这也为肯定大道的作用留下了足够的空间。

第五十四章　善建者不拔(175-177)

175-5401○善建者不拔,善抱者不脱,子孙以其祭祀不绝。

　　本章又来讲述大道的功用,告诉人们,大道或大德对于天下万物的指导作用能够达到什么程度。

　　在这一节,《老子》说:"完善的建树者不会被拔除,完善的抱持者不会被挣脱,因此可以一直享受后代的祭祀。"如同《老子》其他章节一样,这一节所讲,乍看上去是在说具体问题,因为世上确实有难以拔除的有根之物,也有难以被挣脱的抱持,但是,正如第27章所说,完善的关闭者从来不使用门闩,因为凡是具体事物,有成则有毁,有得就有失,而只有无形的控制,精神的约束,才会万无一失。换句话说,真正有头脑的人,不受眼前利益的诱惑。在他想有所建树,想得到什么的时候,一定会在行动之前,做出通盘的、长远的计划和安排。当得到自己想要的东西后,也要深思熟虑,以期长久保存。要做到这一切,有形的、外在的力量是靠不住的。

　　"子孙以其祭祀不绝"是婉转的说法,意为社会地位能够一直保持,而对于帝王来说就是江山的永续不断。当时的人们都要祭祀祖先,君主之家亦然。如果一国灭亡,君主失位,就会"绝祀",即后人不能用君主的规格祭祀先王。特别是在周代的封建政治中,社会地位都是世袭的,只有先人们把社会地位很好地传给子孙,子孙们才会永远地祭祀他们。

　　说到这个问题,人们最多提到的是楚国的一个例子。说的是春秋时期,楚庄王与晋国开战,楚国取胜,大臣孙叔敖立了大功。回国后,楚庄王决定重赏孙叔敖,给他封地。孙叔敖放着肥沃的土地不要,却主动请封一片贫瘠的沙石地。按照楚国的法律,得到封地的大臣,死后不能把封地传给下一代,而是要归还给国家。可是,法律也有规定,平瘠不能耕种的土地不在回收之列。所以,孙叔敖的封地竟传了9代人。当然,《老子》所说"不绝"也只是相对而言的,是指尽量长的时间。但是,也只有目光远大,不受眼前利益困扰的人,才能做到"不绝"。

176-5402 ○ 修之身，其德乃真；修之家，其德乃余；修之乡，其德乃长；
修之邦，其德乃丰；修之天下，其德乃普。

接着上一节所述，这一节历数大道对于人生和社会的重要作用，
从自身到天下，可谓包括无遗。

《老子》说："用大德修养自身，可以获得纯真；修治家族，可以永
续不绝；修治乡里，可以保持长久；修治国家，可以丰裕殷实；修治天
下，大德之泽可以博施天下。"在文本方面，最后一句考古本为"其德
乃博"，但《韩非子》和世传本都是"其德乃普"。尽管"博"和"普"同义，
但我们还是采用更早的《韩非子》的用法。

众所周知，战国儒家讲究"修身、齐家、治国、平天下"，与此处《老
子》所讲有异曲同工之处，但是，不论在哪一家的思想中出现，"五修"
都是为治理天下服务的。至于用什么来进行"五修"，从《老子》全书来
看，还是要依靠大道或大德。只是这一节的句式有些特别，主要是
"德"字的使用，既可以理解为句式颠倒，也可以把"德"理解为"得"，
意思是说，修身可以得到"真"，修家可以得到"余"，等等。

177-5403 ○ 以身观身，以家观家，以乡观乡，以邦观邦，以天下观天
下。吾何以知天下之然哉？以此。

这一节是对本章的总结。

《老子》说："以修身之道反观自身，以治家之道反观家族，以治乡
之道反观乡里，以治国之道反观邦国，以治天下之道反观天下。我是
如何知道天下是这样的呢？依靠的就是大道。"所谓"以身观身"之类
的说法，在句法上很有特点，让人不容易理解和把握。其实，"以身观
身"是说用修身的方法要求自身，也就是要求首先掌握事物发展的规
律或原则，然后再去做实际的事务，这与《老子》强调大道的先验性是
一致的。最后讲"以此"之"此"，既是指大道，也是指对待大道的原则。
但是，前后两个"身"字，既可以理解为全指自身，也可以理解为前一
"身"字指自身，后一"身"字指他人，余者亦然。

总的来说，如果想更深入地理解大道，这一章并没有给出什么新
内容。可是，在很早的文本中就有这一章，又说明这一章的内容在早
期《老子》中就是非常重要的。由此可见，宣扬大道的重要意义，也是
《老子》大道之论的一个重要方面。

第五十五章　含德之厚（178-181）

178-5501○含德之厚者,比于赤子。虺(huǐ)蚕(chài)虫蛇不蜇(zhē),
攫鸟猛兽弗扣,骨弱筋柔而捉固。

本章是对有道之人的描述,目的还是希望人们唯道是从。

在这一节,《老子》说:"怀有深厚大德的人,如同初生的婴孩。蛇
蝎毒虫不蜇咬,凶鸟猛兽不扑击,筋骨柔弱,却能握拳牢固。"这一节
的句式和文字,各种版本在形式上有相当多的不同,但这些不同都不
至于影响到对《老子》文意的理解。所谓赤子,是指浑身赤红的初生婴
儿。《老子》之所以说怀有深厚大道大德的人好像赤子一般,并不是说
这种人没有力量, 而是说这种人并没有主动求取甚至伤及别人的动
机。就因为道德修养深厚的至上之人没有伤害外物的想法,所以才不
会处在受攻击的位置。《老子》在此处所说的这些毒蛇猛兽,是泛指来
自外界的貌似强大的攻击者。普通人求生求利的欲望太强烈,身心会
随着外物而变化,当遇到外在的强大力量时就会心惊,就会慌张,反
而会招来攻击。而大德深厚的人则气志专一,不随外物而变迁,当然
也不会引起外在势力的注意,自然也不会遭受攻击。另外,婴孩的骨
筋强度虽然与成人无法相比,但对于在他们的力量范围内的东西,却
能捉握得非常牢固。成年人则不然。成年人能否牢牢握住一样东西,
与他们的力量有关,更与他们的主观愿望有关,这种因为受到主观愿
望的左右而无法发挥其力量的现象,是《老子》不赞成的。

当然,《老子》并非认为"赤子"一无所知,而是认为赤子知之最
深,所以才说,只有大德深厚的人,才能与赤子相提并论。这样的赤子
总是处在最安全有利的位置,外物无法伤及他们。这并不是说"赤子"
比毒虫猛兽更勇猛,而是说,他们所处的位置,纵使猛兽也无法施展
其力。自然界有毒虫猛兽,人世间也有。孔子说过"苛政猛于虎",(《礼
记·檀弓》)与《老子》一样,都是针对人间的"猛兽"来说的。这样一来,
身处赤子的位置,就成为了人生之所必备的追求了。

老庄经典　老子通说

179-5502○未知牝牡之合而朘〔zuī〕怒，精之至也。终日呼而不嗄〔shà〕，和之至也。

这一节接续着上一节的内容，继续描述如赤子般的得道者所达到的精神高度。

《老子》说："赤子并不知道男女之事，生殖器官却能作起，表现出充沛的精气。整天呼号，嗓音不会嘶哑，表现出至极的和气。"在文本方面，这一节中的一些不同，可能会导致对《老子》原意的不同理解。比如说，帛书本的"未知牝牡之合而朘怒"，竹简本作"未知牝牡之合然怒"，语义未详，可能存在着文字释读方面的问题。

《老子》的作者肯定对婴儿有过仔细观察，对婴儿的行为也有过深入思考，所以才能说出婴儿的一些鲜为常人注意的表现。不过，这一节总的来说是不太好理解的，特别是加入了"精"、"和"之类的概念，因为这些都是中国古代哲学中的概念难点。对于左右人的躯体行为的抽象力量，或者说精神、思想、观念之类，古人有过许多神秘的解释，《老子》尤甚，而注释《老子》的人更是玄上加玄。

《老子》在此对于婴孩的这两种高超状态的描述，其观察点是很有创意的。婴孩虽然不知成人的男女之事，但他们的生殖器却始终能够直挺。"朘"专指婴儿的生殖器，"怒"则形容挺起的样子。婴孩可以经常大声呼喊，但他们的嗓子却不会因此而嘶哑。"呼"与"号"的不同之处，是因为后人可能会把"号"理解为哭号，而事实上任何人都不可能终日哭号，更不用说是婴孩了。

不过，《老子》所说的婴孩的上述表现之所以会发生，总的来说是因为自然而然的流露，无所要求的结果，而并不是受到了主观愿望的左右。婴孩的"朘怒"和"呼"，也不是有所索求的结果，而是内在力量的自然表露。这就说明，修道之人如果达到了最高境界，他们的拥有或占有，都是自然而然发生的，不仅不容易被人觉察，还能实现真正的拥有。

180-5503○和曰常，知常曰明；益生曰祥，心使气曰强。

在作了上述比喻和描述之后，这一节进入了总结阶段。

《老子》指出："和融就叫恒常，认识了恒常就叫明达；增益生气叫

做吉祥,内心主使精气就是强大。"竹简本和帛书甲本的第一句中都没有"知"字,这样与上一节的联系就更紧密一些。在对这一章的理解上,传统的解释相对牵强一些。对于前两句,第16章说:"复命曰常,知常曰明。"说明这个"常"就是永恒的大道。也就是说,这两句显然是从积极的意义上来立意的,那么,后两句的句式与前两句相同,没有理由从消极的意义上立意。但传统的解释却认为,"益生"是强求生命,增加欲望,所以,"祥"是"妖祥"和灾害之意。在先秦典籍中,"祥"固然有用于灾害之义的,但是,既然《老子》屡用"不祥"(100-3101、252-7803)一词,此处的"祥"如果真的是"妖祥"之义,就应该直接用"不详"这样的词语。再说,"益生"并不一定是贪求生命,因为《老子》肯定了"长生"(021-0701、194-5903)。至于"心使气"也不一定是内外失调的意思。事实上,上两节所述赤子的状态,就是"心使气"结果,即内心能够主宰外力,这样的人才是真正的强大者。《老子》虽然反对逞强,但也明确强调过"自胜者强"(109-3302)、"守柔曰强"(171-5203),说明《老子》并不是片面地反对一切"强"。在《老子》中,"强"是用于积极或消极的意义,要看适当的上下文。在这个问题上,多半说家囿于旧说,缺乏整体的关照。

181-5504○物壮则老,是谓不道。

这一节是总结性的概括,也是上述论说的归趋。

《老子》认为:"事物壮大后就会衰老,这并不符合大道。"此所谓物壮,是说过分壮大和逞强,并不是指事物的自然发展,在上文与这一节近乎相同的文字中(099-3003),我们对这一道理已经有过说明。《老子》并不否认自然的进程,它反对的是不符合自然规律的发展,即"壮",因为它会使事物过早地进入"老"的状态,失去生命的活力,失去应该有的竞争力。正好比人到壮年,接下去的就是走向老年。在《老子》看来,为了达到顶峰而使自己过早地走向衰落,完全不符合大道的原则。传统解释认为这是对"益生"和"心使气"的批评,实际上是对"赤子"状态的肯定。

另外,世传本和帛书本都在这一节的最后有"不道早已"四字,意谓"不符合大道的事物要及早停止"。这句话的意思虽然不违背《老子》的思想,但在这一节中显然是多余的说法,是后人将注释文字误

抄入了正文之中,或者是受到了第30章第3节的影响。事实上,最早的竹简本里就没有这一句话,并且在"是谓不道"之后有明确的一章结束的记号。

　　一般认为,从生到死乃是自然规律,任何的人与事都不能避免,所以,关键是把握好短暂的生命过程,尽量有所作为。《老子》则从不同的角度出发,主张延缓生命向前的脚步。延缓的关键是不要让事物发展到"壮",也就是使用强力而达到的鼎盛阶段,因为这样的鼎盛过后就是下坡路,无法阻止地走向灭亡。但是,《老子》的延缓是针对普通人的强求而言的,它既不是阻止也不是强求延长生命过程,而是强调自然而然。

第五十六章 知之者弗言（182—184）

182-5601○知之者弗言，言之者弗知。

本章是《老子》实用哲学。《老子》哲学讲"道"，但"道"并不是虚言，而是要落到实处的。人生哲学与政治哲学一样，也是要落到实处。

在这一节，《老子》说："知道的人不言说，言说的人不知道。"这样的断言，既是针对大道而言，也具有普遍意义。从本质上说，大道无法用言语描述。如果有人声称能用言语描述大道，就证明他还不认识大道。结合《老子》的整体意义，这里的"言"在现实中既可以指当时其他各家的思想之言，也可以指统治者的政教之言。但不管怎么说，从《老子》哲学出发，"知"与"言"具有天然的矛盾性。当然，这里的"知"，是指彻底的理解和知晓，而"言"是指过度的、非自然的言。

不过，"知之者不言，言之者不知"毕竟是一种绝对的、理想的境界，在相对无奈的环境下，必要的言说还是难免的。而且，"知"和"言"也是相对而言的。特别是"言"，适可而止的言语，与妄加评说的言语相比，就是"不言"。

当然，对于《老子》的无知之论或不知之说，人们应该有一个冷静的思虑。埋头于琐细的事务性知识，固然会使人迷失方向，但是，如果因此就说事务性的知识一无是处，似乎也不客观。为常识所困当然令人遗憾，但是，如果缺乏常识，也会到处碰壁。其实，《老子》的无知之论，就是总结了许多的知识过程的结果。增长关于事物的具体知识是必需的，但一定要善于总结，从许多纷繁复杂的具体知识中总结出更高一级的、具有更大指导意义的一般性的知识。这样，一级一级地提升上去，自然就会达到大道的境界。

183-5602○闭其兑，塞其门，和其光，同其尘，挫其锐，解其纷，是谓玄同。

《老子》此前有"塞其兑，闭其门，终身不危"（170-5202），以及"挫其锐，解其纷，和其光，同其尘"（013-0402）的说法，致使说家在这一

节多有争论,多半认为这一节是无意中的句子重出,或者是抄写者的错误。但在竹简本中依然是这个模样,只是顺序稍有不同,足可以说明《老子》作者是有意在不同的上下文中重新使用这些句子,并非文本方面的问题。只是"挫其锐"一句,竹简本的文字尚未识读,只能根据其他版本来确定。

为了说明上一节的观点,《老子》说:"关闭入口,堵塞出口,和融光耀,同化尘埃,挫折锐进,消解纷扰,就是玄奥的同一。"具体的解释,当然不会有新意,但放在这里的上下文中,应该与上一节所说的"知"和"言"结合起来加以理解。特别是在理解《老子》的人生观和政治观上,这样的教训应该有特殊的意义。

所谓"玄同",历来的解释多有不同。或者以"玄同"为一物,或者以"玄"、"同"为二物,或者以"玄"饰"同"。正如《老子》所说,因为大道不可言传,一旦要用言语描述,就很难周全,也很难一致。《老子》一书多用"玄"字,"同"字的使用虽然也比较多,但多用为动词和副词,用为名词的只有这一处。所以,此处还以按照通常的行文,将"玄同"理解为一个整体意思为好。

184-5603〇故不可得而亲,亦不可得而疏;不可得而利,亦不可得而害;不可得而贵,亦不可得而贱。故为天下贵。

这一节同样具有总结一章的特点。《老子》说:"所以,没有什么可以亲近,也没有什么可以疏远;没有什么可以获利,也没有什么可以受害;没有什么可以尊贵,也没有什么可以轻贱。抛开这些区别,才会被天下人推崇。"这既是大道的本性,也应该是尊崇大道的人对于天下万物的态度。因为对于万物一视同仁,所以没有亲与疏。因为万物具有同等的价值,所以就没有利和害。因为万物没有荣辱之分,也就没有贵与贱的不同。正因如此,大道才会无比尊贵。

这一节的文字并不难理解,各种版本之间也没有文字的不同,但要把握其真义,却必须结合《老子》一书的整体观念。大道的"玄同",在于对万物没有亲疏贵贱之分,同样,圣人对于纷繁复杂的人间事务也不区分亲疏贵贱。比如说王侯,如果把个人好恶放在首位,就无法作出公正的决策,会最终断送自己的政治前程。其他人也是这样,越是过度看重个人的得失,越是容易被排除在得失之外。

第五十七章　以正治邦（185-187）

185-5701○以正治邦，以奇用兵，以无事取天下。

本章谈的是《老子》的政治哲学。

在这一节，《老子》开宗明义地说："以贞正治理国家，以诡奇指挥作战，以无所事事取得天下。"这里所提到的"正"、"奇"和"无事"，都符合《老子》大道的本质规定。可以说，"正"是大道的不变本性，"奇"是大道的变化，"无事"是大道的真谛。在《老子》时代，"邦"指诸侯国，"天下"指包括所有诸侯国在内的全天下。所以，"正"和"无事"虽然没有矛盾，也不是一回事。至于"以奇用兵"，是想说明处理不同事物要用不同的方法，并不是说"奇"与"正"和"无事"是矛盾对立的。显然，《老子》既不反对治邦和取天下，也不反对用兵，关键是在于具体的态度和方法。

186-5702○吾何以知其然也？夫天多忌讳，而民弥叛；民多利器，国家
　　　　　滋昏；人多智，奇物滋起；法物滋彰，盗贼多有。

这一节是对上一节的立论所提出的例证。

《老子》声明："我是怎么知道这一切的呢？在上者的禁忌越多，人民越是难以约束；人们的锐利武器越多，国家越是昏乱；人们的智能越多，奇异的物事越是会出现；珍奇的东西越是吸引人，盗贼就会更多。"这一节在文本方面的问题比较多，而且也比较重要。其中最重要的是，其他版本都是"天下多忌讳"，而竹简本是"天多忌讳"，虽只少一字，而意义不同。"天下"泛言人世间，"天"则指统治者。所以，下文的竹简本才说"民弥叛"。因为统治者苛政繁令太多，人民迫不得已，只能铤而走险。这里的"叛"并不一定是指武装叛乱，应该还包括其他方面的程度不同的自行其是和不受约束。因为这里已经说过了统治者的苛政繁令，所以，最后一句"法物"就不可能是指法令了。"法物"就是"令物"，也就是善物、好东西，这才能使盗贼越来越多。《老子》所说的 "不贵难得之货"（212-6406），"绝巧弃利，盗贼无有"

（059-1901），"财货有余，是谓盗竽"（174-5303）等，都表达了相同的意思。另外，其他版本以"天下多忌讳"与"民弥贫"形成因果联系，这显然是于理不通的。

至于"民多利器"，也不是全指拥有伤人凶器，而是泛指平贫拥有的影响国家政治的种种手段。在《老子》时代，周礼所规定的世卿世禄制度正在被瓦解之中，平民参与政治的机会和手段越来越多，也越来越有效，对此，《老子》并不赞成，进而认为是导致邦国政治昏乱的重要原因。至于"人多智，奇物滋起"，也不是专指奇珍异宝之类的具体物事，而是泛指当时不断涌现的各种所谓新生事物，特别是思想界的百家争鸣，这些显然不符合《老子》大道的要求。其他版本都说"人多知巧"，显然是缩小了"智"的范围，不利于全面表达《老子》的思想。

187-5703○是以圣人之言曰：我无事而民自富，我无为而民自化，我
　　　　好静而民自正，我欲不欲而民自朴。

这一节是总结性的思想。

《老子》指出："所以圣人才说：我不生事端，民众自然富足；我无为而治，民众自然归化；我喜欢清静，民众自然端正；我没有欲望，民众自然朴素。"这四个方面显然是针对上一节的内容所讲的，虽然不必一一针对，但大的方向是一致的。四句话的中心是一个"自"字，强调的是事物自然发展的规律，这是大道的本质规定。在《老子》看来，民众并不是得不到应该拥有的富足、教化、端正和朴素，而是因为统治者的不必要的干涉，民众才难以得到，并导致天下纷纷扰扰。在这个意义上，《老子》所具有的社会批判精神是非常可贵的。当然，受时代发展的局限，《老子》也很明确地把"人"与"民"作了区分，有意无意之间把民众放在了被动的位置上，这是通篇《老子》缺乏现代精神的主要方面之一。

第五十八章　其政闷闷(188-191)

188-5801○其政闷闷,其民惇惇(dūn);其政察察,其民狭狭(jué)。

本章的主旨,还是《老子》的实用哲学。

在这一节,首先是从现实政治入手。《老子》说:"政令宽大,民风淳厚;政令苛刻,民风刁顽。"前文有"俗人察察,我独闷闷"(065-2005),说明在《老子》中,"闷闷"与"察察"的使用正好是反义词。对于现实政治而言,闷闷是指表面上不加区分,混沌一片,但实际上却明明白白,这是对得道者的描述;察察则是指表面上很明白、很计较,实际上却缺乏章法,结果适得其反,这是对失道者的描述。为什么这么说呢?《老子》的判断标准是民众的反应。依照大道的要求,行无为之道,没有繁杂苛刻的政令,民风就会淳厚,社会就会安定和谐,统治者也能安享其福。相反,如果政令苛繁,统治者以为自己很聪明,不断地要求民众如何去做,民众反而会很反感,变得刁顽狡诈,与统治者的初衷正好相反,因而难以达到社会大治的目的。最后一句,世传本作"缺缺",帛书本作"夬夬(狭狭)",本义是由于过度精明而失之于狡猾的意思。

《老子》的用辞颇为奇特。"闷闷"、"察察"、"狭狭",既是形容,又寓意深刻。有些词语,通常认为是贬义的,《老子》则用为褒义;通常认为是褒义的,《老子》则用为贬义,还使用得颇为恰当,耐人寻味,对现实政治的批判更有入木三分的力度。

189-5802○祸兮,福之所倚;福兮,祸之所伏。孰知其极?

在上一节,《老子》强调了统治者的主观愿望与客观实际效果之间的不以人的意志为转移的变化,而在这一节,《老子》又引用当时相当流行的一句熟语说:"灾祸啊,正是福分的倚恃之处;福分啊,正是灾祸的潜伏之地。"接着又加以评论说:"谁能知道何时才是尽头呢?"强调了事物向着相反的方向发生变化的必然性。这并不是《老子》的悲观言论,而是在提醒统治者,不要以自己的一己之利判断形势,不

要完全以主观愿望对待民众。

曾有一个著名的"塞翁失马"的故事,专说福与祸之间的无情转化。故事说,边塞地方的一户人家捡得一匹良马,四邻都来祝贺,主人却忧心忡忡。果然,不出几日,儿子在骑马时摔断了腿。当四邻都来慰问时,主人却不以为然。接着,边地有战事,政府征兵,这家的儿子因为有残疾而免于上战场。人间世事,确实有太多的祸从福来、福由祸生。特别是在《老子》所处的动荡时代,此类转化更是屡见不鲜,令人茫然。但是,并不是所有骑马的人都会摔断腿,也不是任何时代的"闷闷"都将导致"惇惇",所以《老子》才悲叹"孰知其极"。当然,如果真的无规则可寻,《老子》也没有必要说什么了。

如果把故事的重点确定在人生哲理上面,这确实是个耐人寻味的故事。一般的人,有了福祉就不胜高兴,却意识不到福祉会招致祸害;有了祸害就不胜悲伤,却不知道祸患也会带来福分。

正因如此,《老子》才猛敲警钟,强调有福必遭祸,有祸必得福,这是铁的规律,没有任何商量的余地,因此才有像"塞翁失马"那样具有浓厚喜剧色彩的故事。这种观点和这样的故事甚至成了一些人面对不断的祸患时自我安慰的工具。普通人往往把自己不理想的现状与日后可能会出现的幸福相关联,所以,福祸相倚之说,有镇静剂的作用,有麻醉品的功能。

可是,实际生活却告诉人们,有福不必有祸,反之亦然。生活中的许多福祉并不一定导致祸害,也有无数的祸害并没有与福祉相连。同样,有些人一生享乐而不知祸患为何,更有多少人一生祸患不断,福祉对他们来说遥不可得。那些作恶多端的人,并不是个个都得到过应有的惩罚,而行善者也未必都得到了报偿。

190-5803〇其无正也,正复为奇,善复为妖。人之迷也,其日固久矣。

这一节接着上一节的话题,说的依然是事物变化的复杂性。

《老子》说:"真是没有一定之规啊。贞正转变为诡奇,完善转变为妖孽。人们被这样的转变所迷惑,已经有很长时日了。"这一节,各种版本在文字上虽然没有太多的不同,但在对文意的理解上却多有分歧。特别是对于"止复为奇,善复为妖",究竟是被《老子》所肯定的现象,还是人们的迷惑,历来说法不同。结合上一节《老子》所讲的"祸福观",应该说《老子》对这样的变化是不持异议的。所不同的是,《老子》虽然强调福祸之间的转化,但并不认为这种转化是无条件的和随意的。如果这种转化是无序的,大道的存在就是多余的。可是,普通人却被正与奇、善与妖之间的表面变化所迷惑,才表现出焦躁、无助,以至于远离大道。

《老子》讲福祸相倚相伏、正奇转化之类的道理,还有一个目的,就是要让人们以祸患临头的审慎态度来对待福祉,以福祉将至的乐观态度对待祸害。这一原则,说来简单,但要真正接受它,却不那么容易。人之常情是,好不容易得到了福分,只会无止境地享用,很难做到明明拥有了福祉,还要小心翼翼地过活。同样,在遭受大祸之害时,总是会表现出过度的悲伤,认为一切都完了,甚至于自暴自弃,而很难心怀乐观,重新振作,从祸害的教训中求得福祉。所以,《老子》也不无悲观地说,人们迷失了生活的正道,不能冷静地对待福与祸、利与害,这种情形由来已久了。

191-5804〇是以方而不割,廉而不刿,直而不肆,光而不耀。

正因为福与祸、利与害、正与邪、善与妖,这些两极事物之间的转化不可阻挡,《老子》才在总结这一章的思想时制定出了始终如一的行事准则。

《老子》说:"正确的做法是,守持方正,却不苛刻责人;保持廉正,却不锐利伤人;坚持正直,却不放肆无度;始终光亮,却不耀眼刺目。"所谓方正,是说人的言行端正;所谓廉正,是说坚持原则;所谓正直,是说正大光明;所谓光亮,则指人有地位、有成就。一个得道之人虽然具备了以上品质,但在为人处世时,却不走极端,不会因为自己达到了一定的高度,就去过度地要求别人。这样做有两方面的考虑。从得道者来说,具备了如此修养之后,一定不要将它们推至极处,包括正面的极处,比如不断地求取福祉,以防走向祸败。从对他人的态度来说,对于那些缺乏这些品质的人,也不要强求。人之常情,本来是想富贵全寿的,可是,头脑简单的人,尽管总是遭受贫贱死夭的打击,却仍然固执地行走在迷途之中。如果圣人过分责难他们,甚至强迫他们从迷途中走出来,他们不仅不能马上接受,还会怨怪圣人,并群起而反对圣人。在这种情况下,圣人还有可能寡不敌众,反遭祸败。

第五十九章　治人事天（192-194）

192-5901 ○ 治人、事天，莫若啬（sè）。

本章的主旨，仍然是阐述大道的实用意义。

在这一节，《老子》断言："治理人事，事奉上天，最好是讲求爱惜。"对本章来说，可谓是开宗明义。《老子》在此所说的"人"泛指所有的人，也就是人间事务。《老子》屡用"天"，如"天地"之类，而此处的"天"则是代指与人相对的外在世界。我们释为"上天"，也只是语辞上的方便，并没有形而上学的含义，并不是说《老子》认为有一个高高在上的有意志的天，可以左右人间的事务。至于"啬"所表示的"爱惜"之义，《老子》并没有直接说明。根据《老子》的一贯思想，在政治方面，应该是强调当政者持守柔弱，保持清静无为，反对苛繁法令之类的内容；在做人方面，则是遵循自然，不强求、不苛求的意思。所以，《老子》所说的爱惜，并不是没有能力或达不到的意思，而是一切的作为要以无为和自然为折中。

193-5902 ○ 夫唯啬，是谓早备；早备，谓之重积德；重积德，则无不克；无不克，则莫知其极；莫知其极，可以有国；有国之母，可以长久。

那么，遵循"啬"的原则要达到什么目的呢？在这一节，《老子》指出："只有讲求爱惜，才能尽早做好准备。能够做好提早准备，就是不断积聚大德。不断积聚大德，就会无所不能。无所不能，就不会走到尽头。不会走到尽头，就可以保有国家。国家有了基础，才可以长久。"看来，政治意义依然是《老子》最为关切的。

如上所述，"啬"也是大道或大德的本性，是自然无为的另一种表述方式。不断积聚"啬"之德，可以无所不能，无所不至，直至国运长久。这正是《老子》的主题，即为现实政治服务，为王侯服务。

不过，在对这一节的某些细节的理解上，后人与《老子》的作者之间还是有些隔阂的，未能全面把握《老子》的原意，这与这一节文字的

比较含混是有关系的。比如说"早备"二字，尽管竹简本这一节的文字相当混乱，残缺亦多，但"早备"二字却相当清晰，避免了其他版本中"早服"二字在意义上的含混不清。大体上说，"重积德"还是强调对大道和大德的尊崇，与普通意义上的"积德"是不同的。大道无所不能，积聚大道的统治者当然也无所不能，不至于把自己的地位推至极处，把自己的权力用尽，以免物极而反。只有这样的统治者才会实实在在地拥有邦国。到了这个程度或境界，邦国才可以说有了可靠的根基，即"母"，最终实现长久。"母"字《老子》中多见，比如"有名，万物之母也"（002-0102），"我欲独异于人，而贵食母"（066-2006），都是根源和根基的意思。

本节所说的这个过程，《老子》多有阐述，在这里不过是从另一个角度加以申述而已。

194-5903○深其根，固其柢(dǐ)，长生久视之道也。

这一节的总结相对简明，是对本章论题的确定和强调。

《老子》说："能达到根深柢固，就是遵循了长生久视的规则。"尊崇大道是一切的根本，根本确立，才能有生长和发展。根和柢是一个意思，都是指树根。由于竹简本的这一节残缺不整，帛书本和世传本的语气不太贯通，而《韩非子》却比较合理，便被本书所采用。"久视"与"长生"并列，传统上释"视"为"活"，其本义是看见、视觉，引申为发光、存在。《老子》的"长生久视"，恐怕不是指个人肉体的不朽或超越死亡的长寿，而是国家的长久存在；即使有针对个人的一面，也应该是指精神的永恒。

第六十章　治大国（195-197）

195-6001○治大国者,若烹小鲜。

本章阐述的是《老子》的政治哲学。

在这一节,《老子》举例说道:"治理大国的人, 要像烹煮小鱼一样。"这一句的关键词是"鲜"。在西周金文中,"鲜"字从鱼从羊,会意鲜美的肉食,并不单指鱼;《说文》则认为"鲜"是一种鱼的名称,字义从鱼,"羊"为声符。《老子》的"小鲜",一般认为是指小鱼,说明在《老子》时代,"鲜"字的字义已变。"烹"的意思是煮,"烹小鲜"就是煮小鱼。从烹饪的角度来看,水煮食物是不需要翻动和搅扰的,传统解释都认为是如同烹煮小鱼一样,治理大国不需要过多的作为,以免由于过度搅扰而出现混乱。不过,还有一层意思应该是,以大道治理大国本来就是件简单的事情,如同烹煮小鱼一样简单,不必把事情弄得过度复杂,以免走向事情的反面。

196-6002○以道莅(lì)天下,其鬼不神;非其鬼不神也,其神不伤人也;非其神不伤人也,圣人亦弗伤也。

这一节具体讲到了"烹小鲜"的过程和结果。

《老子》说:"用大道面对天下,鬼怪都不会显现其神用;即使鬼怪显现神用,其神用也不会伤害到人;即使其神用要伤害到人,圣人也不能让其得逞。"在《老子》时代,鬼神的观念深入人心,至于鬼神的来源,则众说纷纭。在普通人看来,各种事物都有主宰他们的鬼神;而对于个人而言,死去的先人也能成为主宰活人命运的鬼神。不过,《老子》在这里将鬼和神分开来说,应该是认为鬼是实体,神是鬼的功用。

《老子》深信大道,按理说不应该看重神灵,所以它才举例说,如果能够做到"烹小鲜"的工夫,即使有鬼有神,也不伤害到人们。在这里,《老子》设置了多条防线,首先承认鬼的存在,但又认为大道不会让鬼发挥作用;接着退一步说,即使发挥作用,大道也不会让这种作用影响到人;再退一步,即使鬼神的力量有可能伤害到人,怀有大道

的圣人也会设法加以阻止。这就说明，从大道的角度来看，虽然《老子》不能承认世俗所谓的鬼神的作用，但是，世俗通行的观念，《老子》也不能无视其存在和作用，所以才会以退为进地说，一旦大道为首，圣人在位，即便有鬼神也无法真正发挥作用，因为大道和圣人都是要为人服务的。这样的论述方式，显然是重在强调大道的作用，而不是描述鬼神的存在。

197-6003○夫两不相伤，故德交归焉。

　　《老子》在这一章的最后结论是："各方互不伤害，一同归于大德。"完全肯定了大道的作用，当然这也是《老子》哲学的归趣。不过，对于"两不相伤"的说法，一直是众说纷纭，矛盾的焦点是"两"指哪两方。或者说是鬼神与人之间，或者说是鬼神与圣人之间，还有说是圣人与人之间。很显然，圣人伤人是不可能的，因为这不符合《老子》对圣人的定义。所以，还是应该指鬼神与人之间的"不相伤"。鬼神与人之所以不相伤，是因为上有圣人，所以，"德之交归"也是交归和归结于圣人。圣人怀有大道，是世间一切的归结处。这就说明，《老子》哲学并不是彻底的无为和自然，而是相对于当时其他思想学说的无为和自然。在圣人那里，一切都是有为的，否则大道的存在便毫无意义了。

老庄经典　老子通说

第六十一章　大邦者下流（198-200）

198-6101○大邦者，下流也。天下之牝，天下之交也。牝恒以静胜牡。为其静也，故宜为下。

本章讲的是《老子》的国家政治观。

在这一节，《老子》首先立论道："大的邦国应该像江河向下流淌一样，处在下位。天下雌柔清静的地方，正是天下万物交汇的地方。雌柔总是用沉静克制雄刚。因为雌柔是沉静的，就应该持守谦下。"《老子》时代的"邦"指诸侯的封国，"国"最初指都城，后来也代指诸侯国。所谓"大邦"，是春秋战国时代独有的现象。周朝初年，周天子把亲族和功臣分封到各地，占据军事要冲，一同拱卫周室。初期的封邦之国只是军事要塞，从区域上讲无所谓大国小国。从西周后期开始，随着周天子的政治腐败日益严重，逐渐失去对诸侯的控制力，各国诸侯开始武力扩张各自的领地，最终形成有势力的大国和附庸于大国的小国。天下的大国不止一个，他们的势力大小虽然与自身的实力有关，也与附庸小国的多少有关。要获得小国的附庸，全靠武力胁迫是不行的，因为小国可以另觅宗主国撑腰。所以《老子》在下文才说，大国只有谦下，才能团结尽量多的小国。所谓"下流"，指的是下层和下位，但是，这样的下层或下位，是大国的主动选择，是进退有余的策略，而并不是被迫处下。

《老子》常讲的"牝"，本义是雌性的总称，《老子》在此则引申为"天地之根"。所以，这里所讲的"天下之牝"也是指天下万物的根本。之所以能够成为天下万物的根本，让天下万物交汇于此，是因为雌性生物以永恒的沉静胜过了雄性生物的躁动，这是《老子》的作者观察生物习性后得出的结论，并用来为大道的自然沉静作证明。而且，在自然界中，也总是沉静的东西在下，躁动的事物在上，所以《老子》说，大国应该居下，以汇聚天下的力量。在人世间，人们都会向往高处，却常常因此而遭受挫折。大江大海能够成为百川之王，就是因为处在低下的位置。天下人都用刚强对待他物，只有"我"这样的得道者，独自待在柔静不争的地方，没有人能胜过"我"。

但是，必须指出的是，居下流的好处以及沉静的益处，并不是无条件的和必然的。中国古代哲学不太注重逻辑分析和证明，而是喜欢举例说明。《老子》以雌雄动物的不同表现为例，力图说明谦下之德对于治国安邦的作用。不过，自然界的动物并非都是雌静雄动，而即使是雌静雄动的动物，也并不能保证雌性必定胜过雄性。尽管《老子》在此只是举例，但是，如果举例不周详，就会影响到论证的合理性。

199-6102〇故大邦以下小邦，则取小邦；小邦以下大邦，则取于大邦。故或下以取，或下而取。

这一节是上一节所讲道理的展开。

《老子》说："大邦国谦下小邦国，就能争取到小邦国；小邦国谦下大邦国，则能争取到大邦国。所以，谦下能够争取到，也能够被争取到。"世传本与帛书本的一个重大区别，是"取大邦"和"取于大邦"。前者是想说大国与小国如果都能谦下，就能取得一样的结果；后者则是说，大国谦下，就能让小国来主动归属；小国谦下，就能得到大国的真心容纳，从而得到有效保护。显然，"取于小邦"的说法，既符合《老子》的本意，也符合春秋战国之交国与国之间关系的实际情况。

在春秋后期和战国前期，大国与小国的理想关系，正如《老子》所说，就是宗主国和附庸国的关系。大国不能以武力灭亡小国，因为灭亡小国会招致其他大国的群起而攻之。但是，宗主与附庸之间要想维持政治联盟，就都得有谦下的姿态。宗主国失去谦下之德，附庸国就会另寻他主；附庸国失去谦下之德，会招致宗主国的惩罚。在这个关节点上，《老子》哲学的基本主张正好与现实政治建立起了有机联系。这既是哲学顺应了时势，也是时势促进了哲学。

对于处下位或者谦下的好处，《老子》明显地加以肯定。它以大国和小国为例，认为只要守下，就能各得其所，"下以取"和"下而取"，就是《老子》的结论。

200-6103〇故大邦者，不过欲兼畜人；小邦者，不过欲入事人。夫皆得其欲，大者宜为下。

这一节既是《老子》本章所述政治观点的总结，也是相关哲学理

念的概括。

《老子》说："大国不过是想更多地顺抚小国,小国不过是想事奉大国。两方面要想各得其所,大国应该率先做出谦下的姿态。"在当时,国与国之间,大国的目的确实只是想兼并小国,但兼并与吞并不是一个概念。兼并是确定宗主和从属的关系,但小国作为一个邦国还是存在的;吞并则是消灭,即所谓的"绝祀",使小国失去邦国的性质,小国之君也沦为平民。所以,帛书本用的是"兼(并)畜"这样的词,并且正是这种宗主和属国关系的存在,才能显示出谦下的价值。

大国与小国,或者大者与小者,虽然都应该表现出谦下之德,但在逻辑顺序上,大国应该率先垂范,因为在大国与小国的交往中,通常是大国处于主动位置。这种观念是中国传统哲学的一部分。比如早期儒家讲父慈子孝、君礼臣忠,就父子关系而言,要求父慈在先,因为父亲年长,比儿子更早懂得人伦的价值;就君臣关系而言,则要求君主以礼待臣在先,因为君主地位更高,以礼待臣,才能使大臣的忠诚更有现实价值。所以说,一旦在上者要求在下者采取主动,就说明上与下的关系已经出现了危机。

大国与小国,既是哲学原理的例证,也是对现实政治的指导。这是《老子》一书的高明之处和特色所在。

第六十二章 道者万物之主(201-204)

201-6201○道者,万物之主也。善人之宝也,不善人之所保也。

本章从实现人自身价值的角度切入,阐述大道对于人生和做人的重要作用。

在这一节,《老子》断言:"大道是万物的宗主。大道也是完善之人的珍宝,还是不完善之人的保障。"在文本方面,世传本是"道者,万物之奥",而帛书本则是"万物之主"。"奥"虽然有神主之义,但在传统的解释中,却更多地被解释为内敛、内聚、深藏的意思,比较牵强,不如直接作"主",意思更为明确,与《老子》的整体思想也能保持一致,直接指出大道是万物的宗主或主宰。至于"善人"和"不善人"之"善",通常理解为善恶之善,但是,从《老子》大道的角度来看,并不严格区分善与恶,而是更看重面对大道时的完善与不完善。不用说,人之所以完善,是视大道为宝;而那些没有达到完善的人,同样也会视大道为宝。而所有视大道为宝的人,都会得到大道的保障。上文所说"善者善之,不善者亦善之,德善也"(161-4902),就是这个意思。

202-6202○美言可以市,尊行可以加人。人之不善也,何弃之有!

这一节是针对"不善人"而提出的主张。

《老子》说:"美好的言语可以使人得到肯定,尊贵的行为可以让人仰慕。有人即使表现不够完善,又何必抛弃他们呢!"在传统解释中,这一节的意思不甚明了。尽管帛书本肯定了世传本的文字,但还是有很多难点有待更好地解释。比如说,"市"的本义是市场上的商品交换行为,但在这里不是指出售,而是引申为有价值、得到肯定。"加"则是处在人上、让人仰慕的意思。"市"和"加"意义相近,都是指美好言行所能产生的影响力。意思是说,既然美好的言行足以影响人,那么,不完善之人就有达到完善的可能,不必彻底抛弃他们。这就既肯定了美善言行的价值,也给了不完善之人以希望。

《老子》也说过:"圣人恒善救人,而无弃人。"(088-2702)与这一

老庄经典 老子通说

节的结论是一致的。同时也可以证明，"人之不善"，并不是指世俗的善恶，而是指面对大道时的完善与不完善。

203–6203○故立天子，置三卿，虽有拱之璧以先（骁shēn）驷马，不若坐而进此。

　　这一节是针对第一节而言的，说明世俗所有尊贵的事物，都比不上大道，因为大道是"万物之主"。《老子》具体举例说："拥立天子，设置公卿，即使拥有璧玉车马，也不如无为静坐，尊崇大道。"这并不是说政治地位和财物宝货不重要，而是说尊崇大道才是根本。所谓"立天子，置三卿"，世传本作"置三公"，是喻指世俗中最尊贵的社会地位；"拱之璧"就是拱抱之璧，指很大的璧玉珍宝；"骁"是指众多骏马奔跑的样子，"骁驷马"是说众多的四马所拉之车，喻指物质财富；"以"在此是"以及"的意思。
　　在《老子》看来，如果不能尊崇大道，所有人世间的荣华富贵都是无足轻重的。帛书本作"坐进此"，世传本改为"坐进此道"。其实，"坐进此"之"此"就是指大道。所谓"坐进"，是形容尊崇大道是一个自然而然的过程，并不繁难。但在某些统治者看来，尊崇大道与实际的政治运作是对立的。所以，这一节的思想可以说是对帝王的诫告和批评。在《老子》时代，多数在位者把穷奢极欲放在首位，而《老子》则说，"拱璧驷马"并没有什么价值，真正有价值的只能是大道。

204–6204○古之所以贵此者何也？不谓：求以得，有罪以免欤？故为天下贵。

　　《老子》在这一节的结论是："古人为什么要珍视大道呢？难道不是因为它有求就会有得，有罪可以获免吗？所以，大道是天下最尊贵的。"这可以说是对于第一节立论的回应。大道不仅无所不能，还具有宽容的特性。完善之人求之于大道，必然会有所得；而不完善之人求之于大道，同样也可以得到宽免。在此，所谓"得"不能作寻常的理解，不是指一时一物的所得，而是指指符合大道之精神的永恒的所得。至于"罪"，肯定也不是指世俗所谓的犯罪，而是指对大道的背离。正因为如此，才说大道是"天下贵"，至尊至贵。

第六十三章　为无为(205-207)

205-6301○为无为,事无事,味无味。

本章论述的是《老子》哲学思想,但由于文本方面的问题太多,古来的歧义也非常多。

在这一节,《老子》提出:"有为开始于无为,有事开始于无事,有味开始于无味。"世传本和帛书本在"味无味"之后是"大小、多少",这在句式上与前文完全不同,应该如竹简本一样,以"大小之"归于下一节。至于"报怨以德"一句,竹简本根本没有,而在同一片竹简上直接连续的是"多易必多难"一句。这就说明,世传本中从"报怨以德"至"夫轻诺必寡信",都是战国后期较早的《老子》版本中所没有的。也就是说,这些多出来的文字,是把某一时候对竹简本中"多易必多难"的解释文字误抄入了正文之中。特别是世传本中的"报怨以德"一句,突然在这里出现,与上下文绝无联系,应该是第七十九章第一节的错简所致,所以,关于这一句的意义,也将在那一章予以解释。

对这一节的传统解释是,《老子》在此主张做无为之为,做无事之事,品尝无味之味。这种解释乍听上去有一定道理,但明显倾向于极度消极,并不符合《老子》哲学主张"有为"的实质,并且与后文的"大小多少"或"大小之"的意思都无法一致起来。在《老子》哲学中,"无为"是手段,"有为"是结果,所以,"为无为"就是"无为而无不为";同理,"无事"是手段,有事是结果,所以,"事无事"就是"无所事而后能成事";"无味"是手段,"有味"才是目的,所以,"味无味"就是"无所著于味,然后知味"。总之,做事之前,不要有先入之见,不要有所限定,然后才能成大事。如同品尝美味一样,见到美食不要事先假定它的味道,而是要从无味开始,这样才能品尝到食物的真味。

206-6302○图难于其易,为大于其细。天下之难作于易,天下之大作于细。是以圣人终不为大,故能成其大。

如上文所分析,这一节明显不是《老子》原初版本中的内容,而是

老庄经典　老子通说

后代某一时候、某一作者对下一节"大小之,多易必多难"的释读文字,在其后抄写时误入正文之中。但是,由于世传本历来都有这一节文字,帛书本同样也有这一节的存在,我们只能略作解释。希望有朝一日再有与竹简本相一致的版本出现,使我们能够很坦然地在《老子》的原文中去掉这一节。

这一节文字的意思是:"解决困难,要从容易处着手;完成大事,要从细小处着手。天下困难的事情,要从容易处做起;天下的大事,要从细小处做起。圣人始终不从做大事开始,才能成就大事。"从文字上来讲,这一节相当简单,与上一节明显不同。从文义上来讲,《老子》在上一节说的是通过无为实现有为,通过无事达到有事,通过无味臻致有味,最终完成由小而大的目的。而这一节以做事的难易和大小作比喻,断言难事要从容易处着手,大事从小事做起,不仅于事理不通,也不符合生活的常识。

207-6303 ○大小之,多易必多难。是以圣人犹(由)难之,故终无难矣。

世传本和帛书本在这一节的"多易必多难"前面都有"夫轻诺必寡信(轻易许诺,必定很少守信)"这样一句,很显然,这与本章的主旨,以及上下文的文字和字义都没有任何联系,所以,历来的解释也不得不委曲求全,多方迂回解释,显得不伦不类,相当滑稽。如上所述,从竹简本来看,这一节与第一节正好在同一版竹简上,中间也没有插入任何文字的痕迹,所以,不仅本章的第二节是原本《老子》的附加部分,而且"轻诺寡信"这一句也是原本《老子》所没有的内容。

这一节是总结性的论述。

《老子》说:"大事要从细小处着手,过分的轻视必定导致很多困难。圣人从困难开始做起,才能最终克服困难。"世上再大的事情,也是有开始的,并且开始处多半是难度相对较小的。如果一个人做事不能从细小处开始,眼高手低,必定难成大事。眼高手低,就是"多易"的表现。"易"是轻视、看不起的意思,《老子》告诫说,过分的轻视,必定招致不必要的困难。有道之人可以轻视一切,但在具体事务方面则丝毫不敢有所懈怠,不敢轻视,而是始终要遵循具体事务本身的规律。"由难之",就是自始至终重视每一个步骤和过程,这样一来,才不会遇到不必要的困难。

第六十四章　其安也易持(208-212)

208-6401○其安也,易持也;其未兆也,易谋也;其脆也,易判也;其几
也,易散也。为之于其未有也,治之于其未乱。

本章讲的是《老子》的实用哲学。

在这一节,《老子》说:"安稳时容易把握,没有变化征兆时容易谋
划,脆弱的容易分裂,微小的容易散失。事情没有发生时就要动手,混
乱没有出现时就得治理。"在文本方面,各种版本在这一节虽然有所
差异,但并不影响对文义的共同理解。《老子》在这里所讲的哲学原
理,在现实的生活经验中特别是在政治经验中很容易看到,并且符合
《老子》对大道特性的定义,所以《老子》才特意提出来,作为大道之作
用的佐证。但《老子》的判断用的是"易",而不是"必",是一种或然性
的判断,这与《老子》时代天下政治的不稳定是有一定关系的。《老子》
认为,无论多么复杂的事情,在它局面安定的时候是容易持守的;无
论多么变化多端的事情,在变化还没有开始时是容易图谋的。要消灭
一个东西,最好在它出现的早期动手。所以,老子说,事物在它脆弱的
时候最容易消解,在细微的时候最容易散失。要在事情未发生之前就
安排妥当,在祸乱没有产生以前就早作准备。

209-6402○合抱之木,生于毫末;九层之台,起于蔂(léi)土;百仞之
高,始于足下。

这一节继续以举例的方式深入探讨上一节的思想。

《老子》说:"即使合抱之粗的树木,也是从细小的幼芽长成的;即
使是九层的高台,也是用一筐筐的泥土堆积而成的;而要登上百仞的
高山,也是从第一步行走开始的。"在文本方面,帛书本是"百仞之高,
始于足下",在世传本中,好事者为了迎合"始于足下",就把"百仞之
高"改为"千里之行",好在这样的改动尚不足以改变《老子》本义。《老
子》的意思是,合抱粗的大树,原本是从细小的萌芽生长而成的;高耸
的楼台,是由一层层泥土砖瓦建成的;无论要爬多么高的山,都要从

脚下的第一步开始。"仞"是当时的计量单位,通常用于计算高度,据说相当于汉代的 30 尺。面对艰苦的事业,常人在开始时往往看不到结局,因而,不是干脆不去做,就是做起来不计后果。更有甚者,因为缺乏远见,在快要成功的时候却放弃了。这些情形都是让《老子》的作者深感痛惜的,所以才不厌其烦地加以强调。

210-6403〇为之者败之,执之者失之。圣人无为,故无败也;无执,故无失也。

在上一节,《老子》讲述了做事的一个原则,即凡事总要从起始处做起。那么,不遵循这个原则,会有什么结果发生呢?

在这一节,《老子》指出:"勉强作为的,就会失败;过度执持的,就会失去。圣人无所作为,就谈不上失败;无所执持,就无所谓失去。"所谓"为之者"和"执之者",是指那些违背大道的要求,不遵循自然之道的人。我们知道,《老子》的"无为"是反对过度的"有为",并不是主张"不为",而这里所说的"为"和"执"就超过了《老子》要求的度。因为过度有为地追求,才不免于失败;因为过度执著地拥有,才不免于失去。有鉴于此,《老子》才接着从正面说,圣人与寻常人的过度"为"和"执"不同,而是坚持了无为,摒弃了执著,所以,圣人就根本谈不上失败和失去。

其实,《老子》无为和无执的要求,也不是随心所欲的,而是重点强调了条件的问题。过度有为和执著的人,不顾及客观的时势和条件,不讲有没有可能,而是过分看重自己的心态和要求,结果只能事与愿违。圣人则不同,既看重主观愿望,也看重客观条件,所以,圣人的追求总是能够恰到好处。

211-6404〇临事之纪,慎终如始,则无败事矣。人之败也,恒于其且成也败之。

这一节是对上一节论题的深化和总结。

《老子》指出:"做事的原则是,在终结的时候还像开始时一样谨慎,就不会失败。人们的失败,总是在将要成功之时才容易发生的。"在文本方面,竹简本比其他版本多出"临事之纪"四字,而且这一整句

话在前面。在后一句话中,文字方面也有差异,最重要的一处是竹简本称"人之败也",其他版本则是"民之从事","人"的广泛性要大于"民",尽管当时也有"人"与"民"通用的惯例,但这两字之间用义的不同,还是会影响到后人对《老子》思想的理解。

在文义方面,"临事"即做事之义,"纪"的本义是纲纪,在此是指做事的原则或准则。在《老子》看来,有些人之所以做事会失败,就在于临到完成的时候出现了懈怠,最后功败垂成。特别是在做大事的时候,常常会以为到末了时已经成了煮熟的鸭子,但事实上是自己的心境变了,判断上出了问题,以至于到手的成功变成了失败。

212-6405○是以圣人欲不欲,不贵难得之货;学不学,复众之所过。是
　　　　以能辅万物之自然,而弗敢为。

按惯例,这一节本应该是对本章的总结,但是,这一节的意思,与其说是总结,不如说是重复。所以,如果再考虑到本章有些冗长,这一节很可能并不是对本章的总结。

《老子》说:"圣人的欲望是从无所欲望开始,所以不看重不容易得到的东西;圣人的学习是从无所学开始,所以才能避免众人的过失。圣人只是辅助万物顺其自然,而不敢作为。"如同上一章的"为无为,事无事"一样,这里的"欲不欲"和"学不学",就是"欲于不欲"和"学于不学",并不是如传统的解释那样,是说圣人只求无欲、无所求学。

正如我们不断强调的,《老子》思想在总体上是积极有为的,只是它所追求的方式和途径与众不同。正因为是从无欲开始实现有欲,所以,圣人才不会在一开始就看重不容易得到的东西,以求得一个良好的开端。如同上一章的"味无味"一样,要想真正有所学,或者说要想真正学到大道,就要摒弃其他学说,从"不学"开始,以避免走上众人所走的歧途。"复"的本义是弥补和挽回,引申为免除,如汉代称免缴赋税为"复",在此处则是避免的意思。

《老子》积极肯定万物的生成和发展,肯定人的欲望,只是它不赞成强求和过度,所以只能说自己是辅助万物发挥其自然属性,而不敢有过度的作为。所谓过度,就是不符合自然;反过来说,符合自然的作为,就是应该提倡和积极争取的。一些传统的解释把《老子》思想完全置于消极被动的地位,这是不符合《老子》精神的。

第六十五章　古之为道者(213-215)

213-6501○古之为道者，非以明民也，将以愚之也。

本章的主旨是《老子》的政治哲学，而焦点集中在所谓"民智"的问题上。

在这一节，《老子》明确指出："古代的行道之人，不是让民众精明，而是让他们愚朴。"世传本称"古之善为道者"，帛书本无"善"字。其实，如果说"道"就是《老子》的大道，为则为矣，就没有必要再生出"善为"与"不善为"的区别。

经常会有人痛斥《老子》的所谓"愚民政策"，意思是《老子》没有把普通民众当成与统治者平等之人。其实，在《老子》的时代，没有哪一家的思想会把民众的政治地位和权力看得很重要，而《老子》不过是明确地提出了这个问题而已。更重要的是，《老子》的所谓"明"与"愚"，与现代人所理解的有很大不同。《老子》的"明"指的是小聪明、小机变甚至阴谋诡计，"愚"则是指愚鲁、愚钝和纯朴。"明"与"朴"相对，"愚"与"诈"相反。"明"是指远离质朴之性的精明、智巧，"愚"则是与诈伪相反的愚鲁、质直。《老子》所谓"我愚人之心"（064-2004）的"愚"，与此相同。所以，要想全面理解这两个字，一定不要掺入现代人的心态。

在当时，要是有思想家说到古人如何如何，那多半是批评当代人缺乏某些优秀的东西，《老子》的作者亦不例外。《老子》说古人不主张"明民"，就是不让百姓变得机巧和油滑。另一方面，在那样的时代，让普通民众参政议政的理念尚未萌芽。即使有一些思想家和政治家意识到了民众的力量，也只是从改进政治和平息民怨的角度来看待的，而根本不可能想到让民众得到诸如选举权之类的政治权力。同时，民众自身也不会认为他们有着与统治者同样的政治权力，而只是希望统治者能够善待他们而已。同样重要的是，当时的中国政治也还没有发展到让民众了解各项政治动作的地步，民众本身也缺乏这方面的基本素养。正如孔子所说："民可使由之，不可使知之。"（《论语·泰伯》）这与《老子》的主张是一致的。这是时代局限，也是时代特点。

在上述条件下,《老子》反对"明民",不主张让民众了解和参与政治决策,也就是顺理成章的了。相反,如果让民众参与其中,则极有可能使政治更加混乱。所以,《老子》主张,还不如让民众保持"愚"的状态,对于与自己日常生活没有直接关系的事情听之任之,保持纯朴的自然状态,庶几尚能平安度日。这是合乎时代要求的合理主张,但即便如此,当时的统治者们也是做不到的,以至于《老子》不得不在此发出呼吁。当然,《老子》如此主张,也可能是针对其他各派思想提出的种种学说而发的。比如儒家主张用礼乐纠正天下,用仁义安抚人心,就是想让民众明白起来;法家要求百姓守法,在法律面前变得聪明起来。在《老子》看来,这些做法说起来叫做治理,实际上却是添乱。

214-6502○民之难治也,以其智也。故以智治邦,邦之贼也;以不智治邦,邦之德也。

那么,如何落实上一节的主张呢?《老子》在这一节提出:"民众难以治理,是因为智巧太多。用智巧治国,是对邦国的贼害;用非智巧治国,则是邦国的美德。"这里所说的"智",就是上一节的"明"。世传本是"不以智治国",帛书本则是"以不智治邦",虽然"不以智"和"以不智"的区别并不大,但还是在话语的切入点上有所不同。世传本是"邦之福",帛书本是"国之德",虽然"福"与"德"都是褒义,但"福"字显然太俗气。

在《老子》看来,君主把治国的道理给民众讲明,民众就会用智巧来应对。智巧太多就会出现诈伪,民众因此而难以治理。另一方面,如果让民众知道有什么好东西可以得到,他们就会千方百计地去获取,即使最严酷的法律,也无法治理他们。范围再小一些来讲,如果君主欣赏智慧,任用足智多谋的大臣治国,他们就会利用其智巧制作法令,致使奸邪产生,对国家形成贼害。总之,民众有了太多的智巧,就难以治理。大臣如果用智巧侍奉君主、管理朝政,就是对君主的贼害。这是产生于《老子》时代的特殊认识,尽管缺乏现代精神,但在当时却是非常现实的选择。

古代专制政治不得不采取人治,但君主一人之智又难以抵御天下之智,所以,人治与用智,是古代政治的一大死结。传统对《老子》的解释都不明白这一点,不是主张弃知,就是把以智乱政的责任全部堆

在民众头上。这样的观点,既不合理,也难以解决实际问题。《老子》虽然认识到用智巧不能治理好国家,但对其缘由的理解却缺乏深度。在专制社会,权大于法,君主高于法令,法令当然会加剧社会的动乱和民众的反抗。所以,治国的关键不是用不用智巧,而是要废除以一个人的智巧面对万千民众之智巧的局面,而近现代以民主治国的制度,就是向着这个方向的努力。

215-6503○恒知此两者,亦稽(楷)式也。恒知稽(楷)式,是谓玄德。玄德深矣、远矣,与物反(返)也,乃至大顺。

这一节是对本章的概括和思想提升。

《老子》说:"认识到了上述两个方面,就有了治国的楷模。深刻认识这个楷模,就是深湛和辽远的玄妙大德,就能与万物一同返归,实现真正的顺从自然。"所谓"两者",就是治国用智和用不智。"楷式"就是根本准则的意思,不一定是普通意义的模范。"恒"是长久不懈的意思,当然也就是深刻领会的意思。《老子》认为,明白了这其中的不同和优劣,就明白了治国的机要、政治的灵魂,也就掌握住了大道的政治实质,对此,《老子》以"玄德"(168-5104)称之。"玄"是《老子》的常用字,专指那些与大道相一致的只可意会、不可言传,只可了悟、不可描述的法则。《老子》用"深"、"远"描述"玄德"的状态,用"与物反(返)"描述"玄德"的力量,用"大顺"描述"玄德"的本质。"返"就是返归于大道,"顺"就是顺从于自然。可见,这个治国治民的"玄德"与大道是一致的,在现实政治的意义上,甚至可以说与大道是同一事物的两个名称。可见,《老子》对于大道的政治意义给予了多么重要的关切。

第六十六章　江海所以能为百谷王 (216-218)

216-6601○江海所以能为百谷王，以其能为百谷下，是以能为百谷王。

　　本章与许多章节一样，以比喻开头，类似于《诗经》中"兴"的手法，依然是《老子》政治哲学的阐述。

　　在这一节，《老子》以江河与大海的关系为兴起，说道："大江大海之所以成为百川之王，是因为它们完善地处在低下之处。"在古文字中，"谷"的本义是指山谷，包括有小河流出的山谷，《老子》中常用之，如"知其荣，守其辱，为天下谷"(091-2802)。"王"字在甲骨文和金文中是一个斧头的形状。上古时代，斧头在军队中具有执法作用，为统帅所掌握，所以称军队的统帅为"王"。一国的军队统帅也是一国之主，所以也称君主为"王"。至于"往"字，甲、金文构形为足趾在地上前行，本义为去往某个地方，与"王"字无关。可是，从汉代开始，注释家们从他们的政治理念出发，认为"王"有"归往"之义，其实纯属臆断，只是反映了他们的政治愿望。《老子》以此说江海是无数小河流的"王"，只是一种比喻，主旨是论述处下的益处。小河流不管如何曲折前行，最后的目的地总是江海，唯一的原因是江海处在低处。反过来说，江海之所以成其为江海，之所以成其为自身，正是因为它们总是处在比河流更低下的地方。《老子》这么说，并不是给人们上地理课，而是上政治课。换句话说，侯王若想保持自己的地位，也应该向江海学习，以处下的姿态对待臣民。

217-6602○圣人之在民前也，以身后之；其在民上也，以言下之。其在民上也，民弗厚也；其在民前也，民弗害也。天下乐进而弗厌。

　　在这一节，《老子》讲述了圣人仿效江海处下之后的良好结果。
　　《老子》说："圣人之所以能够处在民众之前，是因为本人的却后；之所以能够处在民众之上，是因为言语谦下。所以，虽然处在民众之

老庄经典　老子通说

上,民众也不感觉负重;处在民众之前,民众也不觉得有害。因此,天下人才乐于推崇圣人而不感到厌烦。"《老子》所说的圣人与儒家所说的圣人不同,特指统治阶层的人物,甚至就是指帝王。这一节的意思是说,称职的统治者之所以能够保住自己的政治地位,就是因为他们在个人的外在表现方面足够谦下,换句话说,就是外在形象保持得很好。"身"与"言"相对,应该是指个人的日常行为。所谓"在民前"和"在民上",不用说是旧时代的政治观念,无可厚非。

上述解释,依据的是竹简本的文字,但在世传本和帛书本中则有不同。以帛书本为例,是说:"是以圣人之欲上民也,必以其言下之;其欲先民也,必以其身后之。"这虽然与竹简本的意思相当接近,但却透露出了玩弄权术和不诚实的味道,直接把"言下"和"身后"当成了手段。至于下一段,则各种版本之间的文字差别尚不足以引起歧义。竹简本的"厚"字,与帛书本的"重"字同义,都是让民众感到沉重负担的意思。

218-6603○以其不争也,故天下莫能与之争。

在这一节的结束语中,《老子》相当坚定地说:"因为圣人不去争抢,天下才没有人能与他争夺。"很显然,《老子》所说的"争"指的是无原则的、不讲究策略的抢夺。圣人的最终目的是"得",但要讲究策略、讲究先后、把握时机,不主张一味地"争"。在《老子》的理想世界里,天下人都无法与圣人在政治上进行争夺,原因就在于圣人采取了"不争"的方法,即如上所言,个人的言行始终处在谦下的位置上,让其他喜欢张扬的人都纷纷落败,一切就自然归于圣人了。平心而论,这个思路是清晰的,但在政治现实中,恐怕没有多少"圣人"真正能够做得到。在这个意义上,《老子》的书生气是太浓厚了,以至于它的主张多半时候只能堕落为少数人的阴谋术。

《老子》倡导这样的政治手段,与那个时代空前险恶的政治斗争有极大的关系。如果《老子》的作者果然做过周天子的官员,那么,对于周朝夺权与失权的过程,以及在此过程中各色政治人物的表演,不仅有深刻的了解,更有独到的研究。各种政治人物走马灯似的上上下下,并不是因为他们没有足够的才能,而是利欲之心太露骨,又缺乏适当的表现技巧。而在《老子》看来,这种技巧就是"不争"哲学,就是谦让处下的手段。

第六十七章　天下皆谓我大(219-222)

219-6701○天下皆谓我大,大而不肖。夫唯不肖,故能大。若肖,细久矣!

　　这一节与本章的其他内容明显不相合,应该是另外一章的内容,但在哲学上,这一节却是《老子》之中的内容,对于理解大道的实质很有意义。

　　《老子》说:"天下人都认为我的大道宏大,什么也不像。正因为什么也不像,大道才会宏大。如果与什么相像,它早就变得微小不堪了。"此处的"我",应该是指《老子》的大道,是一种拟人化的修辞手法。"肖"则是类似、相像的意思。一般人不理解大道,纷纷发出议论,说是大道太大了,理由是说大道看不见、摸不着,什么具体事物都不像。因为普通人理解一个事物时总是喜欢参照其他具体事物,而大道既不是具体事物,又无可参照,所以就对大道的实在性提出了疑问。《老子》的回答简单明了,正是因为大道什么也不像,才能成为最大。为什么这么说呢? 因为从哲学上讲,任何的具体事物都是有限的,不管你这个具体事物有多么大,只要是具体,就是有时空界限的,就不是最大的。所以,《老子》接着不乏幽默地说,如果大道与什么具体事物相像了,甚至一样了,那么,时间久了,就会由细小到消失不见了。

　　在文本方面,世传本多数是"夫唯大,故不肖"的顺序,这从哲理上讲是说不过去的。也就是说,根据《老子》的思想,大道就是因为不是具体事物,才会宏大无边;而不能说,因为宏大无边,才不是具体事物。这是因为,大与小不是思想观念成其为思想观念的条件。

220-6702○我恒有三宝,持而保之。一曰慈,二曰俭,三曰不敢为天下先。夫慈,故能勇;俭,故能广;不敢为天下先,故能成器长。

　　包括这一节在内的下面三节,明显与上一节的主旨不同。
　　在这一节,《老子》把大道的三个特性公布了出来。为了便于普通

老庄经典　老子通说

187

人理解,《老子》称之为"宝",因为是思想观念方面的,就可以理解为法宝。用《老子》的说法就是:"我一直有三样法宝,保存完好。第一是慈爱,第二是俭省,第三是不敢身处天下之先。慈爱就能够无畏;俭省就能宽广;不敢为天下先,就能成为万物的尊长。"对于这一章的理解,古来多有不同,事实上,《老子》在这里所讲述的也确实不甚明确,只能令后人揣摩其大意。

所谓"慈",本意是爱惜;但它的重点不在"爱",而在"惜",也就是珍视之意,从而与"俭"联系了起来。《韩非子》解释说,父母珍爱子女,重视生命之人珍惜身体,想建功立业的人珍视事业,目的都是得福去祸,并为此而深思熟虑。当河水遇到阻挡时,通常是采取浸润的方法进行化解,这在《老子》看来就是沉稳的表现。能深思熟虑,就能得到事物的原理。得到事物的原理,就会充满成功的信心。有了这样的信心,就会无所畏惧,这就达到了"勇"的要求。

《老子》所说的勇,可不是诉诸武力的蛮干,不是有勇无谋。老子说:"勇于敢则杀,勇于不敢则活。"(236-7301)用拼命来表现勇就会遭到杀伐,而用不争来表现勇就会存活。寻常人表现出的勇敢或勇武,特别是政治上的一往无前,根本达不到"勇"的最高层次,因为强中自有更强者。《老子》的勇,是一种"不敢"之勇,是事物达到一定境界之后的自然显现,如水到渠成一般。这是一种无人能敌的,没有对手的情形。坚守"慈"之宝的人,如缓缓的水流容纳一切,这种勇是无往不胜的。所以,"勇"不是指勇敢、刚猛,而是指有勇气、有胆量、有责任心和奉献精神。

所谓"俭",也有"惜"的意思,但侧重点与"慈"不同。它的同义词,在《老子》的字典中是"啬"(192-5901)。《老子》的俭与啬,不是寻常意义上的节俭和吝啬。节俭和吝啬,指的是过分的节俭。比如在家庭中,必要的费用也要去掉;在国家里,关乎人民生活的基本投资也不予支出,这不是《老子》的意思。结合《老子》"无为"的政治主张,俭和啬显然是爱惜和保养的意思。就是说,主持国政者要爱惜民力,早做准备,一旦积蓄了足够的力量,就没有做不成的事情。把不必要的花费积累起来,对于一个国家来说,与积极生产同样重要。《老子》自己把"俭"解释为"广",是广泛持久之义,即所谓细水长流、不壮不老的意思。

"慈"和"俭"的核心,明显体现了谦下退让的哲学。与其拼命抢夺不属于自己的东西,还不如用心爱惜和保养好属于自己的东西。一般

人总是眼睛向外,盯着别人的东西,其实,如果能真正地认识和保养好自己的东西,未必就不能积蓄起足够的力量,应付生存和生活之所需。

认识自己,是大道的基本法则之一。认识了自己,就获得了无尽的力量之源。有了这种符合于大道的不尽力量,虽然不去主动攻击,照样可以主宰万物。所以,《老子》说,"我"不敢为天下先。因为"我"明白了世界的运作法则,不去争夺形式上的占先。特别是在政治上,不论"我"是在上位者,还是在下位者,重要的是积蓄力量,静观政治风云之变化,从中选择适合"我"生存和发展的最佳途径。不敢为天下先的结果是"成器长",帛书甲本说是"成事长"。如果把"成器"理解为大器,则是说能够使国运长久;如果把"成"理解为成就,则是说能够成为国家权力的官长、主宰者。这样的观念都是把"器"理解为国家权力的象征,即所谓神器。但《老子》也有把"器"用为天下事物,如"小邦寡民。使有十百人之器"(256-8001)之处,这也符合《老子》大道之所指。

221-6703○今舍其慈,且勇;舍其俭,且广;舍其后,且先;则死矣!

为了深化上一节所申述的"三宝",在这一节,《老子》从反面来加以证明。

《老子》说:"一旦舍弃慈爱,只留下勇敢;舍弃俭省,只留下宽广;舍弃处后,只留下争先;那就只会招致灭亡。"在上文,《老子》说的是由"慈"可以产生"勇",由"俭"可以实现"广",由"后"可以到达"先",但是,从哲学的角度看,"慈"与"勇"、"俭"与"广"、"后"与"先",都是密不可分的,前者是基础和原因,后者是结果。换句话说,舍弃慈爱而选择刚勇,就会伤害外物。舍弃节俭而选择广布,就会损伤财物。舍弃居后而选择处先,就会遭人怨恨,所以才说处在死地。世人只知道刚勇足以胜人,却不知道慈爱才能获得刚勇;只知道广布财物足以在众人面前夸耀,却不知道有了节俭才能广布;只知道万物的尊长有地位,却不知道自觉居后的重要。这样的人不过是刚强之徒而已,只有死路一条。

老庄经典 老子通说

222-6704 ○夫慈,以战则胜,以守则固。天将建之,如(则)以慈垣
(yuán)之。

看起来,在《老子》的"三宝"之中,"慈"是居于中心和首位的,所
以,在这一节的总结性的论述中,《老子》特别指出:"慈爱,用以进攻
就会取胜,用以守卫也会牢固。上天想成就什么,就用慈爱去保卫。"
《老子》在此竭力推崇"慈",却没有具体定义,也许在那个时代,这是
个很容易理解的概念,但却因此使得后人难于准确把握它。或许是早
期儒家推崇"仁",《老子》道家就提出"慈"与之抗衡。早期儒家的以
"孝慈"连用,"慈"指长辈对晚辈的爱护。《老子》贬低"孝慈"
(058-1802),单独推崇"慈",并把它的作用扩大到万物。这样一来,要
准确理解《老子》的"慈",就只能从它的整体思想上来把握,不能拘于
其他思想派别或思想家的使用。在《老子》看来,"慈",攻则胜、守则
固,无疑是社会和人生的唯一依靠。

《老子》在这里所说的"天",不是指天空,也不是指神灵意义上的
天神,而是事物本来的规则和自然发展,也就是大道的规则。在《老
子》看来,大道要成就什么,同样是用"慈"来保卫和维护。"垣"的本义
是围墙,引申作守护和护卫的意思。《老子》从来不会忘记大道的实际
作用,这也说明《老子》的哲学如同诸子百家一样,同样是一种实用哲
学,同样不是脱离实际特别是政治实际的哲学。

第六十八章　善为士者不武（223—224）

223-6801○善为士者，不武；善战者，不怒；善胜敌者，弗与；善用人者，为之下。

本章从"不争"的角度阐述大道的作用。

在这一节，《老子》的作者还是主要从战争和战斗的角度加以论证，申明"四善"，可以看出《老子》的作者对于兵法颇有心得。《老子》指出："完善的武士，不以武力取胜；完善的战斗者，不会动怒；完善的胜敌者，不与敌人争斗；完善的用人者，待人谦下。"金文"士"字构形与武器有关，本义是武士，但并不是普通士兵，而是贵族武士，他们通常有条件接受文化教育，所以，"士"又引申为负责军事和司法的官员，到春秋战国之际演变为"文士"。从这一节的上下文来看，"士"当指传统意义上的"武士"，与"战"和"胜敌"一样，就是指两军阵前贵族武士。《老子》的思想在本质上是积极有为的，既主张有自己理想的武士，也欣赏"战而胜敌"，只是胜敌的途径不同于普通人罢了。

《老子》的所谓"不武"，是说真正的武士不会完全以武力制胜，而是要讲究谋略；不求从身体上打倒对方，而是讲究在心理上战胜对方。"不怒"，是说要平心静气，心态良好，以免失去正常的判断力。"弗与"，是说不以面对面的身体争斗来决定胜负，而是要从精神上击垮对手。金文"与（與）"构形为两只手相交叉，表示有近身打斗的意思，《老子》的"弗与"，就是不赞成那种以面对面的肉搏来决定胜负的做法，而这种做法在《老子》成书时代是非常盛行的侠士的做法。总之，纯粹以身体的力量显示武力，那是绝对的下策，并且只可能争一时之胜利，不可能取得长久之胜势。遵循大道的士人崇尚精神和意志，追求心悦诚服，让对手从根本上失去还手之力。当时各国间的征战事实上也证明，取得战争和战役胜利的国家和武士，并不一定就能够控制局面和掌握天下。

至于在用人方面的谦下之德，《老子》不断提及。显然，《老子》的目的是"用人"，而不是被后人误解的那样，认为《老子》的"无为"是无所作为，是片面强求不用人。只是《老子》的用人与众人不同，它不要

求表面上的"为上"。《老子》时代的在上位者喜欢盛气凌人,结果总是让在下位者篡夺权力。《老子》在此强调"为之下",是一种外松内紧的策略。后来的黄老形名之学讲究"势",可以说就是继承了《老子》"为之下"的指导思想。表面上的谦下和居下,是为最终的居上而服务的。谦下的圣人会把在下位者所必需的地位和面子提供到位,让在下位者感到满足,从而一心一意地为圣人出力。但在最关键的问题上,比如上下关系、最终决策之类,圣人则毫不放松。这样一来,上下两方面都得到了自己应该得到的,圣人的"用人"也就达到了最高的境界,得到了理想的收获。

224–6802○是谓不争之德,是谓用人,是谓配天,古之极也。

这一节本来是总结性的文字,但显得与上一章的联系不太紧密,比较空荡,很可能是中间缺了一些文字。

《老子》说:"这就是不崇尚争斗的德行,这就是用人,这就是合乎上天,达到了古往今来的极限。"帛书本仅有"用人"二字,世传本则谓"用人之力",显然是多余,并且与"用人"相比,在范围上有所缩小,在深度上有所降低。在"配天古之极"五个字上,世传本有多种断句方法,并且在解释上也是各不相同。帛书本句末明确有一个"也"字,对正确的句读提供了依据。

在《老子》看来,上述"四善"的长处,一是表现在不争,二是用人,并且与上天的要求相一致。在《老子》这里,上天的要求,就是大道的要求。因为大道是自古以来的最高标准,故曰"古之极"。

第六十九章　用兵有言（225-227）

225-6901〇用兵有言曰："吾不敢为主而为客，不敢进寸而退尺。"

　　本章与上一章的手法一致，同样是从战争的角度，以人们熟悉和信服的例子对大道的益处进行阐述。

　　在这一节，《老子》说："用兵的人说：'我不敢为主，只要为客；不敢前进一寸，只要后退一尺。'"《老子》的"用兵"，是在当时非常得势的兵家之流的军事观点。它讲的是，在具体战斗中，有道者的我方不喜欢主动进攻，更喜欢采取守势，以便根据敌人的情况，决定我的对策。如有必要，我宁肯后退一尺，也不前进一寸。《老子》的"不敢为主而为客"，并不是说自己就喜欢被动挨打，而是选择了后发制人的策略。最高明的军事家，选择的是得到实利，而不是表面上的进与退。

　　正如上一章所说，《老子》的作者对兵法肯定有独到的研究，这也是那个时代的思想特色之一。春秋战国时代是中国战争史上最恢宏的年代，战争的各种类型在这几百年中都有展示，而《老子》在此所说已经为所有伟大而不朽的战例所证实。比如著名的"城濮之战"，晋军一退再退，楚军一进再进，楚军的弱点不断暴露，最后被晋军瞅准机会，一击而大败之。主客与进退，从兵法的角度来看，是一种战略观念。双方交兵，特别是实力接近甚至敌方更强大时，一方面要避其锋芒，另一方面则不要过早暴露实力。事实上，无论是在战争中，还是在日常生活中，进攻的一方并不见得就是主动的一方，同样，防守的一方也不一定就是被动的一方。在老子以静制动的哲学中，守静的一方才是主动的，而躁动的一方，不论起初如何，最终总是会陷于被动。所以，反客为主的关键是守静。只是，千万不要忘记，守静仅仅是一种手段。我方守静，是迫使对方躁动。躁动则内部生乱，内部生乱则容易被利用。由被动转为主动的策略，大多运用在敌人占据有利形势的时候。《老子》之所以说不进寸而退尺，就是因为，如果是进攻，即使暂时获得了一寸的收获，但自己的损失却是巨大的。不如先退一尺，诱使敌人进攻，待进攻中的敌人精疲力尽或露出破绽，失去了有利形势，自己再全力反攻，夺得最后胜利。

226-6902○是谓行无行,攘无臂,执无兵。乃无敌矣。

　　这一节是对上一节所述思想的反证,所使用的关键词汇,还是兵法中的常用词,所以,仍然是通过讲述兵法战策来阐发《老子》的哲学思想和治世之道。

　　《老子》说:"这就是说,要让对方想对我有所行动,却看不见我的行列;想对我进行推拉,却找不见我的臂膀;想上来缴械,却看不见我的兵刃。这样一来,就没有人能够与我为敌了。"军队行兵打仗应当有行进行列,此处却讲"行无行";肉搏之时应该使用臂膀,这里却说"攘无臂";战士应该执持兵器,此处却说"执无兵"。这些生动的比喻,充分说明了被动中的主动有多么神奇。由于我方指导思想正确,敌方即使力量强大,强大到可以随意攻击我方,但却找不到进攻点,不知如何下手。在这种情势下,我方就能够全面观察敌方的长短,伺机发动反攻了。可想而知,这样的反攻肯定是战无不胜的,也就是"乃无敌"。"乃无敌",世传本多作"仍无敌",是说想动手,却找不到敌手。但帛书本明显句末有"矣"字,并且"仍无敌"之说虽然在句式上与前几句相同,但在动作的对象上却与前几句不一致。

　　总之,这一节的主旨显然是指进攻的一方在面对"不敢为主而为客"和"不敢进寸而退尺"者时的结局。也就是说,为主的一方和进寸的一方,最终会受制于为客的一方和退尺的一方。不用说,《老子》在此所讲的是最高层次的战略指导思想。所谓"行"、"攘"、"执",传统的解释认为是有道者一方面的行为,但是,此类主动的行为,显然与《老子》主张"客"和"退"的观点不一致,而且在具体理解方面也有许多不通畅的地方。

227-6903○祸莫大于无敌;无敌,近亡吾宝矣。故抗兵相若,而哀者胜矣。

　　这一节总结了上述思想,特别是第一节所揭示的反面教训。

　　《老子》得出的结论是:"最大的祸患是失去敌手,失去敌手,差不多就是丧失了我的法宝。所以说,两军相遇,哀慈者获胜。"上一节和这一节所说的"无敌",并不是所谓天下无敌、无人能胜的意思,更不是轻视敌人的意思。因为《老子》的宗旨就是天下无敌,如果实现了自

己的宗旨，还认为是最大的祸害，那就是自相矛盾了。实际上，在敌我相争中，在现实生活的与人往还中，在政治舞台上的你争我夺中，如果一味地以"我"为主，如果"我"主动进攻，就容易找不着敌手，失去进攻的对象，当然也就不可能取得胜利了。"我"的目的是让敌手主动攻击"我"，而不是相反。所以，一旦"我"由于主动进攻而找不着敌手了，大祸也就来临了，我的"三宝"（220-6702）也就无所施用，与完全丧失无所区别了。

正因如此，《老子》才强调说，如果两军相争，保持低调者，即"为客"者和"退尺"者就会取胜。"抗兵"就是举兵、兴兵的意思，帛书甲本作"称兵"，也是举兵的意思。"相若"就是相遇的意思。这就是说，在《老子》看来，虽然片面的不兴兵打仗事实上不可能，在那个时代也不现实，但是，不去主动兴兵，不去主动发起进攻，却是可以做到的。至于"哀兵"之"哀"，只是从另一个角度对"不敢为主"的说明，即采取低调的、以退为进的姿态。这个"哀"字之中包含了太多的意义，仅从字面上理解，无论是哀戚，还是慈悲，都不足以完全揭示它的内涵。这句是说，如果逢战必喜、遇敌必杀，就不是"哀"兵，就不会获胜。

如果让《老子》的作者去指挥作战，他的战争谋略与他的人生哲学是一致的，强调的都是在通常情形下不显露自己的真实情况，把自己的真意和实力隐藏起来，在对手由强转弱的时候，集中爆发自己的力量，以期把对手彻底打垮，使他们再也得不到翻身的机会。当然，任何高明的理论家的理论都不可能应付生活中所有的具体问题，也无法防止自己的理论被他人歪曲和滥用。特别是在专制时代，帝王的权力至高无上，什么样的理论，在他们手里都逃脱不了唯我所用的结局。只是《老子》的理论具有更大的专制性和随意性，以至于被歪曲的方面更多一些。所以，当我们面对这份历史遗产的时候，就应该有更多负面的考虑，以期更好地实现"古为今用"的宗旨。

老庄经典　老子通说

第七十章　吾言易知(228-230)

228-7001 ○ 吾言易知也,易行也。而天下莫之能知也,莫之能行也。

本章是《老子》对于自身学说的评论,以及《老子》作者或作者们对自己的肯定,当然兼有对世人的批评和叹息。

在这一章,《老子》非常明确地肯定说:"我的言论容易理解,也容易实践。天下却没有人能够理解,也没有人能够奉行。"为了强调《老子》的态度,世传本在"易"之前加上了"甚",其实是很多余的。像《老子》这样的叹息,几乎出现在先秦时期所有杰出的思想家著作中。不过,《老子》所强调的难易,重点不在文字,而在思想内容上。另一方面,《老子》的"天下"之人,主要不是指普通百姓,而是指在位者,即"侯王"。"难"与"易"总是相对而言的,关键在于当政者面对的社会现实和他们本人的思想态度如何。比如说,《老子》主张无为,反对苛政,这对于秦朝统治者来说就难于奉行,而对于西汉初期的统治者来说就相对容易一些。在《老子》时代,各国都在生死存亡的边缘上挣扎,当然很难奉行《老子》的政治思想。

229-7002 ○ 言有宗,事有君。

之所以有上一节所说的那种令人不安的局面出现,《老子》认为也许是宣传工作做得还不到家,于是,《老子》就为自己的哲学做广告说,我的哲学是:"言论有宗旨,行事有主导。"所有的言论都有出处,所有的行事原则都有根据。或者说,言语再复杂深奥,也有其主旨;事情再繁多困难,也有主次之分。这里所谓的出处和根据,与孔子儒家不同,并不是前人的思想成就和现实的要求,而是老子哲学面对的独一无二的对象,宇宙的本原,自然之性,以及大道的无为而无不为。

《老子》的哲学思想虽然深奥,它的政治主旨却是明明白白的。从行文上讲,《老子》的文体近乎"随想录",读起来比较枯燥,有时近乎不知所云。所以,《老子》不得不预先提醒人们,不要因为我的思想的近乎杂乱无章的外表,而忽略了我思想的内在一致性。

230-7003○夫唯无知也,是以不我知。知我希(稀),则我贵矣。是以圣人被褐(hè)而怀玉。

综合上述观点,《老子》非常自信地断言:"因为人们缺乏认识能力,我才不被理解。理解我的人很稀少,这才证明了我的尊贵。圣人衣衫褴褛,怀中却揣着宝玉。"这一节的一个重要方面,是世传本"则我者贵"与帛书本"则我贵矣"的区别。前者的"则"字可以用为动词,意思是遵循和效法;后者只能用为副词,表示语义的转折。比较之下,帛书本的文字更能准确传达《老子》的思想。

《老子》在此所说的"无知",是指人们对于"言有宗,事有君"的无知,最终导致对于我(大道)的无知。但是,《老子》的作者清醒地意识到了他思想与同时代其他思想的不同之处。一流的思想总是孤独的,因为高处不胜寒,既难找到思想对手,也难遇到理解者。不过,这正是对思想家的严峻考验。如果以媚俗为宗旨,就不会进入一流思想的行列。所以,《老子》的结论是,正是因为理解"我"的人太稀少,才反证了"我"的价值和尊贵。所谓"弗大笑,不足以为道"(135-4101),对于"俗人"(065-2005)和"众人"(066-2006)来说,"不我知"是再正常不过的表现了。

"褐"是粗麻布制成的衣服,在《老子》时代为下层民众的典型穿着。穿褐衣的人怀揣着宝玉,照常情本不可能,但却是圣人的真实写照。所以,此处所说的宝玉,显然不是指具体的事物,而是指《老子》的宝贵思想。当然,从学理上说,正是因为人们太无知,才不知道"我"以及"我"所说的一切。在无知的人们之中,理解我的人少得可怜,遵从我的人就更难得了。但《老子》两手空空,既不能以现实利益引诱人们,也不能用政治权力强迫人们,只好自我解嘲说,像我这样的圣人,别看穿得破破烂烂,怀里却揣着宝玉。这是奉劝世人,不要门缝里瞧人。要想真正地了解一个人,不要光看他的外表。

197

第七十一章　知不知（231–232）

231-7101○知，不知，尚矣；不知，知，病矣。

本章是讲《老子》的知识论，尽管其所"知"的对象依然是大道，是通过铺陈大道的哲学而阐述的。

在这一节，《老子》指出："理解了，却不自认为理解，是最好的；不理解，却自以为理解了，就是缺憾。"本节还有一种断句方式是，"知不知，尚矣；不知知，病矣"，意思是说，知道自己的无知，是上乘的；不知道自己的有知，是有缺憾的。这样的断句和理解，后半句是难以让人接受的。另外，世传本在这一节之后还有一句，"夫唯病病，是以不病"，帛书本没有。世传本所增加的这一句，显然是"病"字之义的解释或引申，并且与下一节的意思相重复，理应删去。

本书的断句虽然略显笨拙，但对于理解四个"知"字是有帮助的，并且它们的意义是一致的。"病"的本义是较轻的病症，引申出缺陷、不足等名词意义，以及担心、忧虑等动词意义。"知"当然是知大道，理解大道的意思。明知而不自以为知，是说对大道的理解是一个永恒的、永不止息的过程；不知却自以为知，是一种自以为是的、难以再有进步的表现，从知识论的角度来看，就是一种思维上的缺陷。

232-7102○是以圣人之不病也，以其病病也，是以不病。

这一节是对"知"与"病"之间的关系的一个总结。

《老子》说："圣人没有缺憾，因为他很在意缺憾。因为担心有缺憾，才不会出现缺憾。"《老子》中的"圣人"是完美人格、全知全能的体现，在此则顺势被肯定为"不病"。所谓"病病"，前一个是动词，后一个是名词，意思是说，圣人总是担心自己是否有什么不足之处，这才成为完善的人。这两个"病"之间的辩证关系是非常生动的。正因为能够正视"病"，才会达到"不病"，即"病"是"不病"的条件。相反，如果以"不病"为条件，最终的结果就会是"病"。

第七十二章　民之不畏畏（233-235）

233-7201○民之不畏畏，则大畏将至矣。

本章讲的是《老子》的人生哲学，所用手法，是比较民众与圣人不同的处世态度和方式。

在这一节，《老子》说："如果民众不惧怕可惧怕的事情，那么，就会有大的可怕的事情发生。"这里的"民"，指的是圣人之外的所有普通人，并不一定有明确的政治意义，因为并不是针对政治内容而议论的。所谓"畏畏"，与上一章的"病病"一样，前一个字是动词，指畏惧；后一个字则是可怕之事，上自自然规律，下至国家的法度，以及日常生活中的种种应该小心在意的事情。正因为"畏"的范围如此之广，接着才说会有"大畏"到来，即小的麻烦累积成了大麻烦。所谓防微杜渐，《老子》不过是在常识的基础上加以强调，以便引出下面重点要说的圣人的正确作为。

但是，世传本却是"畏威"和"大威"，把《老子》的平和之论有意引申到了政治领域。"威"指统治者的权威，似乎《老子》是要告诉民众要有权威感。还有走到另一种极端的观点，说是一旦民众不惧怕统治者的权威，统治者就会面临大麻烦了，即民众要铤而走险了。导致这种歧见的原因，有文本方面的，因为帛书的出现是最近几十年的事情；但是，也有一些人为的原因，即有意把《老子》的思想范围扩大化的倾向。

234-7202○无狭其所居，无厌其所生。夫唯不厌，是以不厌。

《老子》在这一节继续深化上一节的主张，告诉人民"不要缩小精神的空间，不要厌倦生活。因为只有不厌倦生活，生活才不会让人感到厌倦"。也有理解认为这一节是告诉统治者不要让人民走投无路，无法生存。只有统治者不压迫人民，人民才不会厌倦统治者。这样的解释表面也能说得过去，但未免有些迂曲，并且与上一节和下一节的内容联系不紧密，甚至了无关系。

依据《老子》的主张，人性是自然而然的，不应该被限制和改变。正确的做法，应该不断扩充人性自然表现的范围，直到对生活充满信心，避免自暴自弃。但是，扩充人性并不是"不畏畏"，因为"不畏畏"的结果是招来"大畏"，最终使人性的空间发展受阻。相反，只有有所畏惧，特别是要慎重地对待大道，才能把握好生活节奏，生活才会更丰富、更完满。

《老子》的作者是活用概念的大师，从上一章的"病病"，到上一节的"畏畏"，再到这一节的"不厌"，"不厌"，很巧妙地，但又不乏深刻地表述了自己的主张。因为"不厌"，所以"不厌"，看上去概念重复，实际上是表达了一种认识上的不断深化和提升。

235-7203 是以圣人自知而不自见(现)也，自爱而不自贵也。故去彼而取此。

如何实现上两节所设定的"不畏畏"和"不厌生"的目标呢？《老子》在这一节总结了圣人的做法。

《老子》说："圣人认识自己，却不表现自己；爱惜自己，却不抬高自己。所以，要舍去后者，留取前者。"圣人有自知之明，不会用自我表现来自夸才能；有自爱之仁，不会用自我抬高的态度面对外物。"自知"与"自见"，"自爱"与"自贵"，区别只是在于细微之间，但却足以表现不同的人格品质。有自知之明的人不会自我表现，喜欢自我表现的人缺乏自知之明。爱惜自己的人不会把自己看得比什么都贵重，而无原则地高看自己的人很有可能失去自爱。对于此类复杂的心理问题和事物的辩证发展，《老子》的作者有着深刻的反思，所以才能对那么多重要的人生和政治问题有着独到的见解。

第七十三章　勇于敢则杀（236-238）

236-7301○勇于敢则杀，勇于不敢则活。此两者，或利或害。天之所恶，孰知其故？

《老子》在本章讲它的人生观或处世观。

在这一节，《老子》说："进取不止，就会被杀死；适可而止，就会存活。这两种表现，有的获得利益，有的遇到害处。上天的好恶，有谁知道是什么缘故呢？"世传本最后还有一句"是以圣人犹难之"（圣人对此也很犯难），但帛书本并没有这一句，而且这一句本身对于这一节的内容来说也没有实际意义，一般认为是63章207-6303一节中的内容重出，应该从《老子》的正文中删去。

"敢"字在此是指不顾一切的进取、冲击，所以《老子》断言其必害于身。"杀"的意义其实比较广泛，泛指一切不利的结果，而"活"当然就指好的结局了。《老子》说过，"坚强者死之徒也，柔弱者生之徒也"（245-7601），而"勇于敢者"就是一味的刚强者，但结果适足以备受其害，甚至损杀其躯。"勇于不敢"则是适时的柔弱者，符合大道的要求，肯定是备享其利。"此两者"的利与害，其实《老子》说得很清楚，所以，上天的好恶究竟是什么原因，事实上《老子》已经做了回答，只不过想通过这样的疑问而加以强调罢了。

237-7302○天之道，不战而善胜，不言而善应，不召而自来，坦然而善谋。

那么，根据上一节的现象描述，究竟什么是天之道呢？《老子》故意反问"孰知其故"，其实它是知道的。正如这一节所说："上天之道，不用战斗也能取得完善的胜利，不用言语也能做出完善的应答，不必召唤也能自然归来，坦坦荡荡也能进行完善的谋划。"大道主宰万物，遵循的是自然之道，遵循事物自身的规律。所以，大道不必通过征战式的强求，也能获得彻头彻尾的胜利；不必喋喋不休，也能绰绰自如地应对一切；不必强行召唤万物，万物也会如期而至；不必绞尽脑汁，也能获得尽善尽美的谋划。这一切都说明，万事万物的发展和运行有

其自身的自然节奏和过程，人的干预是徒劳害事的。有时，人们会感觉自己的努力成功了，其实那不过是碰巧合上了自然的节拍而已。事实上，更多的时候是人的努力干扰甚至违背了自然的节拍，所以，人的努力多半是受挫折的和不成功的。大道之所以能够主宰万物，只是由于它遵循了万物自身的发展规律，并不是它有格外的力量，更不是它抛开自然之道，为万物另创一套生存的法则。也可以说，上天之道是大道的体现，其终极作用是控制万物。

所谓"不争、不言、不召、坦然"，并不是说天道无所作为，而是其作为方式不同于世人。世上不会有没有原因的结果，也不会有没有结果的原因。大道的终极目标还是"胜、应、来、谋"，而不是彻底的无所为、无所求。所以，《老子》一书是"有为"之书，书中所述也是"有为"之术，只是它的实现手段和过程与其他思想学说有所不同而已。

238-7303○天网恢恢，疏而不失。

在这一节，《老子》以一句话总结了天道的特性，这就是："上天的罗网非常宽松，但疏稀之中却没有任何遗失。"在《老子》看来，天道的作用并非无为，而是要像"天网"一样网罗天下万物，使之循规蹈矩。与人间的控制方式不同，天道之网"疏而不失"，看上去稀疏宽松，实际上密而不漏。这就说明，人世间有为的政治，特别是暴君的统治，虽然法令繁多，惩罚严酷，但却由于不能控制人的思想，因而不可能使社会安定。相反，无为的君主使用大道的"天网"，把控制人的思想放在首位，虽然法令不繁，惩罚不多，却可以很好地稳定政治局势。

在《老子》时代，由于政治社会的发展程度还很有限，依法治国还没有寻找到更好的方式，所以，绝大多数思想家们都把自己的政治核心放在了人治上，以为只有人心不出问题，国家政治就能走上理想之路。这样的想法当然是对的，但他们有一个通病，即对于人心之变、人心之乱，缺乏足够的认识，甚至认为人的认识程度是只上不下的。这样一来，虽然他们对于人的思想作用的肯定是可贵的，但在实际的政治运作中，这种可贵作用总是要打折扣的。也就是说，把人类最终的希望寄托在人心上，既有可能走向最高的善，也可能走向最大的恶，而由于制度的缺失，在实际生活中，往往是恶的一面容易占据上风。中国古代几千年的君主专制制度，就是这种恶的集中表现。

第七十四章　若民恒且不畏死(239–241)

239–7401○若民恒且不畏死,奈何以杀惧之也!

在本章,《老子》假设了三种情况,具体说明民众与统治者的关系,或是根据天道,如何处理统治者对待民众的错误做法。根据《老子》作者的观察分析,统治者对待民众至少存在三种错误做法。

这一节是第一种做法的假设。《老子》说:"民众一旦到了无论如何都不惧怕死亡的时候,为什么还要用杀戮威胁他们?"在各种版本之间,本节在整体上差异比较大,而且影响到了对整章文字的理解。世传本第一句是"民不畏死",语义含混。帛书本则既有"若"字,表示一种假设的情况;还有"恒且"二字,表示一种状态。比较而言,帛书本语义明确,且与下文保持一致。

这里所说的民众不惧怕死亡,是假设的一种被逼无奈的状况,意思是,由于统治者政教失调,民众没有其他选择,只能铤而走险,表现出不怕死的样子,因为他们横竖都是死。也就是说,并不是民众生来就不怕死、不服管,而是没有其他选择。事实上,世上并没有真正不怕死的人。无论什么人,当他表现出不怕死的时候,肯定是有特殊原因的。而对于民众来说,在《老子》时代,不怕死的原因就在于统治者,因为《老子》接下来就说,统治者企图"以杀惧之",用刑杀逼迫民众就范。历史证明,这样的举措是不会有效果的。

《孟子》也说过,民众有恒产才会有恒心。所谓恒产,就是日常生活有着落、不发愁。有了恒常之心,就会觉得活着快乐;失去了恒常之心,死亡又怎么能让他们惧怕呢?使用各种刑罚,也不会使情况发生根本性的改观。即使是用死威胁他们,民众也不会畏惧,甚至反而会冒死抵抗。

当然,这也是《老子》中最有名的政治宣言之一,其中"奈何"二字尤其耐人寻味。民众不惧怕死亡的原因是什么?是自己纵欲,还是当政者出了问题?在《老子》看来,民不畏死的责任在君主。如果君主奉行大道,民众就会"虚其心,实其腹"(010–0302),快乐地生活。《老子》之所以用"奈何"发问,就是对君主说,明摆着有大路可走,你们为什

么偏偏误入小路,真是糊涂啊!这其中显然有恨铁不成钢的喟叹。所以,这一节的落脚点,与下面两节一样,都是对统治者提出的要求。当然,即使出发点是为了巩固统治者的地位,如果能在这个过程中充分考虑到民众的生活和利益,这样的主张就还有它积极的一面。但可惜的是,在实际的政治动作中,民众的利益往往容易被看成一种单纯的手段,这样一来,在君主专制的制度下,民众与统治者之间的矛盾并没有从根本上得到化解,"不畏死"和"以杀惧之"就成为一种不灭的轮回。

240-7402 若使民恒且畏死,而为奇者,吾得而杀之,夫孰敢矣!

这一节是《老子》设想的第二种情状,同样说的是统治者与民众的关系。

《老子》说:"民众一旦到了一直害怕死亡的时候,其他人还要做出不合规矩的事情,我一定要把他们逮起来杀掉,看谁还敢那样去做?"正确理解这一节的关键是"奇"字,通常的理解是奇异、别出心裁、不守规法的意思。所以,"为奇"一句,既可以解释为民众被迫做出违法之事,也可以理解为统治者做出不合常规之事。同样,"吾得而杀之"的对象,既可以是民众,也可以是统治者。不过,既然前一节说了"民不畏死",这一节诛杀的对象就不应当是民众。所以,这一节还是告诫统治者要善待民众,以便长久地维持其统治。

换句话说,在《老子》看来,既然民众有了怕死的表现,说明他们的日子还能过得下去。在这种情况下,统治者还不满足,还要出花样儿,就会受到大道的惩罚。就如同《老子》时代的许多上层人物和贵族世家一样,轻则失禄,重者绝祀,进而导致天下大乱。因为这种情况太普遍,也太恶劣,《老子》就在此使用了"孰敢"这样强烈的诫告之语,于此可见《老子》的良苦用心。

241-7403○若民恒且必畏死,则恒有司杀者杀。夫代司杀者杀,是谓代大匠斫。夫代大匠斫者,则希(稀)不伤其手。

这一节是《老子》所设想的第三种统治者与民众的关系状况。

《老子》的说法是:"民众一旦到了应该惧怕死亡的时候,就一定

要让负责刑杀的官员去处理。如果有谁取代了这样的生杀权，就等于是代替高明的木匠劈砍木料。那些代替匠人砍木料的人，很少有不受伤的。"世传本缺少了第一句"若民恒且必畏死"，则显得这一节的意思很突兀，也引起了后世许多不必要的争论。

所谓"必畏死"，是说在第二节所说情况的前提下，在社会安定、秩序正常的时代，如果有民众犯了法，一定会受到法律惩治的时候，一定要让"司杀者"去执法。"司"是专职的意思。在《老子》时代还有"有司"这个常用词，是指政府部门的官吏，特别是具体办事的官员。因为"有司"执法有章可循，所以，他们的执法是必要的和正当的。但是，如果君主或主政者置有关官员的权限和责任于不顾，喜欢擅自执行诛杀，这在《老子》看来就一定是不合天理的，好比是笨拙的人代替木匠砍削木料一样，结果不仅没有砍好木头，还伤了自己的手指。也就是说，用暴政压迫人民的侯王，到头来是会失去自己的政治地位的。《老子》的这一思想，虽然具有一些批评现实政治的味道，但关心的焦点，依然是统治者的政治地位和权力。

传统解释中有一种观点认为，司杀者应该是天道，因为万物的生死都决定于天道。这样的理解与上两节的意义明显脱离。事实上，"杀"不过是个比喻，并不一定指杀死什么人，而是应该包括各种各样的法律制裁手段。如果在上位者不能尽好自己的职责，而是利用权力插手在下者的事务，不但不能完成好本职工作，还会影响到在下者的工作。

本章的最大特点，是《老子》所假设的三种状况具有方向一致、环环相扣的特点。在《老子》看来，作为普通民众，对待当政者的权力，无非只能有三种选择，即"不畏死"、"畏死"和"必畏死"。"必畏死"是最理想的状况，表示民众彻底畏服统治者。"畏死"则是一般性的状况，表示统治者的统治还能维持。"不畏死"则是不理想的状况，表示统治者的统治地位已经出现了问题。这三种状况，在任何时代和国家都有可能出现，所以，《老子》的重点并不是讨论这三种状况本身，而是指出了在这三种情况下，统治者容易犯下的三种错误。既然是错误，《老子》当然会根据大道提出相应的批评和指正。

第七十五章 人之饥(242-244)

242-7501○人之饥也,以其取食税之多,是以饥。

本章与上一章主旨相同,都是《老子》的政治思想,并且把矛头主要指向了统治者。在具体的阐述上,也是分为三个层次,分别从经济、政治和精神领域提出了具体的批评意见。

在这一节,《老子》从经济的角度指出了统治者的问题所在。《老子》一针见血地指出:"人们遭受饥饿,是因为榨取粮食税太多了。"帛书本虽然用的是"人"字,并且没有如世传本那样点出在上者的作为,但能够榨取税赋的无疑是以君主为首的社会上层,所以,世传本就直接说"民之饥也"的原因是"上食税之多"。由此可见,世传本对于古本的改动,更多地着眼于方便理解。但是,这样的改动,有时看上去会使《老子》的文字更好理解,但在意义上未免会失之于偏颇。

《老子》时代是典型的小农经济,粮食生产是一国一邦之本。所谓的"食税",即粮食税,也主要是以粮食本身来体现。在上位者收取的"食税"太多,占人口大多数的农民自然会遭受饥饿,这会反过来从根本上动摇国家的经济基础。所以说,种地者遭受饥饿,是当时一国的主要的经济问题。事实上,自古以来,粮食就是我们这个社会的基础。农民长期负担太重,会逐渐动摇国家的经济基础,进而影响社会的稳定与和谐。《老子》指出这个问题,足见其作者对于当时的社会运行有着非常深刻的认识。当然,百姓的贫困有多种原因,但《老子》认为主要是税收负担太重,其实这也是中国古代社会面临的主要经济问题。

243-7502○百姓之不治也,以其上之有以为也,是以不治。

在这一节,《老子》分析了天下政治不安定的原因。
《老子》说:"百姓不能被治理,是因为在上位者过分作为。"世传本是"民之难治","民"与"百姓"区别不大,而"难治"与"不治"就大有不同了。"难治"是说还可以治理,就是有难度;"不治"则是根本无法治理了。《老子》断言"不治",一方面是对当时政治形势严重程度的看

法,另一方面则是想警醒统治者,让他们赶快认识到政治局面的严重性。所谓"百姓之不治",是说统治者失去了政治控制能力,天下已经大乱了。当然,"百姓不治"显然是从君主的角度来说的。尽管《老子》把"百姓不治"归结于君主的有为,但这一说法本身却有着明显的政治倾向。这是时代使然,在当时来说并不是多么过分的提法。

为什么会天下混乱、百姓不治呢?《老子》很明确地把责任归之于"上之有以为",这显然是在批评统治者政令烦琐而不合理,当然更不符合大道的要求。

244-7503○民之轻死也,以其求生之厚也,是以轻死。夫唯无以生为者,是贤贵生。

在这一节,《老子》从精神领域入手,对不利于生命质量的人生观进行了鞭挞。

《老子》说:"民众轻视死亡,是因为在上位者过分追求安逸的生活。不去追求过分安逸的生活,比看重生活享受更可取。"世传本的"以其上求生之厚",比帛书本多出一个"上"字。"上"指最高统治者,世传本所指虽然更为明确,但在范围上却缩小了《老子》的本来意义。事实上,在中国古代,民众的生活再艰难,也能够奉养一个人的奢侈,可是,如果整个社会上层都沉溺于无边的消耗,社会财富就会供不应求。显然,帛书本的"其"是指整个社会上层,这更符合《老子》的本意,当然也更符合社会实际。另一方面,古今中外从来都没有普通民众"求生之厚"的时候,特别是在中国古代,普通民众的生活要求是很低的,不可能达到"厚"的程度,因为这里的"厚"是指过度奉养自己,这只能是有权有势者的选择。

"生为"就是过度"求生",意在告诫在位者,因为在那个时代,普通百姓并不存在养生的问题。《老子》不赞成"养生",并不是轻视生命,而是认为养生的最佳方式是无限的精神之养,不是有限的物质之养。其实,在任何时代,都不会因为普通百姓追求物质利益而导致社会动荡。《老子》认识到了这一点,就一直要求统治者表率在先。所谓"无以生为",就是一种思想认识和精神境界。圣人不去追求物质方面的养生,而把养生的重点放在精神之养上,就不会有来自现实的祸患了。这难道不比因为看重自己的生命而过度"养生"更可取吗?

老庄经典 老子通说

第七十六章　人之生也柔弱（245-246）

245-7601○人之生也柔弱,其死也筋(筋)胏(rèn)坚强。万物草木之生
也柔脆,其死也枯槁。故曰:坚强者死之徒也,柔弱者生之
徒也。

本章是《老子》道论指导下的人生观,主旨是主张清静谦让,反对
躁动强梁。

在这一节,《老子》举例说:"人活着的时候身体是柔弱的,死后筋
骨就变得僵硬了。草木活着的时候是柔嫩的,死后就枯槁了。所以,强
硬与死亡为同类,柔弱与活着是同类。"帛书本比世传本在"其死也"
之后多出"筋胏"二字,意思是筋骨和肌肉;"坚强"在此则是变硬、变
僵的意思。

因为《老子》哲学是强调自然本性的,所以就经常从自然现象入
手讨论哲学问题。人的身体柔软是活着的表现,而身体僵硬则是生命
终结的证明,草木的生死亦复如是。《老子》用此类现象为喻,力图证
明坚强等同于死亡,柔弱等同于生存。但是,人的生死与身体软硬的
关系,到底谁是因,谁是果,恐怕不是《老子》所说的那么简单。中国古
代的哲人们,都喜欢从生活的经验入手阐述自己的学说,以便于人们
理解和接受。但这也带来一个缺点,就是他们的结论都缺乏必然性,
只是希望人们从生活常识的角度去认识一些问题,有时让人觉得说
服力并不强。

246-7602○是以兵强则不胜,木强则烘(hōng)。故强大居下,柔弱居上。

这一节是深化上一节的观点,用新的例证说明强梁的害处。
《老子》说:"因此,武力强大就会走向灭亡,树木强壮就会被砍伐
做柴烧。所以说,强大的要处在下面,柔弱的处在上面。"尽管世传本
的文字在"木强则"后面一个字上说法不一,但对于这个字的大义,大
家都清楚,就是树木强壮之后容易出现的问题。帛书本上的这个字也
不清楚,整理者隶定为"烘"字,为烘烧之义,意思是被砍去做柴烧,基

本上能够说得过去。

在《老子》看来，太强大的兵力既容易自恃自骄，也容易成为别人共同攻击的目标，这样的例子屡见不鲜，如楚汉争霸时项羽从强大到灭亡的过程。至于人们去砍烧柴时，当然是要寻找强壮的树木。一则寓言说，橡树和芦苇争论谁更强大，正吵得难解难分之时，刮起了大风。芦苇摆动着，随风俯仰，免于被连根拔掉；橡树则竭力对抗，最终被连根拔起。但是，正如我们在上一节分析时所说的，这样的例证和说法都是或然性的，并不具备必然性。

需要特别指出的是，既然从大道的角度来看，万物都有生与灭，那么，经过了"强"再"灭"，在很多情况下要比一直守弱更可取。因为守弱只能推迟"灭"，并不能避免"灭"。另外，守弱的最终目的也在于获胜，这同样要面临"灭"。所以，《老子》的深意，恐怕是告诫人们不要刻意成为强者，而是要顺其自然，该到强大时再取强大，以免因为不合时宜的取强而招致不应该到来的灭亡。

《老子》最后说，柔弱的东西，如果能顺应自然本性，生存的机会不会比强大的东西更少。凡是看上去强大的，最终要处在下位；而看上去柔弱的，迟早会处在上位。所以，把握大道的人，要轻视强大，高看柔弱。不过，"强大居下，柔弱居上"一句，也可以理解为把内在的强大隐藏起来，而把柔弱谦下作为外在表现。这样一来，就能更好地保持强大，延长强大者的生命力。

第七十七章　天之道犹张弓(247-249)

247-7701○天之道,犹张弓也。高者抑之,下者举之;有余者损之,不足者补之。

本章主旨是阐述《老子》的大道哲学,但切入点是天道与人道的关系。在这一节,《老子》以拉弓射箭为例说明天道的规则,它说:"上天的规则,就像是拉开的弓弦。太高了往下压,太低了往上举;用力太多就减少一些,用力不足就增加一些。"所谓"高者"、"下者",是指拉弓时手的位置,无论是握弓的手,还是拉弦的手,都要适中,不可偏高,也不可偏低。至于"有余"、"不足",应该是指力量,即弓弦的力度,过强或过弱都会影响命中目标。以适中为最高目标,才能引出下文对天道与人道的说明。

也有解释认为,"有余"、"不足"不是说拉弓,而是讲述一般的道理。不用说,《老子》在此举例,就是要说明一般的道理。那个时代的哲学家,都非常关注大自然和现实生活,而《老子》的作者则对于大自然和人间的平衡现象印象深刻,并认为这就是大道追求自然的表现之一。那个时候,自然界的生态平衡更为明显;在人世间,虽然善恶美丑、好运厄运等不会在每一个人身上都表现得那么均衡,但是,如果驻足人类整体,还是能够看出这种均衡现象的。

248-7702○天之道,损有余而补不足。人之道则不然,损不足以奉有余。夫孰能有余而有以取奉于天者乎? 唯有道者。

上一节正面阐述天道的规则,这一节则从天道与人道的不同中强调天道的重要性。

《老子》说:"天道的规则是,减少多余的,增补给不足的。人道则不同,是在减少不足的,奉养多余的。那么,有谁能在多余的时候,取法于天道呢? 只能是有道之人。"天道的规则永恒不变,不高也不下,关键就是减少多余,增补不足。对于统治者来说,要想治理好天下,就要达到国用充足。可是,一旦有了盈余,则应该把多余的分给日用不

足的民众，天下就会太平。但在《老子》的时代，更常见的，或者在统治者来说习以为常的，是无限制地盘剥百姓，以满足统治者的无尽欲壑。这里的"人之道"，显然指现实政治。"不足"的是民众，"有余"的是统治者们。在《老子》看来，要想彻底改变这种状况，必须仰赖大道，因为大道是天地万物包括人类在内的最后的希望。这样的思想，与对所谓"人道"的揭露一样，都具有鲜明的社会批判精神。

这一节的后半段，世传本和帛书本的差异较大，本书则采取了帛书本的文字。世传本典型的说法是"孰能有余以奉天下，唯有道者"。世传本之所以会出现这样的说法，是因为未能很好地理解古本的文字，于是逐渐改成了现在的样子。其实，帛书古本的说法更为深刻，意思是说，那种有余的人，应该取法天道，即"损有余而补不足"，而不要盲从不合理的"人道"。这里的关键是如何理解"奉"字。"奉有余"之"奉"是奉献的意思，而"取奉于天"之"奉"则是奉行、奉法的意思，也就是说，"取奉"是取法的意思，"取奉于天"就是取法于天道。当然，真正能够取法于大道的，只能是有道者，遵循大道的人。

老庄经典 老子通说

249-7703〇是以圣人为而弗有，成功而弗居也，若此其不欲见(现)贤也。

天道的思想是要为现实服务的，而在这方面，《老子》所定义的圣人是做得最到位的。所以，在这一节，《老子》总结说："圣人有所作为，却不占有；有所成就，也不居功；这是因为圣人不想显耀自己。"不过，因为"为而弗恃也，成而弗居也"(008-0204)已见于前文，同时，从一定角度来看，这一节的意思与前几节也并没有直接的关联，所以，这一节的文字也可能是错简所致，或者是把古人的注释错当成了正文。

所谓"不欲见贤"，是说圣人效法上天，把成功归于万物，不想让万物认识到圣人的贤能，以免盈满而亏。但很显然，《老子》明确肯定了圣人是有为和有功的，只是圣人考虑到天道的规律，不想明目张胆地把这些功劳说出来，不想把自己摆在明处，以免招来无妄之灾。换句话说，圣人的理想状态，是让万物体会到圣人的功劳，从而在实质上接受圣人的主宰，这样一来，圣人就没有必要把这些功劳挂在嘴上。所以说，《老子》所说的"天道"，是要有所作为的，是要建功立业的，但这样的功劳和业绩并不需要自我肯定和张扬，而是需要万物的自然铭记。

第七十八章 天下莫柔弱于水(250-252)

250-7801○天下莫柔弱于水,而攻坚强者莫之能胜,以其无以易之
也。

　　本章主要阐述《老子》的人生观,这一节则以水的特性作比喻,赞
赏大道的柔弱特性。
　　《老子》说:"天下最柔弱的莫过于水,但它却最擅长攻坚克强,这
是因为它能始终如一地坚持着。"在《老子》看来,用坚强攻克坚强,必
然两强俱损;用柔弱制服刚强,就会损伤刚强,保全柔弱。《老子》进而
指出,之所以说水的本性接近于大道,也是因为它能够始终如一地保
持自己的精神和本质。世上凡是能被改变本质的东西,就会无原则地
顺从他物,失去自己,这又怎能胜过外物呢? 只有不能被改变本质的
东西,才能保持永恒,使他物无法战胜之。
　　对于水的特性,古代思想家多有赞美。孔子说"智者乐水"(《论
语·雍也》),孟子解释说,水流归海,无论遇到什么样的阻挡,也能设
法通过,而"水滴石穿"更是尽人皆知的道理。《老子》把水的特性与它
的无为哲学相结合,认为水的特性正好说明柔弱最终战胜刚强的道
理。类似于"水滴石穿"式的以柔胜刚,需要的是柔韧性,《老子》称之
为"无以易之","易"是变化和改变的意思。在《老子》时代,政治剧变
往往会使曾经强大的政治势力瞬间垮台,而战胜他们的新生力量正
是逐渐成长壮大的柔弱者。

251-7802○柔之胜刚也,弱之胜强也,天下莫弗知也,而莫能行也。

　　这一节是对上一节比喻的简单概括,表达了对世事世风的感叹。
　　《老子》说:"柔弱胜过刚强的道理,天下无人不晓,但却无人奉
行。"看起来,"知"与"行"的不一致,是自古以来就有的一个重要的认
识和实践的问题。根据《老子》的观点,柔胜刚,弱胜强,这样的例子比
比皆是,也许《老子》的作者跟什么人说起来人家都会同意,但就是不
能在实践中推而行之。为什么呢?《老子》并没有给出深层的原因分

析。最直接的一个原因,也许是最简单的原因,就是绝大多数人难以克服眼前的利益诱惑,或者是眼前的生存状况太差,无暇顾及久远的打算。因为柔胜刚和弱胜强都需要长时间的坚持和等待,如果不具备相当的条件,这个转化是难以实现的。特别是在《老子》时代,且不说普通人的生存状况,就是社会上层,在激烈的权力的斗争中,稍有不慎,就会国破家亡、身败名裂,很难想象会有多少人有条件、有耐心等待柔胜刚、弱胜强的那一刻的到来。所以,《老子》在此的感慨,如同"天下莫之能知也,莫之能行也"(228-7001)一样,只能是流于浩叹了。

252-7803○是故圣人言云:"受邦之垢,是谓社稷之主;受邦之不祥,
　　　　是为天下之王。"正言若反。

　　这一节以圣人的作为概括本章的思想,其实也可以说是《老子》一切思想主张的归宿处。

　　《老子》说:"圣人的主张是,能够忍受一国的污垢,就是社稷之主;能够领受一国的不祥,就是天下之王。这正好比是,正面的观点,听起来好像是反面的话语。"《老子》所言圣人,即合乎大道要求的统治者。对于此处的圣人所言,一般的理解是,英明的君主要能够忍受一国的污浊和不祥。具备了如此德行,就会稳坐江山,使天下人都来归顺。至于什么才是《老子》在此所说的"垢"和"不祥",从字面上理解,都是指世人以为不好的、不愿意接受的东西,如柔弱、谦下等,或者是比如"孤、寡、不榖"之类的称呼,口头上说自己是孤家寡人,说自己是修养欠缺的不善之人,但实际上只是表示出一种谦下的姿态。"社稷"二字分开来说是土地神和谷神,合在一起是指诸侯的祭祀神庙,象征着国家政权。在《老子》看来,当政者应该具有宽容精神,特别是对公认的反面事物的容纳。这是因为,普通人只知眼前,对于事物的认识和判断缺乏长远眼光,而事物终究都要走向对立面。

　　不过,我们早已感受到,《老子》所说的弱,并不是弱不禁风的弱,同样,它所说的强,也不是貌似坚强的强。如果真是行将就木之弱,无论如何都不能战胜日方中天之强。历史上确有一些帝王,在逆境中由弱变强,但其中的原因却不简单。比如周文王,曾受过商纣王的百般侮辱,包括长时间的囚禁,但这既给了文王兴国的动力,也使他在当时各诸侯国中赢得了威望,最后由接班的周武王灭了号称强大的商

朝。春秋时代,又有越王勾践受辱复国的历史教训。吴王夫差打败越国之后,越王勾践不得已而到吴国自首,做了吴王的随从,这对于一个国君来说,自然是奇耻大辱。而吴王夫差则得意洋洋,自以为强大无比,结果放松了对越国的控制。当再次兴盛起来的越国反攻吴国时,夫差才发现自己的强大已经到了头,姑苏一战,最终死于勾践的刀下。

然而,我们完全可以设想另外一种情形。如果商纣王的残暴还未发展到至极之处,如果周朝的力量还很有限,是否会出现以弱胜强的局面?事实上,之所以文王在世时没有起兵反商,就是因为条件还不够成熟。这说明,弱小战胜强大,并不是无条件的,并不是什么样的弱小,都注定能战胜强大。所以,柔弱战胜刚强,要讲究条件,更要讲究策略。在想方设法使自己的对手强大得过了头之外,还要把自己真实的力量隐藏起来,让对方觉得自己软弱得不值一提,然后看中时机,特别是要充分利用对方的弱点,一击而中,把强大的对手打倒在地。

相对弱小者可以装得更软弱,从而麻痹强大者。而再强大的势力也有它的弱点。这可以说是弱中有强,强中有弱。在以柔弱胜刚强的过程中,关键是要采用以弱之强,攻强之弱的方法,并不一定非要等到强大的一方崩溃成弱不禁风的状况。

要想以弱胜强,还须有强有力的精神支撑。在越王胜吴王的故事里,就有著名的"卧薪尝胆"的传说。说的是,深处逆境的越王,一定要睡在柴草堆里,还要时不时地尝尝苦胆的味道,以便牢记吴王带给自己的屈辱,坚定报仇的决心。弱者遭受强者之辱,乃常见之事。可是,如能很好地利用这种屈辱,坏事也可以转化成好事,促使弱者战胜强者。它的最主要的根据是,绝不可让强者瞧得起弱者,以保证弱者获得可乘之机。

至于《老子》在此所说的"正言若反",并不能推导出"反言若正",所以,《老子》所谓"垢"和"不祥"应该有特定内涵的,至少也要符合大道的要求。这个"正言"之"正",既有与反面相对的正面的意思,也有"正确"的意思。乍听上去是反话,其实是要表达正面的意思。比如说《老子》讲"无为",并不是让人什么都不做,而是说要适可而止,不要过分,特别是统治者,在国家政治中,不要滥用特权,以免失去臣民的拥戴。

第七十九章　和大怨(253-255)

253-7901 ○ 和大怨,必有余怨。报怨以德,焉可以为善?

本章是阐述《老子》的人生观和价值观。

在这一节,《老子》提出一个原则:"调和重大的怨恨,一定不会把怨恨彻底消除干净。以恩德回报怨恨,这怎能说是完善的呢?"此所谓"和"是指勉强的或不合实际的调和,这样的调和,即使能够使结怨者之间讲和, 也只会是表面的或者是苟且的, 而不能解决根本性的问题。"报怨以德"一句,原本在第63章,但在那一章的出现显得不伦不类,与那一章的上下文也没有联系,所以,一般认为应该置于这一节的"焉可以为善"之前。从道理上讲,这一调整是能够立得住的。

总之,《老子》认为,重大的怨仇,是没有办法和解的;即使有一方做出让步,也不是最好的办法。"和大怨"的主要表现之一是所谓的"报怨以德",以德行回报怨恨,《老子》认为这是行不通的,不可能达到完善。为什么这么说呢? 因为所谓"怨"是一种有意的行为,是发怨之人明知道什么是恰当的, 但却不愿意恰当地去做的一种表现。那么,对于这种"怨"人,最完善的解决途径是什么呢? 以《老子》看来,持守无为清静,避免结下怨仇,才是最彻底的办法。也许有人会推论,如果已经结了怨,又不能以德相报,是不是就应该以怨相报呢? 回答是,这不是《老子》的思维方式。《老子》不赞成"报怨以德",并不是说就赞成"报怨以怨"。世俗的聪明人,都自称有解决矛盾的才能,殊不知真正的才能是消除矛盾的根源,所以才有下文的举例。

254-7902 ○ 是以圣人执右契(qì),而不以责于人。

那么,什么才不是"和大怨"呢? 在这一节,《老子》举例说:"圣人执持债主的契券,却不会向负债者强行责取。"世传本和帛书乙本均为"左契",唯帛书甲本为"右契",按当时习俗,在表示债务关系的"契",即契约或合同中,"右"为上,"左"为下,所以,"右契"为债主所执,左契为负债者所执。"责"是索取的意思。《老子》的意思是,圣人借

债于人,给人以恩惠,但不会因此而强求于人,以便把恩惠做到实处。也就是说,借债给人本是好事,如果强行索取,好事就变成了坏事。再提升一步说,在圣人治下的社会里,圣人只求施恩于人,不强求回报,以避免引发怨恨。不过,《老子》在此只是作比方,所谓"执右契"者并不是实际财物关系中的债权人,而是天地之间的债权人。也就是说,在圣人与普通人的关系中,圣人是主动的一方,普通人是被动的一方。圣人虽然有权决定人间事务,但也不会使用强迫手段,而是以清静无为引导人们走上大道,这样一来,人间的重大怨仇也就自然消失了。

255-7903○故有德司契,无德司彻。天道无亲,恒与善人。

这一节是总结性的阐述,是《老子》以债权债务关系为例要说明的真正的大道理。

《老子》说:"有大德的人掌握着契券,没有大德的人强求兑现。天道没有偏爱,总是赞成做事完善的人。"古来对"司彻"之争议颇多。"彻"的本义是整治、贯通之义。在《老子》时代有一种赋税之法称"彻",意思是"一次性、整体性",特指一次性地或一揽子地征收赋税的政策。就政治领域而言,《老子》认为,在君主和民众的经济关系中,特别是在税收方面,有德的君主采取比较灵活的契约关系,无德的君主则采取不讲情面的一次收尽的做法。比较而言,前者不容易结怨,后者则是滋生"大怨"的温床。如果上升到人生领域,则《老子》所认定的最高境界是"契而不收",即一直保持着债务关系,但不求完全收回债务,以便最好地控制负债之人。换句话说,要让人听从调遣,最好的控制方法是有恩有债于对方;如果对方根本不亏欠自己的,或者有欠账也都还清了,即"彻",当然就不好控制了。所以,有德之人,即《老子》所说的掌握了大道的人,并不强求对方偿还债务。事实上,如果对方是能够利用之人的话,让他负债而为自己服务,远比债务本身更重要。只有那种"无德"之人,对大道一无所知之人,才会只盯着债务本身,看不到债务背后的价值。当然,此所谓债务,是泛指一切的恩惠或人情之类,因为《老子》所谓"契",也只是喻指一种难以脱离的关系,并不是一定要指实际的财货关系。

216

第八十章　小邦寡民（256-258）

256-8001〇小邦寡民。使有十百人之器,毋用;使民重死而远徙。

本章表述的是《老子》的政治思想,特别是所谓"理想国"的内容,一向为人们所重视。

在这一节,《老子》以"小邦寡民"申明其宗旨,意思是说:"邦国的疆域要小,人口要少。"具体说来,第一项要求就是:"纵使民众有各种各样的便利器具,也不去使用;让民众看重死亡,远离迁徙。"与世传本相比,帛书本的文字较为明确。如世传本为"什佰之器",会让人误以为是指兵器或是能够领导十人百人的人才。帛书直言"十百人之器",其实是指能够抵得上十人百人的器具,也就是能够有十倍百倍于单个人力的工具,多半是指当时的那些有悖于自然理念的新式农具。至于那些制造奢器的精巧工具,更是在《老子》的拒斥之列了。又帛书本作"远徙","远"为疏远、远离、避免之意;而世传本则不知此意,多作"不远徙",以"远"为远近之远,大失《老子》之意旨,会让人觉得"近徙"是可以的。

在《老子》看来,一个邦国地广人多,事情就会多得难以应对,难于考虑周全,不免会使用人为的手段来管理,最终失去自然之道。《老子》的作者生活在西周末年,对当时的政治混乱非常厌烦,就根据大道的原理,写成此书。撰写此书的主要目的就是要改变文饰胜过朴质的世风,使人们品行淳厚,所以才把"小邦寡民"作为理想社会。"邦"字世传本多作"国",那是避讳汉高祖刘邦的结果。"寡"是稀少的意思。《老子》"小国寡民"的观念是其政治思想中颇具特色的一面。《老子》的作者意识到大道的"自然无为"只能在一个相对较小的范围才有可能付诸实施,所以才倡导"小邦寡民"。

中国古代的政论家都有自己的乌托邦。在孟子的理想国里,甚至一个老者应该吃几斤几两肉的细小问题都被考虑到了。而《老子》的理想国,也不能简单地说只是幻想的产物。《老子》的作者肯定作过一些社会调查。在春秋时代,虽然当时的大国已经有了大家族对土地的集中占有,有了这种集中占有后的相对大规模的农业活动,但在一些

小国里,特别是在周朝国都周围的一些小的邦国里,源于原始社会的
以村落为单位的自然经济模式还非常盛行。对比这两种经济模式,前
者是权欲与财欲的结果,无疑会引发更大的欲望,导致更惨烈的争夺
和战争;后者则自给自足,恬淡无为,既不会引发不断膨胀的欲望,更
不会引起战争。

　　《老子》的作者也肯定体验过村落自然经济给人带来的内心的宁
静,以至于对这种生存方式进行了详细的描述。《老子》说,在这样一
个小国寡民的社会里,人们虽然也有种种享乐的条件,但却并不去利
用,比如无节制的饮酒狂欢之类。但是,让后人不太容易理解的是,
《老子》为什么反对使用更有生产效率的劳动工具呢?其实道理很简
单。《老子》认为,最简单的工具所生产的产品在当时已经能够满足人
们的基本生活所需了,如果不断地提高生产效率,只会生产出多余的
产品,从而刺激人们的享乐欲望,最终对于淳厚朴质的自然生活形成
威胁。当然,机械的敏巧,也会引发人们在社会生活中的机巧甚至奸
猾。总之,人们只有非常看重死亡,才不会去追求过度的享受;只有避
免来来往往的迁徙,才能不受外界的种种诱惑,在平静的生活中获得
真正的自然之美。

257-8002○有舟舆,无所乘之;有甲兵,无所陈之;使民复结绳而用之。

　　这一节继续上一节的话题,描述《老子》乌托邦里的其他事项。
　　《老子》说:"有了舟船,也不必乘坐;拥有盔甲兵器,也不必展示;
让人们再来结绳而治。"车船和兵器,显然都是上一节所说的"十百人
之器",《老子》认为对于自然朴质的生活有害无益。但是,从人类发展
史的角度来看,既然没有必要使用,就不应该拥有那些东西;既然出
现了那些东西,而且都是人造的东西,就说明有使用的必要。所以,
《老子》的要求,显然是要从当时的社会发展阶段向后退,回到往古的
所谓"自然"状态。从这个意义上讲,《老子》的理想国,同样具有批判
现实的精神。
　　在原始社会,人们为了标记时间和记住重要事件,就用绾绳结的
方式进行标识和帮助记忆,古籍称为"结绳而治",同时也为现代考古
学和人类学的研究所证实。典籍认为,这个"结绳而治"的时代是"三皇
五帝"中的"三皇"时代。一般认为,"三皇"是指伏羲氏、燧人氏和神农

氏。因为缺乏可靠记载,《老子》的作者不太可能确知"三皇"时代究竟如何,所以只能泛泛地说"结绳而用"。古代思想家经常采用以古讽今的方式批判当代政治,《老子》也认为,越是古往的时代越是合理。殊不知存在的就是合理的,要紧的是如何改进现实,而不是沉醉于过去。

258-8003〇甘其食,美其服,乐其俗,安其居。邻邦相望,鸡犬之声相闻,民至老死不相往来。

　　这一节同样是《老子》理想国的细节描述,即:"以自己的食物为美味,以自己的服装为美观,以自己的风俗为快乐,以自己的住处为安居。虽然邻国之间的人们都能互相看得见,甚至鸡鸣狗吠都能听得到,但人们直至老死都不相互往来。"在《老子》看来,不吃味道太重的,饮食就会甘美;不过分装饰,穿戴就很美观;不削弱淳朴之性,风俗就会让人快乐;没有雕梁画栋,居住就很安定。所谓甘、美、安、乐,是指适中而能够持久的享受,而不是无限放纵。《老子》虽然是每事必从君主的角度提要求、讲道理,处处为当政者着想,但对于普通民众,也有它通达人情的一面。当然,与现代民主政治相比,《老子》的不同之处是,民众的利益不是与生俱有的,而是在上位者安排好的。

　　在《老子》时代,国与国之间的相互对立和攻伐是社会矛盾的最高和最惨烈的表现方式。《老子》认为,这样的矛盾源于人们的彼此欲求。如果各国内部能过上"小邦寡民"、自给自足的生活,甚至不发生相互关系,就不会相互贪求,也不会发生冲突。在现代人看来,这样的理想国式的要求虽然有其积极的一面,但要想从根本上解决社会问题,还是有些消极。

　　不过,更应该引起我们注意的是,《老子》理想国的思想,与其实现这一理想而倡导的行动方式却无法协调起来。至于《老子》的物极必反、福祸相倚相伏的观点,则会使人们想到,一旦小邦寡民发展下去,又会出现什么样的变化呢?这样一来,《老子》的理想国,只能与其实质上的专制政治思想相统一了。也许《老子》真正的想法是,在这样的封闭式的袖珍小国里,人民安稳地生活,得到了普通人在当时想得到的一切,统治者的政治特权也不会受到任何挑战,这便是一幅典型的国泰民安的景象了。

第八十一章 信言不美（259-261）

259-8101○信言不美,美言不信。知者不博,博者不知。善者不多,多者不善。

本章讲的是《老子》的知识论和人生观。它是世传本《老子》的最后一章,而帛书本《老子》的最后一章是世传本的第 37 章。严格说来,因为像《老子》这样的典籍在最初并不是一本现代意义上的"书",所以并没有在最后一章进行总结的习惯和必要,因为这样的"章"的排列也是后人所划分的,只是为了后人的阅读方便而已。

在这一节,《老子》说:"信实的言语不必华美,华美的言语不见得信实。真知灼见者不必博学多识,博学多识者不见得就有真知灼见。完善的人不去占有太多,占有太多的不是完善之人。"从学理上讲,内在的信实应该与外在的华美相一致,但是,过分注重外在的华美,比如华丽的辞藻、婉曲的表述等,就容易忽视内在的信实,至少也容易分散听者的注意力,降低言语的可信度。特别是哲学言语,更应该保持信实与华美之间的平衡。但是,在《老子》时代,为了吸引当权者的注意力,许多思想家都喜欢在言语华美上大做文章,致使《老子》强调说,言语信实与辞藻华美之间不见得就能一致。

《老子》看不起那个时代的其他哲学思想,认为它们尽管讲得头头是道,但真正知道的东西并不多。这种见解虽然有些偏激,但对于那样的普遍失信的时代来说,也不啻于一种救急的主张。当然,当时的另外一些思想家并不赞成这种极端观点,比如孔子一派,就强调以行动验证诺言,庶几可以增强思想的说服力。《老子》在这方面说得不太多,也许认为那样的要求也有它的难处,因为行动本身有时还需要其他事实来印证。实际上,判断言语的信与不信,从长远的观点来看,还不在于说得好听与不好听,而更应该是实际行为。

《老子》所谓"不出于户,可以知天下"（155-4701）,就是说即使没有关于外物的详博知识,照样可以洞悉天下的本质。在此则进一步指出,一味寻求"博",就会影响"知"。这样的结论,同样与《老子》时代的人们热衷于追求外在所得的风气有关。当然,如同"美"与"信"一样,

"知"与"博"之间在逻辑上也不存在必然的矛盾关系，只是在特定条件下，如果把握不当，就容易形成对立。《老子》虽然强调了它们容易形成对立的一面，但这并不是说《老子》就主张极端的观点。

帛书本说"善者不多，多者不善"，世传本则是"善者不辩，辩者不善"，显然是后学者受到上文所说"言"和"知"影响，并且对《老子》所说的"不多"缺乏思考，就擅自修改了《老子》原文。《老子》在此所说的"多"，是指超出了自己控制能力的过多的拥有，包括财货、权力和名声。根据《老子》思想，过多的拥有就会造成失控，不仅迟早会失去，享受不到，还会带来不必要的麻烦和祸患。所以，《老子》才断言，"多"的结果是"不善"，不完善；而完善地遵循大道之人，则不会去过多地拥有什么。不用说，此处所说的"多"也是相对而言的。在具体运用中，还需要人们予以具体的对待。

260-8102○圣人无积。既以为人，己愈有；既以予人，己愈多。

这一节是接着上一节的"多"与"不多"来进行更深入的探讨的。

《老子》说："圣人不积聚什么。帮助了别人，自己愈加富有；给予了他人，自己愈加增多。"这里所说的"积"，就是上一节所批评的"多"。至于"积"的内容，既指财富，也指言语之教、法律制度。事实上，从圣人，即怀有大道的统治者的角度来看，既然天下的一切都是自己的，那么，把这种可以"积"的东西存在自己身边与放在被统治者身边是一样的。正是在此意义上，《老子》才说，越是帮助别人、给予别人，自己会拥有的越多。至于说大道，圣人更不会把它视为个人财富，更不会卷于怀中，而是要广布天下，特别是要摆在那些对大道一无所知、思想中一无所有的人的面前。所以，圣人越是把大道告诉别人，自己对大道的理解就越会丰富和深入。事实上，也只有精神财富才会是给予他人的越多，自己拥有的越多。

值得注意的是，《老子》的最终目的还是"己有"和"己多"，而且是越有越好、越多越好。这就证明，《老子》反对的"积"，只是超出自己控制力和拥有力的积蓄，而不是反对所有条件下的积累。如果是圣人，如果遵循了大道，就一定会是来者不拒，"愈有"而"愈多"。所以，在《老子》的作者来看，"有"与"多"并不是问题，能否遵循大道才是问题；拥有多少不是问题，能不能完善地加以控制才是问题。

261-8103○故天之道,利而不害;人之道,为而不争。

这一节是为上一节的观点提出理由或根据。《老子》很坚定地强调说:"所以,上天之道是,为万物谋利而不为害;人之道应该是,有所作为而不去争夺。"通常对《老子》哲学的理解是,《老子》主张无争无为,主张不积不有,所以,世传本才把古本《老子》的"人之道"改成圣人之道。事实上,正如本书不断强调的,《老子》哲学是有为哲学,是占有哲学,只是它的有为和占有之道与诸子各家有所不同而已。正如《老子》在这一节所说的,天道的宗旨是为万物包括人类在内,谋利而不为害;因此,人类生存的宗旨也应该是有为,只是不要作无谓的争抢罢了。通常认为,有利必有害,有为必有争,但根据《老子》哲学的原则,以大道为原则,通过恰当的方式,利用合适的时机,完全可以做以有利而无害,有为而不争。我们不能说这就是《老子》哲学的唯一归宿,但它至少也是《老子》哲学的旨趣之一。尊崇《老子》哲学,如果不能了悟这一点,无疑是最让人感到遗憾的了。

附录:

(一)《老子》若干主要版本之异文及本书之"校正"

第一章　道可道

001-0101《校　正》:道,可道也,非恒道也;名,可名也,非恒名也。

　　　　《河上公》:道可道,非常道;名可名,非常名。

　　　　《王　弼》:道可道,非常道;名可名,非常名。

　　　　《韩非子》:道之可道,非常道也。

　　　　《帛书甲》:道,可道也,非恒道也;名,可名也,非恒名也。

　　　　《帛书乙》:道,可道也,〖非恒道也;名,可名也,非〗恒名也。

002-0102《校　正》:无名,万物之始也;有名,万物之母也。

　　　　《河上公》:无名,天地之始;有名,万物之母。

　　　　《王　弼》:无名天地之始;有名万物之母。

　　　　《帛书甲》:无名,万物之始也;有名,万物之母也。

　　　　《帛书乙》:无名,万物之始也;有名,万物之母也。

003-0103《校　正》:故恒无欲也,以观其妙;恒有欲也,以观其所徼(jiào)。

　　　　《河上公》:故常无欲,以观其妙。常有欲,以观其徼。

　　　　《王　弼》:故常无欲,以观其妙;常有欲,以观其徼。

　　　　《帛书甲》:〖故〗垣无欲也,以观其眇(妙);恒有欲也,以观其所噭(徼)。

　　　　《帛书乙》:故恒无欲也,〖以观其妙;〗恒又(有)欲也,以观其所噭(徼)。

004-0104《校　正》:两者同出,异名同谓。玄之又玄,众妙之门。

　　　　《河上公》:此两者,同出而异名。同谓之玄。玄之又玄,众妙之门。

　　　　《王　弼》:此两者同出而异名,同谓之玄,玄之又玄,众妙之门。

　　　　《帛书甲》:两者同出,异名同胃(谓)。玄之又玄,众眇(妙)之〖门〗。

　　　　《帛书乙》:两者同出,异名同胃(谓)。玄之又玄,众眇(妙)之门。

第二章　天下皆知美之为美

005-0201《校　正》:天下皆知美之为美也,恶已(矣);皆知善,此其不善已(矣)。

　　　　《河上公》:天下皆知美之为美,斯恶已;皆知善之为善,斯不善已。

　　　　《王　弼》:天下皆知美之为美,斯恶已;皆知善之为善,斯不善已。

《竹简甲》：天下皆智（知）敚（美）之为敚（美）也，亚（恶）已；皆智（知）善，此其不善已。

《帛书甲》：天下皆知美为美，恶已；皆知善，訾（斯）不善矣。

《帛书乙》：天下皆知美之为美，亚（恶）已；皆知善，斯不善矣。

006-0202 《校　正》：**有无之相生也，难易之相成也，长短之相形也，高下之相盈（呈）也，音声之相和（hè）也，先后之相随也。**

《河上公》：故有无相生，难易相成，长短相形，高下相倾，音声相和，前后相随。

《王　弼》：故有无相生，难易相成，长短相较，高下相倾，音声相和，前后相随。

《竹简甲》：又（有）亡之相生也，惻（难）惕（易）之相成也，长耑（短）之相型（形）也，高下之相涅（盈）也，音圣（聖-聲-声）之相和也，先后之相隋（随）也。

《帛书甲》：有无之相生也，难易之相成也，长短之相刑（形）也，高下之相盈也，意（音）声之相和也，先后之相隋（随），恒也。

《帛书乙》：〖有无之相〗生也，难易之相成也，长短之相刑（形）也，高下之相盈也，音声之相和也，先后之相隋（随），恒也。

007-0203 《校　正》：**是以圣人居无为之事，行不言之教。**

《河上公》：是以圣人处无为之事，行不言之教。

《王　弼》：是以圣人处无为之事，行不言之教，

《竹简甲》：是以圣人居亡为之事，行不言之孝（教）。

《帛书甲》：是以声（聲-聖-圣）人居无为之事，行〖不言之教〗。

《帛书乙》：是以耵（聖-圣）人居无为之事，行不言之教。

008-0204 《校　正》：**万物作而弗始也，为而弗恃也，成而弗居也。夫唯弗居也，是以弗去也。**

《河上公》：万物作焉而不辞，生而不有，为而不恃，功成而弗居。夫惟弗居，是以不去。

《王　弼》：万物作焉而不辞，生而不有，为而不恃，功成而弗居。夫惟弗居，是以不去。

《竹简甲》：万勿（物）愳（作）而弗忄（始）也，为而弗志（恃）也，成而弗居。天（夫）唯弗居也，是以弗去也。

《帛书甲》：〖万物作焉而弗始〗也，为而弗志（恃）也，成功而弗居也。夫唯居，是以弗去。

《帛书乙》：万物昔（作）而弗始，为而弗侍（恃）也，成功而弗居也。夫唯弗居，是以弗去。

第三章 不上贤

009-0301 《校 正》:不上贤,使民不争。不贵难得之货,使民不为盗。不见(现)可
欲,使民不乱。

《河上公》:不尚贤,使民不争;不贵难得之货,使民不为盗;不见可欲,使
心不乱。

《王 弼》:不尚贤,使民不争;不贵难得之货,使民不为盗;不见可欲,使
民心不乱。

《帛书甲》:不上贤,〖使民不争。不贵难得之货,使〗民不为〖盗。不见
可欲,使〗民不乱。

《帛书乙》:不上贤,使民不争;不贵难得之货,使民不为盗;不见可欲,使
民不乱。

010-0302 《校 正》:是以圣人之治也,虚其心,实其腹,弱其志,强其骨。

《河上公》:是以圣人〖之〗治,虚其心,实其腹,弱其志,强其骨,

《王 弼》:是以圣人之治,虚其心,实其腹;弱其志,强其骨。

《帛书甲》:是以声(聲 – 聖 – 圣)人之〖治也,虚其心,实其腹,弱其
志〗,强其骨。

《帛书乙》:是以耵(聖 – 圣)人之治也,虚其心,实其腹,弱其志,强其骨。

011-0303 《校 正》:恒使民无知无欲也,使夫智不敢。弗为而已,则无不治矣。

《河上公》:常使民无知无欲,使夫智者不敢为也。为无为,则无不治。

《王 弼》:常使民无知无欲,使夫智者不敢为也。为无为,则无不治。

《帛书甲》:〖恒〗使民无知无欲也,使〖夫智不敢,弗为而已,则无不治
矣〗。

《帛书乙》:恒使民无知无欲也,使夫知(智)不敢,弗为而已,则无不治
矣。

第四章 道冲而用

012-0401 《校 正》:道冲(chōng)而用之,又弗盈也。渊兮,似万物之宗。

《河上公》:道冲而用之,或不盈。渊乎似万物之宗。

《王 弼》:道冲而用之或不盈,渊兮似万物之宗。

《帛书甲》:〖道盅,而用之又弗〗盈也。潇(渊)呵,始(似)万物之宗。

《帛书乙》:道沖(盅),而用之有(又)弗盈也。渊呵,似万物之宗。

013-0402 《校 正》:挫其锐,解其纷,和其光,同其尘,湛(zhàn)兮似或存。

《河上公》:挫其锐,解其纷,和其光,同其尘,湛兮似若存。

225

《王　弼》：挫其锐,解其纷,和其光,同其尘。湛兮似或存,

《帛书甲》：锉(挫)其,解其纷,和其光,同〖其尘〗。〖湛呵似〗或存,

《帛书乙》：锉(挫)其兑(锐),解其芬(纷),和其光,同其尘。湛呵似若存,

014-0403《校　正》：**吾不知其谁之子也,象帝之先。**

《河上公》：吾不知谁之子,象帝之先。

《王　弼》：吾不知谁之子,象帝之先。

《帛书甲》：吾不知〖其谁之〗子也,象帝之先。

《帛书乙》：吾不知其谁之子也,象帝之先。

第五章　天地不仁

015-0501《校　正》：**天地不仁,以万物为刍(chú)狗;圣人不仁,以百姓为刍狗。**

《河上公》：天地不仁,以万物为刍狗;圣人不仁,以百姓为刍狗。

《王　弼》：天地不仁,以万物为刍狗;圣人不仁,以百姓为刍狗。

《帛书甲》：天地不仁,以万物为刍狗;声(圣)人不仁,以百省(姓)〖为刍〗狗。

《帛书乙》：天地不仁,以万物为刍狗;耵(圣)人不仁,〖以〗百姓为刍狗。

016-0502《校　正》：**天地之间,其犹橐籥(tuó-yuè)欤? 虚而不屈,动而愈出。**

《河上公》：天地之间,其犹橐籥乎? 虚而不屈,动而愈出。

《王　弼》：天地之间,其犹橐籥乎? 虚而不屈,动而愈出。

《竹简甲》：天陉(地)之勿(间),其猷(猶–犹)犹囩(橐)籥(籥)与? 虚而不屈,遆(動–动)而愈出。

《帛书甲》：天地〖之间,其〗犹橐籥与? 虚而不湿(屈),蹱(动)而俞(愈)出。

《帛书乙》：天地之间,其犹橐籥与? 虚而不湿(屈),勤(动)而俞(愈)出。

017-0503《校　正》：**多闻数穷,不若守于中。**

《河上公》：多言数穷,不如守中。

《王　弼》：多言数穷,不如守中。

《帛书甲》：多闻数穷,不若守于中。

《帛书乙》：多闻数穷,不若守于中。

第六章　谷神不死

018-0601《校　正》：**谷神不死,是谓玄牝(pìn)。**

《河上公》：谷神不死,是谓玄牝。

《王　弼》：谷神不死,是谓玄牝,

《帛书甲》:浴(谷)神〖不〗死,是胃(谓)玄牝,

《帛书乙》:浴(谷)神不死,是胃(谓)玄牝,

019-0602《校　　正》:**玄牝之门,是谓天地根。**

《河上公》:玄牝之门,是谓天地根。

《王　弼》:玄牝之门,是谓天地根。

《帛书甲》:玄牝之门,是胃(谓)〖天〗地之根。

《帛书乙》:玄牝之门,是胃(谓)天地之根。

020-0603《校　　正》:**绵绵呵其若存,用之不勤。**

《河上公》:绵绵若存,用之不勤。

《王　弼》:绵绵若存,用之不勤。

《帛书甲》:绵绵呵若存,用之不堇(勤)。

《帛书乙》:绵绵呵其若存,用之不堇(勤)。

第七章　天长地久

021-0701《校　　正》:**天长地久。天地之所以能长且久者,以其不自生也,故能长生。**

《河上公》:天长地久,天地所以能长且久者,以其不自生,故能长生。

《王　弼》:天长地久。天地所以能长且久者,以其不自生,故能长生。

《帛书甲》:天长地久。天地之所以能〖长〗且久者,以其不自生也,故能长生。

《帛书乙》:天长地久。天地之所以能长且久者,以其不自生也,故能长生。

022-0702《校　　正》:**是以圣人退其身而身先,外其身而身存。**

《河上公》:是以圣人后其身,而身先;外其身,而身存。

《王　弼》:是以圣人后其身而身先,外其身而身存。

《帛书甲》:是以声(聲-聖-圣)人芮(退)其身而身先,外其身而身存。

《帛书乙》:是以耵(聖-圣)人退其身而身先,外其身而身先,外其身而身存。

023-0703《校　　正》:**不以其无私欤?故能成其私。**

《河上公》:非以无私耶?故能成其私。

《王　弼》:非以其无私邪?故能成其私。

《帛书甲》:不以其无〖私〗舆(与)?故能成其私。

《帛书乙》:不以其无私舆(与)?故能成其私。

第八章　上善如水

024-0801《校　　正》:**上善如水。水善利万物而有静,处众之所恶(wù),故几于道矣。**

《河上公》:上善若水。水善利万物而不争,处众人之所恶,故几于道。

《王　弼》：上善若水。水善利万物而不争,处众人之所恶,故几于道。

《帛书甲》：上善治(似)水,水善利万物而有静。居众之所恶,故几于道矣。

《帛书乙》：上善如水,水善利万物而有争(静)。居众人之所亚(恶),故几于道。

025-0802《校　正》：**居善地,心善渊,予善天,言善信,政善治,事善能,动善时。**

《河上公》：居善地,心善渊,与善仁,言善信,正善治,事善能,动善时。

《王　弼》：居善地,心善渊,与善仁,言善信,正善治,事善能,动善时。

《帛书甲》：居善地,心善 潚(渊),予善,信,正(政)善治,事善能,蹱(动)善时。

《帛书乙》：居善地,心善渊,予善天,言善信,正(政)善治,事善能,动善时。

026-0803《校　正》：**夫惟不争,故无尤。**

《河上公》：夫唯不争,故无尤。

《王　弼》：夫唯不争,故无尤。

《帛书甲》：夫唯不静(争),故无尤。

《帛书乙》：夫唯不争,故无尤。

第九章　持而盈之

027-0901《校　正》：**持而盈之,不若其已;揣(捶)而锐之,不可长保也。**

《河上公》：持而盈之,不如其已。揣而锐之,不可长保。

《王　弼》：持而盈之,不如其已。揣而梲之,不可长保。

《竹简甲》：柒(持)而浧(盈)之,【不】不若已。湍(揣)而群之,不可长保也。

《帛书甲》：植(持)而盈之,不〖若其已。揣而〗兑(锐)之,〖不〗可长葆(保)之(也)。

《帛书乙》：植(持)而盈之,不若其已;掬(揣)而兑(锐)之,不可长葆(保)也。

028-0902《校　正》：**金玉盈室,莫能守也;富贵而骄,自遗咎(jiù)也。**

《河上公》：金玉满堂,莫之能守。富贵而骄,自遗其咎。

《王　弼》：金玉满堂,莫之能守。富贵而骄,自遗其咎。

《竹简甲》：金玉浧(盈)室,莫能兽(守)也。贵福(富)乔(骄),自遗咎也。

《帛书甲》：金玉盈室,莫之守也。富贵而骄(骄),自遗咎也。

《帛书乙》：金玉〖盈〗室,莫之能守也;富贵而骄,自遗咎也。

029-0903《校　正》：**功遂身退,天之道也。**

《河上公》：功成、名遂、身退,天之道。

《王　弼》：功遂身退,天之道。

《竹简甲》：攻(功)述(遂)身退,天之道也。

《帛书甲》:功述(遂)身芮(退),天〖之道也〗。

《帛书乙》:功遂身退,天之道也。

第十章　营魄抱一

030-1001 《校　正》:营魄抱一,能毋离乎?抟(tuán)气致柔,能婴儿乎?涤除玄鉴,
能毋疵乎?

《河上公》:载营魄。抱一,能无离,专气致柔,能婴儿。涤除玄览,能无疵。

《王　弼》:载营魄抱一,能无离乎?专气致柔,能婴儿乎?涤除玄览,能无
疵乎?

《帛书甲》:〖载营魄抱一,能毋离乎?抟气致柔,〗能婴儿乎?脩(涤)除
玄蓝(鉴),能毋疵乎?

《帛书乙》:载营柏(魄)抱一,能毋离乎?槫(抟)气至(致)柔,能婴儿乎?
脩(涤)除玄监(鉴),能毋有疵乎?

031-1002 《校　正》:爱民治国,能毋以智乎?天门启阖(hé),能为雌乎?明白四达,
能无以知乎?

《河上公》:爱民治国,能无为。天门开阖,能为雌。明白四达,能无知。

《王　弼》:爱民治国,能无知乎?天门开阖,能无雌乎?明白四达,能无为
乎?

《帛书甲》:〖爱民治国,能毋以智乎?〗(以下部分残毁)

《帛书乙》:爱民栝(治)国,能毋以知(智)乎?天门启阖,能为雌乎?明白
四达,能毋以知乎?

032-1003 《校　正》:生之畜之。生而弗有,长而弗宰也,是谓玄德。

《河上公》:生之、畜之。生而不有,为而不恃,长而不宰,是谓玄德。

《王　弼》:生之、畜之,生而不有,为而不恃,长而不宰,是谓玄德。

《帛书甲》:生之畜之,生而弗〖有,长而弗宰也,是谓玄〗德。

《帛书乙》:生之畜之,生而弗有,长而不宰也,是胃(谓)玄德。

第十一章　三十辐同一毂

033-1101 《校　正》:三十辐同一毂(gǔ),当其无,有车之用也。

《河上公》:三十辐共一毂,当其无,有车之用;

《王　弼》:三十辐共一毂,当其无,有车之用。

《帛书甲》:卅(三十)〖辐同一毂,当〗其无,〖有车〗之用〖也〗。

《帛书乙》:卅(三十)楅(辐)同一毂,当其无,有车之用也。

034-1102 《校　正》:埏(shān)埴而为器,当其无,有埴器之用也。

229

《河上公》:埏埴以为器,当其无,有器之用;

《王　弼》:埏埴以为器,当其无,有器之用。

《帛书甲》:燃(埏)埴为器,当其无,有埴器〖之用也〗。

《帛书乙》:燃(埏)埴而为器,当其无,有埴器之用也。

035-1103《校　正》:**凿户牖(yǒu),当其无,有室之用也。**

《河上公》:凿户牖以为室,当其无,有室之用。

《王　弼》:凿户牖以为室,当其无,有室之用。

《帛书甲》:〖凿户牖,〗当其无,有〖室之〗用也。

《帛书乙》:凿户牖,当其无,有室之用也。

036-1104《校　正》:**故有之以为利,无之以为用。**

《河上公》:故有之以为利,无之以为用。

《王　弼》:故有之以为利,无之以为用。

《帛书甲》:故有之以为利,无之以为用。

《帛书乙》:故有之以为利,无之以为用。

第十二章　五色使人目盲

037-1201《校　正》:**五色使人目盲,驰骋田猎使人心发狂,难得之货使人之行妨,**
五味使人之口爽,五音使人之耳聋。

《河上公》:五色令人目盲,五音令人耳聋,五味令人口爽,驰骋田猎,令
人心发狂,难得之货,令人行妨。

《王　弼》:五色令人目盲,五音令人耳聋,五味令人口爽;驰骋畋猎令人
心发狂;难得之货令人行妨。

《帛书甲》:五色使人目明(盲),驰骋田腊(猎)使人〖心发狂〗,难得之
货使人之行方(妨),五味使人之啣(爽),五音使人之耳聋。

《帛书乙》:五色使人目盲,驰骋田腊(猎)使人心发狂,难得之货使人之
行仿(妨),五味使人之口爽,五音使人之耳〖聋〗。

038-1202《校　正》:**是以圣人之治也,为腹而不为目,故去彼而取此。**

《河上公》:是以圣人为腹,不为目。故去彼取此。

《王　弼》:是以圣人为腹不为目,故去彼取此。

《帛书甲》:是以声(圣)人之治也,为腹不〖为目〗,故去罢(彼)耳(取)
此。

《帛书乙》:是以耴(聖－圣)人之治也,为腹而不为目,故去彼而取此。

第十三章　宠辱若惊

039-1301 **《校　正》：宠辱若惊，贵大患若身。何谓宠辱若惊？宠为下也。得之若惊，失之若惊，是谓宠辱若惊。**

《河上公》：宠辱若惊，贵大患若身。何谓宠辱？宠为上，辱为下。得之若惊，失之若惊，是谓宠辱若惊。

《王　弼》：宠辱若惊，贵大患若身。何谓宠辱若惊？宠，为下得之若惊，失之若惊，是谓宠辱若惊。

《竹简乙》：悤(宠)辱若缨(惊)，贵大患若身。可(何)胃(谓)悤(宠)辱？悤(宠)为下也。得之若缨(惊)，遊(失)之若缨(惊)，是胃(谓)悤(宠)辱缨(惊)。

《帛书甲》：龙(宠)辱若惊，贵大梡(患)若身。苟(何)胃(谓)龙(宠)辱若惊？龙(宠)之为下。得之若惊，失〖之〗若惊，是胃(谓)龙(宠)辱若惊。

《帛书乙》：弄(宠)辱若惊，贵大患若身。何胃(谓)弄(宠)辱若惊？弄(宠)之为下也。得之若惊，失之若惊，是胃(谓)弄(宠)辱若惊。

040-1302 **《校　正》：何谓贵大患若身？吾所以有大患者，为吾有身也。及吾无身，有何患？**

《河上公》：何谓贵大患若身？吾所以有大患者，为吾有身。及吾无身，吾有何患？

《王　弼》：何谓贵大患若身？吾所以有大患者，为吾有身。及吾无身，吾有何患！

《竹简乙》：〖何谓贵大患〗若身？虖(吾)所以又(有)大患者，为虖(吾)又(有)身。返(及)虖(吾)亡身，或可(何)〖患〗？

《帛书甲》：何胃(谓)贵大梡(患)若身？吾所以有梡(大)患者，为吾有身也；及吾无身，有何梡(患)？

《帛书乙》：何胃(谓)贵大患若身？吾所以有大患者，为吾有身也；及吾无身，有何患？

041-1303 **《校　正》：故贵以身为天下，若可以宅天下；爱以身为天下，若可以迲(jǔ)天下。**

《河上公》：故贵以身为天下，则可寄于天下，爱以身为天下者，乃可以讬于天下。

《王　弼》：故贵以身为天下，若可寄天下；爱以身为天下，若可讬天下。

《竹简乙》：〖故贵以身〗为天下，若可以厇(宅)天下矣。怨(爱)以身为天下，若可以迲天下矣。

《帛书甲》：故贵为身于为天下，若可以迁（托）天下矣；爱以身为天下，女（如）可以寄天下。

《帛书乙》：故贵为身于为天下，若可寄橐（托）天下〖矣〗；爱以身为天下，女（如）可以寄天下矣。

第十四章　视之而弗见

042-1401《校　正》：视之而弗见，名之曰微；听之而弗闻，名之曰希；捪（mín）之而弗得，名之曰夷。此三者，不可致诘（jí），故混而为一。

《河上公》：视之不见名曰夷，听之不闻名曰希，抟之不得名曰微。此三者不可致诘，故混而为一。

《王　弼》：视之不见名曰夷，听之不闻名曰希，搏之不得名曰微。此三者不可致诘，故混而为一。

《帛书甲》：视之而弗见，名之曰瞹（微）。听之而弗闻，名之曰希。捪之而弗得，名之曰夷。此三者，不可至（致）计（诘），故圂（混）〖而为一〗。

《帛书乙》：视之而弗见，〖名〗之曰微。听之而弗闻，命（名）之曰希。捪之而弗得，命（名）之曰夷。此三者，不可至（致）计（诘），故绲（混）而为一。

043-1402《校　正》：一者，其上不皦（jiǎo），其下不昧。寻寻呵不可名也，复归于无物。是谓无状之状，无物之象，是谓忽恍。

《河上公》：其上不皦，其下不昧。绳绳不可名，复归于无物。是谓无状之状，无物之象，是谓忽恍。

《王　弼》：其上不皦，其下不昧。绳绳不可名，复归于无物，是谓无状之状，无物之象。是谓惚恍。

《韩非子》：无状之状，无物之象。

《帛书甲》：一者，其上不攸（皦），其下不忽（昧）。寻寻呵不可名也，复归于无物。是胃（谓）无状之〖象，是谓忽恍〗。

《帛书乙》：一者，其上不谬（皦），其下不忽（昧）。寻寻呵不可命（名）也，复归于无物。是胃（谓）无状之状，无物之象，是胃（谓）沕（忽）望（恍）。

044-1403《校　正》：随而不见其后，迎而不见其首。

《河上公》：迎之不见其首，随之不见其后，

《王　弼》：迎之不见其首，随之不见其后。

《帛书甲》：〖随而不见其后，迎〗而不见其首。

《帛书乙》：随而不见其后，迎而不见其首。

045-1404《校　正》：执今之道，以御今之有，能知古始，是谓道纪。

《河上公》：执古之道，以御今之有，以知古始，是谓道纪。

《王　弼》：执古之道，以御今之有。能知古始，是谓道纪。

《帛书甲》：执今之道，以御今之有，以知古始，是胃(谓)〖道纪〗。

《帛书乙》：执今之道，以御今之有，以知古始，是胃(谓)道纪。

第十五章　古之善为士者

046-1501《校　正》：**古之善为士者，必微妙玄达，深不可志(识)，是以为之容。**

《河上公》：古之善为士者，微妙玄通，深不可识。夫唯不可识，故强为之容。

《王　弼》：古之善为士者，微妙玄通，深不可识。夫唯不可识，故强为之容。

《竹简甲》：古之善为士者，必非(微)溺(妙)玄达，深不可志(识)，是以为之颂(容)。

《帛书甲》：〖古之善为道者，微妙玄达，〗深不可志(识)。夫惟不可志(识)，故强为之容。

《帛书乙》：古之善为道者，微眇(妙)玄达，深不可志(识)。夫惟不可志(识)，故强为之容。

047-1502《校　正》：**豫乎其如冬涉川，犹乎其如畏四邻，严乎其如客，涣乎其如释，忳(tún)乎其如朴，沌(dùn)乎其如浊。**

《河上公》：与兮若冬涉川，犹兮若畏四邻，俨兮其若客，涣兮其若冰之将释，敦兮其若朴，旷兮其若谷，浑兮其若浊。

《王　弼》：豫焉若冬涉川，犹兮若畏四邻，俨兮其若容，涣兮若冰之将释，敦兮其若朴，旷兮其若谷，混兮其若浊。

《竹简甲》：夜(豫)虎(乎)奴(如)冬涉川，猷(猶－犹)虎(乎)其奴(如)悤(畏)四叟(邻)，敢(嚴－严)虎(乎)其奴(如)客覤(涣)虎(乎)其奴(如)怿(释)，屯(忳)虎(乎)其奴(如)朴，坉(沌)虎(乎)其奴(如)浊。

《帛书甲》：曰：与(豫)呵其若冬〖涉水。犹呵其若〗畏四〖邻。严呵〗其若客。涣呵其若凌(凌)泽(释)。敦呵其若楃(朴)。湷(混)〖呵其若浊。〗湆(旷)呵其〗若浴(谷)。

《帛书乙》：曰：与(豫)呵其若冬涉水。犹呵其若畏四叟(邻)。严呵其若客。涣呵其若凌(凌)泽(释)。沌(敦)呵其若朴。湷(混)呵其若浊。湆(旷)呵其若浴(谷)。

048-1503《校　正》：**孰能浊以静者，将徐清？孰能安以动者，将徐生？**

《河上公》：孰能浊以〖止〗静之，徐清？孰能安以久动之，徐生？

《王　弼》：孰能浊以静之徐清？孰能安以久动之徐生？

《竹　简》：竺(孰)能浊以朿(静)者，酒(将)舍(徐)清。竺(孰)能庀(安)以迬(动)者，酒(将)舍(徐)生。

《帛书甲》:浊而情(静)之余(徐)清,女(安)以重(动)之余(徐)生。

《帛书乙》:浊而静之徐清,女(安)以(重)动之徐生。

049-1504《校 正》:保此道者,不欲尚盈。

《河上公》:保此道者,不欲盈。夫唯不盈,故能蔽不新成。

《王 弼》:保此道者不欲盈。夫唯不盈,故能蔽不新成。

《竹简甲》:保此衍(道)者,不谷(欲)端(尚)呈(盈)。

《帛书甲》:葆(保)此道不欲盈,夫唯不欲〖盈,是以能敝而不〗成。

《帛书乙》:葆(保)此道〖不〗欲盈,是以能斃(敝)而不成。

第十六章 致虚恒也

050-1601《校 正》:致虚,恒也;守中,笃也。万物方作,居以须复也。

《河上公》:致虚极,守静笃,万物并作,吾以观其复。

《王 弼》:致虚极,守静笃,万物并作,吾以观复。

《竹简甲》:至虚,互(恒)也;兽(守)中,箺(笃)也。万勿(物)方复(作),居以须复也。

《帛书甲》:至(致)虚极也,守情(静)表(笃)也。万物旁(并)作,吾以观其复也。

《帛书乙》:至(致)虚极也,守静督(笃)也。万物旁(并)作,吾以观其复也。

051-1602《校 正》:天道员员(yún),各复其根。

《河上公》:夫物芸芸,各复归其根。

《王 弼》:夫物芸芸,各复归其根。

《竹简甲》:天道员员,各复其堇(根)。

《帛书甲》:天(夫)物云云,各复归于其〖根〗。

《帛书乙》:天(夫)物耘耘,各复归于其根。

052-1603《校 正》:归根曰静,静,是谓复命。复命,常也;知常,明也;不知常,妄;妄作,凶。

《河上公》:归根曰静。是谓复命。复命曰常。知常曰明。不知常,妄作,凶。

《王 弼》:归根曰静,是谓复命。复命曰常,知常曰明,不知常,妄作,凶。

《帛书甲》:〖归根曰静〗,静,是胃(谓)复命。复命常也,知常明也;不知常,吊(妄),吊(妄)作,凶。

《帛书乙》:曰静,静,是胃(谓)复命。复命常也,知常明也;不知常,芒(妄),芒(妄)作,凶。

053-1604《校 正》:知常容,容乃公,公乃王,王乃天,天乃道,道乃久,没(殁)身不殆。

《河上公》:知常容。容乃公。公乃王。王乃天。天乃道。道乃久。没身不殆。

《王　弼》:知常容,容乃公,公乃王,王乃天,天乃道,道乃久。没身不殆。

《帛书甲》:知常容,容乃公,公乃王,王乃天,天乃道,〖道乃久〗。沕(没)身不殆。

《帛书乙》:知常容,容乃公,公乃王,〖王乃〗天,天乃道,道乃〖久〗。没身不殆。

第十七章　太上

054-1701《校　正》:**太上,下知有之;其次,亲誉之;其次,畏之;其次,侮之。**

《河上公》:太上,下知有之。其次亲而誉之。其次畏之。其次侮之。

《王　弼》:太上,下知有之。其次,亲而誉之。其次,畏之。其次,侮之。

《竹简丙》:大(太)上,下智(知)又(有)之;其即(次),新(亲)誉之;其既(次),惧(畏)之;其即(次),乑(侮)之。

《帛书甲》:太上,下知有之。其次,亲誉之。其次,畏之。其下,母(侮)之。

《帛书乙》:太上,下知又(有)〖之。其次〗,亲誉之。其次,畏之。其下,母(侮)之。

055-1702《校　正》:**信不足,安有不信?**

《河上公》:信不足焉,〖有不信焉〗?

《王　弼》:信不足焉,有不信焉。

《竹简丙》:信不足,安(焉)又(有)不信?

《帛书甲》:信不足,案(安)有不信?

《帛书乙》:信不足,安有不信?

056-1703《校　正》:**犹乎其贵言也。成事遂功,而百姓曰:"我自然也。"**

《河上公》:犹兮其贵言。功成事遂,百姓皆谓我自然。

《王　弼》:悠兮其贵言。功成事遂,百姓皆谓我自然。

《竹简丙》:猷(猶－犹)虐(乎)其贵言也。成事述(遂)社(功),而百眚(姓)曰:"我自肰(然)也。"

《帛书甲》:〖犹呵〗,其贵言也。成功遂事,而百省(姓)胃(谓)我自然。

《帛书乙》:犹呵,其贵言也。成功遂事,而百姓胃(谓)我自然。

第十八章　故大道废

057-1801《校　正》:**故大道废,安有仁义?**

《河上公》:大道废,有仁义;智慧出,有大伪;

《王　弼》:大道废,有仁义;慧智出,有大伪;

《竹简丙》:古(故)大道發(废),安(焉)有惪(仁)义?

《帛书甲》:故大道废,案(安)有仁义?知(智)快(慧)出,案(安)有大伪?

《帛书乙》:故大道废,安有仁义?知(智)慧出,安有〖大伪〗?

058-1802《校　正》:六亲不和,安有孝慈?邦家昏乱,安有正臣?

《河上公》:六亲不和,有孝慈;国家昏乱,有忠臣。

《王　弼》:六亲不和,有孝慈;国家昏乱,有忠臣。

《竹简丙》:六新(亲)不和,安又(有)孝孿(慈)?邦豪(家)缗(昏)〖乱〗,
　　　　　安有正臣?

《帛书甲》:六亲不和,案(安)有畜(孝)兹(慈)?邦家(昏)乱,案(安)有贞
　　　　　臣?

《帛书乙》:六亲不和,案(安)有孝慈?国家(昏)乱,安有贞臣?

第十九章　绝智弃辩

**059-1901《校　正》:绝智弃辩,民利百倍;绝巧弃利,盗贼无有;绝伪弃诈,民复孝
慈。**

《河上公》:绝圣弃智,民利百倍;绝仁弃义,民复孝慈;绝巧弃利,盗贼无
　　　　　有。

《王　弼》:绝圣弃智,民利百倍;绝仁弃义,民复孝慈;绝巧弃利,盗贼无
　　　　　有。

《竹简甲》:畫(绝)智(知)弃支(辩),民利百怀(倍)。绝攷(巧)弃利,覘
　　　　　(盗)惻(贼)亡有。绝伪(伪)弃慮(诈),民复季(孝)子(慈)。

《帛书甲》:绝声(聲－聖－圣)弃知(智),民利百负(倍)。绝仁弃义,民复
　　　　　畜(孝)兹(慈);绝巧弃利,盗贼无有。

《帛书乙》:绝耵(聖－圣)弃知(智),而民利百倍,绝仁弃义,而民复孝兹
　　　　　(慈);绝巧弃利,盗贼无有。

**060-1902《校　正》:三言以为辨,不足。或命之,或呼属(嘱):视素抱朴,少私寡
欲。**

《河上公》:此三者,以为文不足。故令有所属。见素抱朴,少私寡欲。

《王　弼》:此三者,以为文不足,故令有所属,见素抱朴,少私寡欲。

《竹简甲》:三言以为貞(辨),不足。或命(令)之,或虎(呼)豆(属):视索
　　　　　(素)保仆(朴),少厶(私)须(寡)欲。

《帛书甲》:此三言也,以为文未足,故令之有所属。见素抱〖朴,少私而
　　　　　寡欲〗。

《帛书乙》:此三言也,以为文未足,故令之有所属。见素抱朴,少私而寡
　　　　　欲。

第二十章　唯与呵

061-2001 **《校　正》:唯与呵(hē),相去几何? 美与恶,相去何若?**

　　《河上公》:绝学,无忧。唯之与阿,相去几何? 善之与恶,相去何若?

　　《王　弼》:绝学无忧。唯之与阿,相去几何? 善之与恶,相去若何?

　　《竹简乙》:唯与可(呵),相去几可(何)? 岂(美)与亚(恶),相去可(何)若?

　　《帛书甲》:唯与诃,其相去几何? 美与恶,其相去何若?

　　《帛书乙》:唯与呵,其相去几何? 美与亚(恶),其相去何若?

062-2002 **《校　正》:人之所畏,亦不可以不畏人。荒兮,其未央哉!**

　　《河上公》:人之所畏,不可不畏。荒兮其未央哉。

　　《王　弼》:人之所畏,不可不畏。荒兮其未央哉!

　　《竹简乙》:人之所禔(畏),亦不可以不禔(畏)人。

　　《帛书甲》:人之〖所畏〗,亦不〖可以不畏人〗。〖𨓚(恍)呵,其未央哉〗!

　　《帛书乙》:人之所畏,亦不可以不畏人。𨓚(恍)呵,其未央才(哉)!

063-2003 **《校　正》:众人熙熙,若飨(xiǎng)于大(太)牢,而春登台。我泊(bó)也未兆,如婴儿未咳。纍(léi)呵,若所归。**

　　《河上公》:众人熙熙,如享太牢,如春登台。我独怕兮其未兆,如婴儿之未孩,乘乘兮若无所归。

　　《王　弼》:众人熙熙,如享大牢,如春登台。我独泊兮其未兆,如婴儿之未孩,儽儽兮若无所归。

　　《帛书甲》:众人熙(熙)熙(熙),若乡(飨)于大牢,而春登台。我泊焉未佻(兆),若〖婴儿未咳〗。纍呵,如〖无所归〗。

　　《帛书乙》:众人熙(熙)熙(熙),若乡(飨)于大牢,而春登台。我博(泊)焉未姚(兆),若婴儿未咳。纍呵,似无所归。

064-2004 **《校　正》:众人皆有余,而我独遗(匮)。我愚人之心也,惷惷(浑浑)呵(ā)!**

　　《河上公》:众人皆有余,而我独若遗。我愚人之心也哉,沌沌兮。

　　《王　弼》:众人皆有余,而我独若遗。我愚人之心也哉! 沌沌兮。

　　《帛书甲》:〖众人〗皆有余,我独遗(匮)。我愚人之心也,惷惷(沌沌)呵。

　　《帛书乙》:众人皆又(有)余,我愚人之心也,湷湷(沌沌)呵。

065-2005 **《校　正》:俗人昭昭,我独昏昏;俗人察察,我独闷闷。忽呵其若海,恍呵若无所止。**

　　《河上公》:俗人昭昭,我独若昏;俗人察察,我独闷闷。忽兮若海,漂兮若无所止。

《王　弼》:俗人昭昭,我独昏昏;俗人察察,我独闷闷。澹兮其若海,飂兮
　　　　　若无止。

《帛书甲》:鬻(俗)〖人昭昭,我独若〗闻(昏)呵。鬻(俗)人胃蔡(察)蔡
　　　　　(察),我独闷闷(闷闷)呵。忽呵,其若〖海〗。望(恍)呵,其若
　　　　　无所止。

《帛书乙》:鬻(俗)人昭昭,我独若闻(昏)呵。鬻(俗)人察察,我独闽闽
　　　　　呵。沕(忽)呵,其若海。望(恍)呵,若无所止。

066-2006《校　正》:**众人皆有以,而我独顽以鄙。我欲独异于人,而贵食母。**

《河上公》:众人皆有以,而我独顽似鄙,我独异于人,而贵食母。

《王　弼》:众人皆有以,而我独顽似鄙。我独异于人,而贵食母。

《帛书甲》:〖众人皆有以,我独顽〗以悝(俚)。我欲独异于人,而贵食母。

《帛书乙》:众人皆有以,我独闬(顽)以鄙。吾欲独异于人,而贵食母。

第二十一章　孔德之容

067-2101《校　正》:**孔德之容,惟道是从。**

《河上公》:孔德之容,唯道是从。

《王　弼》:孔德之容,惟道是从。

《帛书甲》:孔德之容,唯道是从。

《帛书乙》:孔德之容,唯道是从。

068-2102《校　正》:**道之物,惟恍惟惚。惚兮恍兮,其中有象;恍兮惚兮,其中有**
　　　　　　　　　物。幽兮冥兮,其中有情;其情甚真,其中有信。

《河上公》:道之为物,唯恍唯忽。忽兮恍兮,其中有象;恍兮忽兮,其中有
　　　　　物,窈兮冥兮,其中有精,其精甚真,其中有信。

《王　弼》:道之为物,唯恍唯惚。惚兮恍兮,其中有象;恍兮惚兮,其中有
　　　　　物。窈兮冥兮,其中有精;其精甚真,其中有信。

《帛书甲》:道之物,唯望(恍)唯忽。〖忽呵恍〗呵,中有象呵。望(恍)呵
　　　　　忽呵,中有物呵。㴠(幽)呵鸣(冥)呵,中有请(情)吔。其请
　　　　　(情)甚真,其中〖有信〗。

《帛书乙》:道之物,唯望(恍)唯沕(忽)。沕(忽)呵望(恍)呵,中又(有)象
　　　　　呵。望(恍)呵沕(忽)呵,中有物呵。幼(窈)呵冥呵,其中有请
　　　　　(情)呵;其请(情)甚真,其中有信。

069-2103《校　正》:**自古及今,其名不去,以顺众父。吾何以知众父之然也?以此。**

《河上公》:自古及今,其名不去,以阅众甫。吾何以知众甫之然哉?以此。

《王　弼》:自古及今,其名不去,以阅众甫。吾何以知众甫之状哉?以此。

《帛书甲》:自古及今,其名不去,以顺众伭(父)。吾何以知众伭(父)之然,
　　　　　以此。

《帛书乙》：自古及今，其名不去，以顺众父。吾何以知众父之然也？以此。

第二十二章　曲则全

070-2201 《校　正》：**曲则全，枉则正，洼则盈，敝则新，少则得，多则惑。是以圣人执一，以为天下牧。**

《河上公》：曲则全，枉则直，窪则盈，弊则新，少则得，多则惑。是以圣人抱一为天下式。

《王　弼》：曲则全，枉则直，窪则盈，敝则新，少则得，多则惑。是以圣人抱一，为天下式。

《帛书甲》：曲则金(全)，枉则定(正)，洼则盈，敝则新，少则得，多则惑。是以声(聲－聖－圣)人执一，以为天下牧。

《帛书乙》：曲则全，汪(枉)则正，洼则盈，襞(敝)则新，少则得，多则惑。是以聲(聖－圣)人执一，以为天下牧。

071-2202 《校　正》：**不自视，故明；不自见(现)，故彰；不自伐，故有功；不自矜，故能长。夫唯不争，故莫能与之争。**

《河上公》：不自见，故明；不自是，故彰；不自伐，故有功；不自矜，故长。夫唯不争，故天下莫能与之争。

《王　弼》：不自见故明，不自是故彰，不自伐故有功，不自矜故长。夫唯不争，故天下莫能与之争。

《帛书甲》：不〖自〗视(是)故明(彰)，不自见故章(明)，不自伐故有功，弗矜故能长。夫唯不争，故莫能与之争。

《帛书乙》：不自视(是)故章(彰)，不自见也故明，不自伐故有功，弗矜故能长。夫唯不争，故莫能与之争。

072-2203 《校　正》：**古之所谓"曲全"者，岂语哉？诚全归之。**

《河上公》：古之所谓曲则全者，岂虚言哉？诚全而归之。

《王　弼》：古之所谓曲则全者，岂虚言哉？诚全而归之。

《帛书甲》：古〖之所谓曲全者，岂〗语才(哉)？诚金(全)归之。

《帛书乙》：古之所胃(谓)曲全者，几(岂)语才(哉)？诚全归之。

第二十三章　希言自然

073-2301 《校　正》：**希(稀)言自然。**

《河上公》：希言自然。

《王　弼》：希言自然。

《帛书甲》：希言自然，

《帛书乙》:希言自然。

074-2302　《校　正》:飘风不终朝,暴雨不终日。孰为此? 天地。天地而弗能久,又
　　　　　况于人乎!

　　　　《河上公》:飘风不终朝,骤雨不终日。孰为此者? 天地。天地尚不能久,
　　　　　而况于人乎?

　　　　《王　弼》:故飘风不终朝,骤雨不终日。孰为此者? 天地。天地尚不能久,
　　　　　而况于人乎?

　　　　《帛书甲》:飘风不冬(终)朝,暴雨不冬(终)日。孰为此? 天地〖而弗能
　　　　　久,又况于人乎〗!

　　　　《帛书乙》:剽(飘)风不冬(终)朝,骤雨不冬(终)日。孰为此? 天地而弗能
　　　　　久,有(又)况于人乎!

075-2303　《校　正》:故从事而道者,同于道;德者,同于德;失者,同于失。同于德
　　　　　者,道亦德(得)之;同于失者,道亦失之。

　　　　《河上公》:故从事于道者,道者同于道,德者同于德,失者同于失。同于
　　　　　道者,道亦乐得之;同于德者,德亦乐得之;同于失者,失亦乐
　　　　　失之。信不足焉,有不信焉。

　　　　《王　弼》:故从事而道者,道者同于道,德者同于德,失者同于失。同于
　　　　　道者,道亦乐得之;同于德者,德亦乐得之;同于失者,失亦乐
　　　　　得之。信不足,焉有不信焉。

　　　　《帛书甲》:故从事而道者同于道,德者同于德,者(失)者同于失。同〖于
　　　　　德者〗,道亦德之。同于〖失〗者,道亦失之。

　　　　《帛书乙》:故从事而道者同于道,德者同于德,失者同于失。同于德者,
　　　　　道亦得之;同于失者,道亦失之。

第二十四章　企者不立

076-2401　《校　正》:企者不立。

　　　　《河上公》:跂者不立,跨者不行,

　　　　《王　弼》:企者不立,跨者不行,

　　　　《帛书甲》:炊(企)者不立,

　　　　《帛书乙》:炊(企)者不立,

077-2402　《校　正》:自视者不彰,自见(现)者不明,自伐者无功,自矜者不长。

　　　　《河上公》:自见者不明,自是者不彰,自伐者无功,自矜者不长。

　　　　《王　弼》:自见者不明,自是者不彰,自伐者无功,自矜者不长。

　　　　《帛书甲》:自视(是)不章(彰),〖自〗见者不明,自伐者无功,自矜者不
　　　　　长。

　　　　《帛书乙》:自视(是)者不章(彰),自见者不明,自伐者无功,自矜者不

长。

078-2403 《校　正》:其在道也,曰:余食赘行(形)。物或恶之,故有道者弗居。

　　　　《河上公》:其于道也,曰余食赘行。物或恶之,故有道者不处也。

　　　　《王　弼》:其在道也,曰余食赘行。物或恶之,故有道者不处。

　　　　《帛书甲》:其在道,曰稌(余)食赘行,物或恶之,故有欲(裕)者〖弗〗居。

　　　　《帛书乙》:其在道也,曰稌(余)食赘行。物或亚(恶)之,故有欲(裕)者弗居。

第二十五章　有状混成

079-2501 《校　正》:有状混成,先天地生。寂兮寥兮,独立而不改,可以为天下母。

　　　　《河上公》:有物混成,先天地生。寂兮寥兮,独立而不改,周行而不殆,可以为天下母。

　　　　《王　弼》:有物混成,先天地生,寂兮寥兮,独立不改,周行而不殆,可以为天下母。

　　　　《竹简甲》:又(有)牁(状)蟲(混)成,先天陉(地)生,敓穆(缪),蜀(獨－独)立不亥(改),可以为天下母。

　　　　《帛书甲》:有物昆(混)成,先天地生。绣(寂)呵缪(寥)呵,独立〖而不改〗,可以为天地母。

　　　　《帛书乙》:有物昆(混)成,先天地生。萧(寂)呵漻(寥)呵,独立而不玹(改),可以为天地母。

080-2502 《校　正》:未知其名,字之曰"道",吾强为之名曰"大"。

　　　　《河上公》:吾不知其名,字之曰道。强为之名曰大。

　　　　《王　弼》:吾不知其名,字之曰道,强为之名曰大。

　　　　《竹简甲》:未智(知)其名,绎(字)之曰"道",虔(吾)弜(强)为之名曰"大"。

　　　　《帛书甲》:吾未知其名,字之曰道。吾强为之名曰大,

　　　　《帛书乙》:吾未知其名也,字之曰道,吾强为之名曰大,

081-2503 《校　正》:大曰逝,逝曰远,远曰反(返)。

　　　　《河上公》:大曰逝,逝曰远,远曰反,

　　　　《王　弼》:大曰逝,逝曰远,远曰反。

　　　　《竹简甲》:大曰潜(逝),潜(逝)曰连(远),连(远)曰反。

　　　　《帛书甲》:大曰筮(逝),筮(逝)曰〖远,远曰返〗。

　　　　《帛书乙》:大曰筮(逝),筮(逝)曰远,远曰反(返)。

082-2504 《校　正》:道大,天大,地大,王亦大。国中有四大焉,王居一焉。

　　　　《河上公》:故道大、天大、地大、王亦大。域中有四大,而王居其一焉。

《王　弼》：故道大，天大，地大，王亦大。域中有四大，而王居其一焉。

《竹简甲》：天大，陸（地）大，道大，王亦大。国中又（有）四大安（焉），王尻（居）一安（焉）。

《帛书甲》：〖道大〗，天大，地大，王亦大。国中有四大，而王居一焉。

《帛书乙》：道大，天大，地大，王亦大。国中有四大，而王居一焉。

083-2505 **《校　正》：人法地，地法天，天法道，道法自然。**

《河上公》：人法地，地法天，天法道，道法自然。

《王　弼》：人法地，地法天，天法道，道法自然。

《竹简甲》：人法陸（地），陸（地）法天，天法道，道法自肰（然）。

《帛书甲》：人法地，地法〖天，天法道，道法自然〗。

《帛书乙》：人法地，地法天，天法道，道法自然。

第二十六章　重为轻根

084-2601 **《校　正》：重为轻根，静为躁君。**

《河上公》：重为轻根，静为躁君。

《王　弼》：重为轻根，静为躁君，

《韩非子》：重为轻根，静为躁君，

《帛书甲》：〖重〗为巠（轻）根，清（静）为趮（躁）君。

《帛书乙》：重为轻根，静为趮（躁）君，

085-2602 **《校　正》：是以君子终日行，不离其辎(zī)重。虽有营观，燕处则超若。**

《河上公》：是以圣人终日行，不离辎重。虽有荣观、燕处，超然。

《王　弼》：是以圣人终日行不离辎重。虽有荣观，燕处超然，

《韩非子》：君子终日行，不离辎重。

《帛书甲》：是以君子众（终）日行，不蘺（离）其甾（辎）重。唯（虽）有環（营）官（观），燕处〖则超〗若。

《帛书乙》：是以君子冬（终）日行，不远其甾（辎）重。虽有環（营）官（观），燕处则昭（超）若。

086-2603 **《校　正》：奈何万乘之王，而以身轻于天下？轻则失本，躁则失君。**

《河上公》：奈何万乘之主，而以身轻天下？轻则失臣，躁则失君。

《王　弼》：奈何万乘之主，而以身轻天下？轻则失本，躁则失君。

《韩非子》：万乘之主，而以身轻于天下。轻则失臣，躁则失君。

《帛书甲》：若何万乘之王，而以身巠（轻）于天下？巠（轻）则失本，趮（躁）则失君。

《帛书乙》：若何万乘之王，而以身轻于天下？轻则失本，趮（躁）则失君。

第二十七章　善行者无辙迹

087-2701 **《校　正》:善行者无辙迹,善言者无瑕谪,善数者不用筹策,善闭者无关**
　　　　　　钥而不可开,善结者无绳约而不可解。

　　《河上公》:善行无辙迹,善言无瑕谪,善计不用筹策,善闭无关楗而不可
　　　　　　开,善结无绳约而不可解。

　　《王　弼》:善行无辙迹,善言无瑕谪,善数不用筹策,善闭无关楗而不可
　　　　　　开,善结无绳约而不可解。

　　《帛书甲》:善行者无劈(辙)迹,〖善〗言者无瑕适(谪)。善数者不以檮
　　　　　　(筹)箷(策),善闭者无关籥(钥)而不可启也。善结者〖无纆〗
　　　　　　约而不可解也。

　　《帛书乙》:善行者无达劈(辙)迹,善言者无瑕适(谪),善数者不用檮
　　　　　　(筹)箷(策),善闭者无关籥(钥)而不可启也。善结者无纆约
　　　　　　而不可解也。

088-2702 **《校　正》:是以圣人恒善救人,而无弃人,物无弃材,是谓袭明。**

　　《河上公》:是以圣人常善救人,故无弃人;常善救物,故无弃物,是谓袭
　　　　　　明。

　　《王　弼》:是以圣人常善救人,故无弃人;常善救物,故无弃物,是谓袭
　　　　　　明。

　　《帛书甲》:是以声(声-圣)人恒善怵(救)人,而无弃人,物无弃财
　　　　　　(材),是冐(谓)愧(袭)明。

　　《帛书乙》:是以耶(圣-圣)人恒善怵(救)人,而无弃人,物无弃财(材),
　　　　　　是冐(谓)曳(袭)明。

089-2703 **《校　正》:故善人,善人之师;不善人,善人之资也。不贵其师,不爱其**
　　　　　　资,虽智乎,大迷。是谓妙要。

　　《河上公》:故善人者,不善人之师;不善人者,善人之资。不贵其师,不爱
　　　　　　其资,虽智大迷。是谓要妙。

　　《王　弼》:故善人者,不善人之师;不善人者,善人之资。不贵其师,不爱
　　　　　　其资,虽智大迷。是谓要妙。

　　《韩非子》:不贵其师,不爱其资,虽知大迷。是谓要妙。

　　《帛书甲》:故善〖人,善人〗之师;不善人,善人之齎(资)也。不贵其师,
　　　　　　不爱其齎(资),唯(虽)知(智)乎,大眯(迷),是冐(谓)眇(妙)
　　　　　　要。

　　《帛书乙》:故善人,善人之师;不善人,善人之资也。不贵其师,不爱其
　　　　　　资,虽知(智)乎,大迷。是冐(谓)眇(妙)要。

第二十八章　知其雄

090-2801 **《校　正》:知其雄,守其雌,为天下溪。为天下溪,恒德不离。恒德不离,复归婴儿。**

　　《河上公》:知其雄,守其雌,为天下谿。为天下谿,常德不离。复归于婴儿。

　　《王　弼》:知其雄,守其雌,为天下谿。为天下谿,常德不离,复归于婴儿。

　　《帛书甲》:知其雄,守其雌,为天下溪。为天下溪,恒德不鸡(離-离)。恒德不鸡(离),复归婴儿。

　　《帛书乙》:知其雄,守其雌,为天下鸡(溪)。为天下鸡(溪),恒德不离。恒德不离,复〖归于婴儿〗。

091-2802 **《校　正》:知其荣,守其辱,为天下谷。为天下谷,恒德乃足。恒德乃足,复归于朴。**

　　《河上公》:知其日荣,守其辱,为天下谷。为天下谷,常德乃足,复归于朴。

　　《王　弼》:知其荣,守其辱,为天下谷。为天下谷,常德乃足,复归于朴。

　　《帛书甲》:知其日(荣),守其辱,为天下浴(谷)。为天下浴(谷),恒德乃〖足〗。恒德乃〖足,复归于朴〗。

　　《帛书乙》:〖知〗其白(日),守其辱,为天下浴(谷)。为天下浴(谷),恒德乃足。恒德乃足,复归于朴。

092-2803 **《校　正》:知其白,守其黑,为天下式。为天下式,恒德不忒(tè)。恒德不忒,复归于无极。**

　　《河上公》:知其白,守其黑,为天下式。为天下式,常德不忒。复归于无极。

　　《王　弼》:知其白,守其黑,为天下式。为天下式,常德不忒,复归于无极。

　　《帛书甲》:知其,守其黑,为天下式。为天下式,恒德不贷(忒),复归于无极。

　　《帛书乙》:知其白,守其黑,为天下式。为天下式,恒德不贷(忒),复归于无极。

093-2804 **《校　正》:朴,散则为器;圣人用,则为官长。夫大制无割。**

　　《河上公》:朴散则为器,圣人用之则为官长,故大制不割。

　　《王　弼》:朴散则为器,圣人用之则为官长。故大制不割。

　　《帛书甲》:握(朴)散〖则为器;圣〗人用则为官长,夫大制无割。

　　《帛书乙》:朴散则为器,耵(聖-圣)人用,则为官长。夫大制无割。

第二十九章　将欲取天下而为之

094-2901 《校　正》：将欲取天下而为之，吾见其弗得已。夫天下，神器也，非可为
者也。为之者败之，执之者失之。

《河上公》：将欲取天下，而为之，吾见其不得已。天下神器，不可为也。为
者败之，执者失之。

《王　弼》：将欲取天下而为之，吾见其不得已。天下神器，不可为也。为
者败之，执者失之。

《帛书甲》：将欲取天下而为之，吾见其弗〖得已。夫天下神〗器也，非可
为者也。为者败之，执者失之。

《帛书乙》：将欲取〖天下而为之，吾见其弗〗得已。夫天下神器也，非可
为者也。为之者败之，执之者失之。

095-2902 《校　正》：故物或行或随，或嘘或吹，或强或羸(léi)，或培或堕。

《河上公》：故物或行或随，或呴或吹，或强或羸，或载或隳。

《王　弼》：故物或行或随，或歔或吹，或强或羸，或挫或隳。

《帛书甲》：物或行或随，或炅(嘘)或〖吹，或强或羸〗，或杯(培)或撱
(堕)。

《帛书乙》：故物或行或隋(随)，或热(嘘)或碰(吹)，或陪(培)或堕。

096-2903 《校　正》：是以圣人去甚，去太(泰)，去奢。

《河上公》：是以圣人去甚、去奢、去泰。

《王　弼》：是以圣人去甚，去奢，去泰。

《帛书甲》：是以声(聲－聖－圣)人去甚，去大(泰)，去楮(奢)。

《帛书乙》：是以耴(聖－圣)人去甚，去大(泰)，去诸(奢)。

第三十章　以道佐人主者

097-3001 《校　正》：以道佐人主者，不欲以兵强于天下。

《河上公》：以道佐人主者，不以兵强天下，其事好还，师之所处，荆棘生
焉。大军之后，必有凶年。

《王　弼》：以道佐人主者，不以兵强天下，其事好还。师之所处，荆棘生
焉。大军之后，必有凶年。

《竹简甲》：以衍(道)差(佐)人宔(主)者，不谷(欲)以兵强于天下。

《帛书甲》：以道佐人主，不以兵〖强于〗天下，〖其事好还。师之〗所
居，楚枳(棘)生之。

《帛书乙》：以道佐人主，不以兵强于天下，其〖事好还。师之所处，荆〗

老庄经典　老子通说

245

棘生之。

098-3002《校　正》:善者果而已,不以取强。果而弗伐,果而弗骄,果而弗矜。是谓果而不强,其事好(hào)长。

《河上公》:善者果而已,不敢以取强。果而勿矜,果而勿伐,果而勿骄,果而不得已,果而勿强。

《王　弼》:善者果而已,不敢以取强。果而勿矜,果而勿伐,果而勿骄,果而不得已,果而勿强。

《竹简甲》:善者果而已,不以取强。果而弗癹(伐),果而弗乔(骄),果而弗矞(矜),是谓果而不强,其事好长。

《帛书甲》:善者果而已矣,毋以取强焉。果而勿骄(骄),果而勿矜,果而【勿伐】,果而毋得已居,是胃(谓)【果】而不强。

《帛书乙》:善者果而已矣,毋以取强焉。果而勿骄,果而勿矜,果【而勿】伐,果而毋得已居,是胃(谓)果而强。

099-3003《校　正》:物壮则老,是谓不道,不道早已。

《河上公》:物壮则老,是谓不道,不道早已。

《王　弼》:物壮则老,是谓不道,不道早已。

《帛书甲》:物壮而老,是谓之不道,不道已。

《帛书乙》:物壮而老,是谓之不道,不道早已。

第三十一章　夫兵者不祥之器

100-3101《校　正》:夫兵者,不祥之器也。物或恶之,故有道者弗居。

《河上公》:夫佳兵〖者〗,不祥之器,物或恶之,故有道者不处。

《王　弼》:夫佳兵者,不祥之器。物或恶之,故有道者不处。

《帛书甲》:夫兵者,不祥之器〖也〗。物或恶之,故有欲(裕)者弗居。

《帛书乙》:夫兵者,不祥之器也。物或亚(恶)〖之,故有裕者弗居〗。

101-3102《校　正》:君子居则贵左,用兵则贵右。故曰:兵者,不祥之器。不得已而用之,恬淡为上。

《河上公》:君子居则贵左,用兵则贵右。兵者,不祥之器,非君子之器。不得已而用之。恬恢为上。

《王　弼》:君子居则贵左,用兵则贵右。兵者,不祥之器,非君子之器。不得已而用之,恬淡为上,

《竹简丙》:君子居则贵左,甬(用)兵则贵右。古(故)曰:兵者〖不详之器也,不〗得已而甬(用)之,铦(恬)恋绕(淡)为上。

《帛书甲》:君子居则贵左,用兵则贵右。故兵者非君子之器也,〖兵者〗不祥之器也,不得已而用之,铦袭(恬淡)为上。

《帛书乙》:〖君子〗居则贵左,用兵则贵右。故兵者非君子之器,兵者不

祥〖之〗器也,不得已而用之,(铦悢)恬淡为上。

102-3103《校　正》:勿美也。美之,是乐(lè)杀人。夫乐杀,不可以得志于天下。

《河上公》:胜而不美,而美之者,是乐杀人。夫乐杀人者,则不可以得志
于天下矣。

《王　弼》:胜而不美。而美之者,是乐杀人。夫乐杀人者,则不可以得志
于天下矣。

《竹简丙》:弗媺(美)也。散(美)之,是乐杀人。夫乐〖杀,不可〗以得志
于天下。

《帛书甲》:勿美也,若美之,是乐杀人也。夫乐杀人,不可以得志于天下
矣。

《帛书乙》:勿美也。若美之,是乐杀人也。夫乐杀人,不可以得志于天下
矣。

103-3104《校　正》:故吉事上(尚)左,凶事上(尚)右。是以偏将军居左,上将军居
右。言以丧礼居之也。

《河上公》:吉事尚左,凶事尚右。偏将军居左,上将军居右,言以丧礼处
之。

《王　弼》:吉事尚左,凶事尚右。偏将军居左,上将军居右。言以丧礼处
之。

《竹简丙》:古(故)吉事上左,丧事上右。是以卞(偏)牁(将)居左,上牁
(将)军居右,言以丧豊(礼)居之也。

《帛书甲》:是以吉事上左,凶事上右。是以(便)偏将军居左,上将军居
右,言以丧礼居之也。

《帛书乙》:是以吉事〖上左,凶事上右〗。是以偏将军居左,而上将军居
右。言以丧礼居之也。

104-3105《校　正》:故杀人众,则以悲哀莅(lì)之;战胜,则以丧礼处之。

《河上公》:杀人众多,以悲哀泣之;战胜,以丧礼处之。

《王　弼》:杀人之众,以悲哀泣之;战胜,以丧礼处之。

《竹简丙》:古(故)圉〖人众〗,则以依(哀)悲位(莅)之;战?(胜),则以丧
豊(礼)居之。

《帛书甲》:杀人众,以悲依(哀)立(莅)之;战胜,以丧礼处之。

《帛书乙》:杀〖人众,以悲哀〗立(莅)之;〖战〗朕(胜),而以丧礼处
之。

第三十二章　道恒无名

105-3201《校　正》:道恒无名,朴。虽微,天地弗敢臣。侯王如能守之,万物将自
宾。

《河上公》:道常无名,朴虽小,天下不敢臣。侯王若能守之,万物将自宾。

《王　弼》:道常无名,朴虽小,天下莫能臣也。侯王若能守之,万物将自宾。

《竹简甲》:道互(恒)亡名,仆(朴)。唯(虽)妻(微),天陞(地)弗敢臣。侯王女(如)能兽(守)之,万勿(物)牖(将)自頁(賓－宾)。

《帛书甲》:道恒无名,握(朴)唯(虽)〖小,而天下弗敢臣。侯〗王若能守之,万物将自宾。

《帛书乙》:道恒无名,朴唯(虽)小,而天下弗敢臣。侯王若能守之,万物将自宾。

106-3202《校　正》:天地相合,以输甘露。民莫之命,天自均焉。

《河上公》:天地相合,以降甘露,民莫之令而自均。

《王　弼》:天地相合以降甘露,民莫之令而自均。

《竹简甲》:天陞(地)相合也,以逾(输)甘雾(露)。民莫之命,天自均安(焉)。

《帛书甲》:天地相谷(合),以俞(雨)甘洛(露)。民莫之〖令,而自均〗焉。

《帛书乙》:天地相合,以俞(雨)甘洛(露)。〖民莫之〗令,而自均焉。

107-3203《校　正》:始制,有名。名亦既有,夫亦将知止。知止,所以不殆。譬道之在天下也,犹小谷之与江海。

《河上公》:始制有名。名亦既有,天亦将知之。知之,所以不殆。譬道之在天下,犹川谷之于江海。

《王　弼》:始制有名。名亦既有,夫亦将知止。知止可以不殆。譬道之在天下,犹川谷之于江海。

《竹简甲》:讠(始)折(制),又(有)名。名亦既又(有),夫亦牖(将)智(知)止。智(知)止所以不讠(殆)。卑(譬)道之才(在)天下也,猷(猶－犹)少(小)浴(谷)之与江海(海)。

《帛书甲》:始制有〖名,名亦既〗有,夫〖亦将知止,知止〗所以不〖殆〗。俾(譬)道之在〖天下也,犹小〗浴(谷)之于江海也。

《帛书乙》:始制有名,名亦既有,夫亦将知止,知止所以不殆。卑(譬)〖道之〗在天下也,犹小(浴)谷之于江海也。

第三十三章　知人者智

108-3301《校　正》:知人者智也,自知者明也。

《河上公》:知人者智,自知者明。

《王　弼》:知人者智,自知者明。

《韩非子》:自见之谓明。

《帛书甲》:知人者知(智)也,自知〖者明也〗。

《帛书乙》:知人者知(智)也,自知明也。

109-3302《校　正》:胜人者有力也,自胜者强也。

《河上公》:胜人者有力,自胜者强。

《王　弼》:胜人者有力,自胜者强。

《韩非子》:自胜之谓强。

《帛书甲》:〖胜人〗者有力也,自胜者〖强也〗。

《帛书乙》:朕(胜)人者有力也,自朕(胜)者强也。

110-3303《校　正》:知足者富也,强行者有志也。

《河上公》:知足者富,强行者有志。

《王　弼》:知足者富,强行者有志,

《帛书甲》:〖知足者富〗也,强行者有志也。

《帛书乙》:知足者富也,强行者有志也。

111-3304《校　正》:不失其所者久也,死而不亡者寿也。

《河上公》:不失其所者久,死而不亡者寿。

《王　弼》:不失其所者久,死而不亡者寿。

《帛书甲》:不失其所者久也,死不忘(亡)者寿也。

《帛书乙》:不失其所者久也,死而不忘(亡)者寿也。

第三十四章　大道泛兮

112-3401《校　正》:大道泛兮,其可左右。

《河上公》:大道泛兮,其可左右。

《王　弼》:大道泛兮,其可左右。

《帛书甲》:道〖泛呵,其可左右也〗。

《帛书乙》:道沨(泛)呵,其可左右也。

113-3402《校　正》:成功遂事,而弗名有;万物归焉,而弗为主。

《河上公》:万物恃之而生,而不辞。功成〖而〗不名有,爱养万物而不为
　　　　　　主。

《王　弼》:万物恃之而生而不辞,功成不名有,衣养万物而不为主。

《帛书甲》:〖成功〗遂事而弗名有也。万物归焉而弗为主,

《帛书乙》:成功遂〖事而〗弗名有也。万物归焉而弗为主,

114-3403《校　正》:则恒无欲也,可名于小;万物归焉而弗为主,可名于大。

《河上公》:常无欲,可名于小。万物归焉而不为主,可名为大。

《王　弼》:常无欲,可名于小;万物归焉而不为主,可名为大。

《帛书甲》:则恒无欲也,可名于小。万物归焉〖而弗〗为主,可名于大。

《帛书乙》:则恒无欲也,可名于小。万物归焉而弗为主,可命(名)于大。

115-3404 《校　正》:**是以圣人之能成大也,以其不为大也,故能成大。**

《河上公》:是以圣人终不为大,故能成其大。

《王　弼》:以其终不自为大,故能成其大。

《帛书甲》:是〖以〗声(聲－聖－圣)人之能成大也,以其不为大也,故能成大。

《帛书乙》:是以耵(聖－圣)人之能成大也,以其不为大也,故能成大。

第三十五章　执大象

116-3501 《校　正》:**执大象,天下往。往而不害,安平太。**

《河上公》:执大象,天下往。往而不害,安平太。

《王　弼》:执大象,天下往;往而不害,安平太。

《竹简丙》:执大象,天下往。往而不害,安坪(平)大(太)。

《帛书甲》:执大象,〖天下〗往。往而不害,安平太。

《帛书乙》:执大象,天下往。往而不害,安平太。

117-3502 《校　正》:**乐与饵(ěr),过客止。故道之出言,淡乎其无味。**

《河上公》:乐与饵,过客止。道之出口,淡乎其无味。

《王　弼》:乐与饵,过客止。道之出口,淡乎其无味,

《竹简丙》:乐与钷,怸(过)客止。古(故)道〖之出言〗,淡可(呵)其无味也。

《帛书甲》:乐与饵,过格(客)止。故道之出言也,曰谈(淡)呵其无味也。

《帛书乙》:乐与〖饵〗,过格(客)止。故道之出言也,曰淡呵其无味也。

118-3503 《校　正》:**视之不足见,听之不足闻,而不可既也。**

《河上公》:视之不足见,听之不足闻,用之不可既。

《王　弼》:视之不足见,听之不足闻,用之不足既。

《竹简丙》:视之不足见,圣(聖－聽－听)之不足聝(闻),而不可既也。

《帛书甲》:〖视之〗不足见也,听之不足闻也,用之不可既也。

《帛书乙》:视之不足见也,听之不足闻也,用之不可既也。

第三十六章　将欲翕之

119-3601 《校　正》:**将欲翕(xī)之,必固张之;将欲弱之,必固强之;将欲去之,必固举之;将欲夺之,必固予之。是谓微明,柔弱胜强。**

《河上公》:将欲噏之,必固张之;将欲弱之,必固强之;将欲废之,必固兴之;将欲夺之,必固与之,是谓微明。柔弱胜刚强。

《王　弼》：将欲歙之,必固张之;将欲弱之,必固强之;将欲废之,必固兴
　　　　　之;将欲夺之,必固与之。是谓微明,柔弱胜刚强。

《韩非子》：将欲歙之,必固张之;将欲弱之,必固强之;将欲取之,必固与
　　　　　之。是谓微明,弱胜强。

《帛书甲》：将欲拾(歙)之,必古(固)张之;将欲弱之,〔必固〕强之;将
　　　　　欲去之,必古(固)与(與－舉－举)之;将欲夺之,必古(固)予
　　　　　之。是胃(谓)微明。柔弱胜强。

《帛书乙》：将欲?(歙)之,必古(固)张之;将欲弱之,必固强之;将欲去
　　　　　之,必古(固)与(與－舉－举)之;将欲夺之,必古(固)予
　　　　　〔之〕。是谓微明。柔弱朕(胜)强。

120-3602《校　正》：**鱼不可脱于渊,邦之利器,不可以示人。**

《河上公》：鱼不可脱于渊。国之利器,不可以示人。

《王　弼》：鱼不可脱于渊。国之利器,不可以示人。

《韩非子》：鱼不可脱于深渊。邦之利器,不可以示人。

《帛书甲》：鱼不〔可〕脱于潚(渊),邦利器不可以视(示)人。

《帛书乙》：鱼不可说(脱)于渊。国利器不可以示人。

第三十七章　道恒无为

121-3701《校　正》：**道恒无为也。侯王能守之,而万物将自化。**

《河上公》：道常无为,而无不为。侯王若能守〔之〕,万物将自化。

《王　弼》：道常无为,而无不为,侯王若能守之,万物将自化。

《竹简甲》：袋(道)互(恒)亡为也。侯王能守之,而万勿(物)牺(将)自愄
　　　　　(化)。

《帛书甲》：道恒无名,侯王若守之,万物将自㤠(化)。

《帛书乙》：道恒无名。侯王若能守之,万物将自化。

122-3702《校　正》：**化而欲作,将镇之以无名之朴,夫亦将知。**

《河上公》：化而欲作,吾将镇之以无名之朴。无名之朴,亦将不欲,

《王　弼》：化而欲作,吾将镇之以无名之朴。无名之朴,夫亦将无欲。

《竹简甲》：愄(化)而雒(欲)复(作),牺(将)贞(镇)之以亡名之䵂(朴),夫
　　　　　亦牺(将)智(知)。

《帛书甲》：忎(化)而欲〔作,吾将镇之以无〕名之椁(朴)。〔镇之以〕
　　　　　无名之椁(朴),夫将不辱(欲)。

《帛书乙》：化而欲作,吾将阗(镇)之以无名之朴。阗(镇)之以无名之朴,
　　　　　夫将不辱(欲)。

123-3703《校　正》：**知足以静,万物将自定。**

《河上公》：不欲以静,天下将自定。

251

《王　弼》:不欲以静,天下将自定。

《竹简甲》:智(知)足以束(静),万勿(物)酒(将)自定。

《帛书甲》:不辱(欲)以情(静),天地将自正。

《帛书乙》:不辱(欲)以静,天地将自正。

第三十八章　上德不德

124-3801《校　正》:**上德不德,是以有德;上德无为,而无以为。**

《河上公》:上德不德,是以有德;下德不失德,是以无德。上德无为,而无
以为;下德为之,而有以为。

《王　弼》:上德不德,是以有德;下德不失德,是以无德。上德无为而无
以为,下德为之而有以为。

《韩非子》:上德不德,是以有德。上德无为,而无不为也。

《帛书甲》:〖上德不德,是以有德;下德不失德,是以无〗德。上德无
〖为而〗无以为也。

《帛书乙》:上德不德,是以有德;下德不失德,是以无德。上德无为而无
以为也。

125-3802《校　正》:**上仁为之,而无以为;上义为之,而有以为;上礼为之,而莫之**
应,则攘臂而扔(仍)之。

《河上公》:上仁为之,而无以为;上义为之,而有以为。上礼为之,而莫之
应,则攘臂而仍之。

《王　弼》:上仁为之而无以为,上义为之而有以为,上礼为之而莫之应,
则攘臂而扔之。

《韩非子》:上仁为之,而无以为也;上义为之,而有以为也;上礼为之,而
莫之应,攘臂而仍之。

《帛书甲》:上仁为之〖而无〗以为也。上义为之而有以为也。上礼〖为
之而莫之应也,则〗攘臂而乃(扔)之。

《帛书乙》:上仁为之而无以为也。上德(义)为之而有以为也。上礼为之
而莫之应也,则攘臂而乃(扔)之。

126-3803《校　正》:**故失道而后德,失德而后仁,失仁而后义,失义而后礼。**

《河上公》:故失道而后德,失德而后仁,失仁而后义,失义而后礼。

《王　弼》:故失道而后德,失德而后仁,失仁而后义,失义而后礼。

《韩非子》:失道而后失德,失德而后失仁,失仁而后失义,失义而后失
礼。

《帛书甲》:故失道而后德,失德而后仁,失仁而后义,〖失义而后礼〗。

《帛书乙》:故失道而后德,失德而句(后)仁,失仁而句(后)义,失义而句
(后)礼。

127-3804《校　正》:夫礼者,忠信之薄也,而乱之首也。前识者,道之华也,而愚之
　　　　　　　首也。

　　《河上公》:夫礼者,忠信之薄,而乱之首。前识者,道之华。而愚之始。

　　《王　弼》:夫礼者,忠信之薄而乱之首。前识者,道之华而愚之始。

　　《韩非子》:礼者,忠信之薄也,而乱之首乎! 前识者,道之华也,而愚之首
　　　　　　　也。

　　《帛书甲》:〖夫礼者,忠信之薄也,〗而乱之首也。〖前识者〗,道之华
　　　　　　　也,而愚之首也。

　　《帛书乙》:夫礼者,忠信之泊(薄)也,而乱之首也。前识者,道之华也,而
　　　　　　　愚之首也。

128-3805《校　正》:是以大丈夫居其厚,而不居其薄;居其实,而不居其华。故去
　　　　　　　彼而取此。

　　《河上公》:是以大丈夫处其厚,不处其薄;处其实,不处其华。故去彼取
　　　　　　　此。

　　《王　弼》:是以大丈夫处其厚,不居其薄;处其实,不居其华。故去彼取
　　　　　　　此。

　　《韩非子》:大丈夫处其厚,不处其薄;处其实,不处其华。去彼取此。

　　《帛书甲》:是以大丈夫居其厚而不居其泊(薄);居其实不居其华。故去
　　　　　　　皮(彼)取此。

　　《帛书乙》:是以大丈夫居〖其厚而不〗居其泊(薄);居其实而不居其
　　　　　　　华。故去罢(彼)而取此。

第三十九章　昔之得一者

129-3901《校　正》:昔之得一者:天得一以清,地得一以宁,神得一以灵,谷得一
　　　　　　　以盈,侯王得一以为天下正。

　　《河上公》:昔之得一者,天得一以清,地得一以宁,神得一以灵,谷得一
　　　　　　　以盈,万物得一以生,侯王得一以为天下正。

　　《王　弼》:昔之得一者,天得一以清,地得一以宁,神得一以灵,谷得一
　　　　　　　以盈,万物得一以生,侯王得一以为天下贞。

　　《帛书甲》:昔之得一者,天得一以清,地得〖一〗以宁,神得一以霝(靈 -
　　　　　　　灵),浴(谷)得一以盈,侯〖王得一〗而以为〖天下〗正。

　　《帛书乙》:昔得一者,天得一以清,地得一以宁,神得一以霝(靈 - 灵),
　　　　　　　浴(谷)得一以盈,侯王得一以为天下正。

130-3902《校　正》:其诚之也,谓:天无已清,将恐裂;地无已宁,将恐发(废);神
　　　　　　　无已灵,将恐歇;谷无已盈,将恐竭;侯王无已贵而高,将恐
　　　　　　　蹶。

《河上公》:其致之,天无以清将恐裂,地无以宁将恐发,神无以灵将恐
歇,谷无盈将恐竭,万物无以生将恐灭,侯王无以贵高将恐
蹶。

《王　弼》:其致之。天无以清将恐裂,地无以宁将恐发,神无以灵将恐
歇,谷无以盈将恐竭,万物无以生将恐灭,侯王无以贵高将恐
蹶。

《帛书甲》:其致(诚)之也,胃(谓)天毋已清将恐〖裂〗,胃(谓)地毋
〖已宁〗将恐〖发〗,胃(谓)神毋已靁(靈-灵)〖将〗恐
歇,胃(谓)浴(谷)毋已盈将恐渴(竭),胃(谓)侯王毋已贵
〖以高将恐蹶〗。

《帛书乙》:其至(诚)也,胃(谓)天毋已清将恐莲(裂),地毋宁将恐发,神
毋〖已灵将〗恐歇,谷毋已〖盈〗将渴(竭),侯王毋已贵以
高将恐欻(蹶)。

**131-3903《校　正》:故必贵以贱为本,必高以下为基。夫是以侯王自称"孤、寡、不
毂(gǔ)",此其贱为本欤? 非也?**

《河上公》:故贵〖必〗以贱为本,高必以下为基。是以侯王自称孤寡不
毂,此非以贱为本耶? 非乎?

《王　弼》:故贵以贱为本,高以下为基。是以侯王自称孤寡不毂。此非以
贱为本邪? 非乎?

《帛书甲》:故必贵而以贱为本,必高矣而以下为基。夫是以侯王自胃
(谓)〖孤〗寡不橐(穀)。此其〖贱之本与,非也〗?

《帛书乙》:故必贵以贱为本,必高矣而以下为基。夫是以侯王自胃(谓)
孤寡不橐(穀)。此其贱之本与,非也?

**132-3904《校　正》:故诚"数舆(誉)无舆(誉)"。是故不欲琭琭(lǔ)若玉,硌硌
(luò)若石。**

《河上公》:故致数车无车,不欲琭琭如玉,落落如石。

《王　弼》:故致数舆无舆。不欲琭琭如玉,珞珞如石。

《帛书甲》:故致数舆(誉)无舆(誉)。是故不欲〖禄禄〗若玉,硌〖硌若
石〗。

《帛书乙》:故至(致)数舆(誉)无舆(誉)。是故不欲禄禄若玉,硌硌若石。

第四十章　返也者道之动

133-4001《校　正》:返也者,道之动也;弱也者,道之用也。

《河上公》:反者道之动,弱者道之用。

《王　弼》:反者,道之动;弱者,道之用。

《竹简甲》:返也者,道僮(动)也。溺(弱)也者,道之甬(用)也。

《帛书甲》:〖反也者〗,道之动也;弱也者,道之用也。

《帛书乙》:反也者,道之动也;〖弱也〗者,道之用也。

134-4002《校　正》:天下之物生于有,有生于无。

《河上公》:天下万物生于有,有生于无。

《王　弼》:天下万物生于有,有生于无。

《竹简甲》:天下之勿(物)生于又(有),〖有〗生于亡。

《帛书甲》:天〖下之物生于有,有生于无〗。

《帛书乙》:天下之物生于有,有〖生〗于无。

第四十一章　上士闻道

135-4101《校　正》:**上士闻道,勤能行于其中;中士闻道,若闻若亡;下士闻道,大笑之。弗大笑,不足以为道矣。**

《河上公》:上士闻道,勤而行之;中士闻道,若存若亡;下士闻道,大笑之,不笑不足以为道。

《王　弼》:上士闻道,勤而行之;中士闻道,若存若亡;下士闻道,大笑之,不笑不足以为道。

《竹简乙》:上士昏(闻)道,堇(勤)能行于其中。中士昏(闻)道,若闻若亡。下士昏(闻)道,大芺(笑)之。弗大芺(笑),不足以为道矣。

《帛书甲》:(此段经文全部残毁)

《帛书乙》:上〖士闻〗道,堇(勤)能行之;中士闻道,若存若亡;下士闻道,大笑之。弗笑,〖不足〗以为道。

136-4102《校　正》:**是以建言有之:明道如昧,进道如退,夷道如类(纇 lèi)。**

《河上公》:故建言有之:明道若昧,进道若退,夷道若类,

《王　弼》:故建言有之:明道若昧,进道若退,夷道若纇。

《竹简乙》:是以建言又(有)之:明道女(如)孛(昧),迟(夷)道〖如类,进〗道若退。

《帛书甲》:(此段经文全部残毁)

《帛书乙》:是以建言有之曰:明道如费(昧),进道如退,夷道如类。

137-4103《校　正》:**上德如谷,广德如不足,建(健)德如偷,质德如渝。**

《河上公》:上德若谷,大白若辱,广德若不足,建德若揄,质真若渝,

《王　弼》:上德若谷,大白若辱,广德若不足,建德若偷,质真若渝。

《竹简乙》:上惠(德)如浴(谷),大白女(如)辱,圤(广)惠(德)如不足,建惠(德)女(如)〖偷,质〗贞(真)女(如)愉。

《帛书甲》:(此段经文全部残毁)

《帛书乙》:上德如浴(谷),大白如辱,广德如不足,建德若〖偷〗,质〖真如渝〗。

255

138-4104《校　正》:**大白若(无)辱,大方无隅,大器免成,大音希(稀)声,大象无形。**

　　《河上公》:大方无隅,大器晚成,大音希声,大象无形,

　　《王　弼》:大方无隅,大器晚成,大音希声,大象无形。

　　《韩非子》:大器晚成,大音希声。

　　《竹简乙》:大方亡禺(隅),大器曼(免)成,大音祇(希)圣(声),天(大)象亡茫(形)。

　　《帛书甲》:(此段经文全部残毁)

　　《帛书乙》:大方无禺(隅),大器免成,大音希声,天(大)象无刑(形),

139-4105《校　正》:**道褒无名,善始且善成。**

　　《河上公》:道隐无名,夫唯道善贷且成。

　　《王　弼》:道隐无名。夫唯道善贷且成。

　　《竹　简》:道〖褒亡名,善始且善成〗。

　　《帛书甲》:〖夫唯〗道,善〖始且善成〗。

　　《帛书乙》:道褒无名。夫唯道,善始且善成。

第四十二章　道生一

140-4201《校　正》:**道生一,一生二,二生三,三生万物。万物负阴而抱阳,冲气以为和。**

　　《河上公》:道生一,一生二,二生三,三生万物。万物负阴而抱阳,冲气以为和。

　　《王　弼》:道生一,一生二,二生三,三生万物。万物负阴而抱阳,冲气以为和。

　　《帛书甲》:〖道生一,一生二,二生三,三生万物。万物负阴而抱阳,〗中(冲)气以为和。

　　《帛书乙》:道生一,一生二,二生三,三生〖万物。万物负阴而抱阳,冲气〗以为和。

141-4202《校　正》:**天下之所恶,唯孤、寡、不毂,而王公以自名也。故物或损之而益,益之而损。**

　　《河上公》:人之所恶,唯孤寡不毂,而王公以为称。故物或损之而益,或益之而损。

　　《王　弼》:人之所恶,唯孤寡不毂,而王公以为称。故物,或损之而益,或益之而损。

　　《帛书甲》:天下之所恶,唯孤寡不茭(毂),而王公以自名也。勿(物)或敫(损)之〖而益,益〗之而(损)。

　　《帛书乙》:人之所亚(恶),唯〖孤〗寡不茭(毂),而王公以自〖名也〗。

256

【物或益之而】云炻(损),云(损)之而益。

142-4203 《校　正》:**古人之所教,亦我而教人。故强梁者不得其死,吾将以为学父。**

《河上公》:人之所教,我亦教之。强梁者,不得其死。吾将以为教父。

《王　弼》:人之所教,我亦教之。强梁者不得其死,吾将以为教父。

《帛书甲》:故(古)人【之所】教,夕(亦)我而教人。故强良(梁)者不得死,我【将】以为学父。

《帛书乙》:(此段经文全部残毁)【故强梁者不得其死】,【我】将以【为学】父。

第四十三章　天下之至柔

143-4301 《校　正》:**天下之至柔,驰骋于天下之至坚。**

《河上公》:天下之至柔,驰骋天下之至坚。

《王　弼》:天下之至柔,驰骋天下之至坚。

《帛书甲》:天下之至柔,【驰】骋于天下之致(至)坚。

《帛书乙》:天下之至【柔】,驰骋乎(于)天下【之至坚】。

144-4302 《校　正》:**无有入于无间,吾是以知无为之有益也。**

《河上公》:无有入【于】无间,吾是以知无为之有益。

《王　弼》:无有入无间,吾是以知无为之有益。

《帛书甲》:无有入于无间。五(吾)是以知无为【之有】益也。

《帛书乙》:【无有入于】无间。吾是以【知无为之有益】也。

145-4303 《校　正》:**不言之教,无为之益,天下希(稀)能及之矣。**

《河上公》:不言之教,无为之益,天下希及之。

《王　弼》:不言之教,无为之益,天下希及之。

《帛书甲》:不【言之】教,无为之益,【天】下希能及之矣。

《帛书乙》:不【言之教、无为之益,天下希能及之】矣。

第四十四章　名与身孰亲

146-4401 《校　正》:**名与身孰亲? 身与货孰多? 得与亡孰病?**

《河上公》:名与身孰亲? 身与货孰多? 得与亡孰病?

《王　弼》:名与身孰亲? 身与货孰多? 得与亡孰病?

《竹简甲》:名与身箸(孰)新(亲)? 身与货箸(孰)多? 眚(得)与贡(亡)箸(孰)疠(病)?

《帛书甲》:名与身孰亲? 身与货孰多? 得与亡孰病?

老庄经典　老子通说

《帛书乙》：名与〖身孰亲？身与货孰多？得与亡孰病？〗

147-4402《校　正》：甚爱必大费，厚藏必多亡。

《河上公》：甚爱必大费，多藏必厚亡。

《王　弼》：是故甚爱必大费，多藏必厚亡。

《竹简甲》：甚惎(爱)必大贄(费)，冔(厚)贎(藏)必多亡。

《帛书甲》：甚〖爱必大费，多藏必厚〗亡。

《帛书乙》：(此段经文全部残毁)

148-4403《校　正》：故知足不辱，知止不殆，可以长久。

《河上公》：知足不辱，知止不殆，可以长久。

《王　弼》：知足不辱，知止不殆，可以长久。

《竹简甲》：古(故)智(知)足不辱，智(知)止不怠(殆)，可以长旧(久)。

《帛书甲》：知足不辱，知止不殆，可以长久。

《帛书乙》：(此段经文全部残毁)

第四十五章　大成若缺

149-4501《校　正》：大成若缺，其用不敝。大盈若盅(zhōng)，其用不穷。

《河上公》：大成若缺，其用不弊；大盈若冲，其用不穷。

《王　弼》：大成若缺，其用不弊；大盈若冲，其用不穷。

《竹简乙》：大成若夬(缺)，其甬(用)不幣(敝)。大涅(盈)若中(盅)，其甬(用)不匑(穷)。

《帛书甲》：大成若缺，其用不幣(敝)。大盈若浊(盅)，其用不匑(穷)。

《帛书乙》：〖大成若缺，其用不敝。大〗盈如冲(盅)，其〖用不穷〗。

150-4502《校　正》：大巧如拙，大成若诎(qū)，大直若屈。

《河上公》：大直若屈，大巧若拙，大辩若讷。

《王　弼》：大直若屈，大巧若拙，大辩若讷。

《竹简乙》：大攷(巧)若仳(拙)，大成若诎，大植(直)若屈。

《帛书甲》：大直如诎，大巧如拙，大赢若炳(朏)。

《帛书乙》：〖大直如诎，大巧〗如拙，〖大赢如〗绌(朏)。

151-4503《校　正》：燥胜沧(chuàng)，清胜热。清静为天下正。

《河上公》：躁胜寒，静则热，清静为天下正。

《王　弼》：躁胜寒，静胜热，清静为天下正。

《竹简乙》：杲(燥)勑(胜)苍(沧)，青(清)勑(胜)然(热)，清清(静)为天下定(正)。

《帛书甲》：趮胜寒，靓(静)胜炅(热)，请(清)靓(静)可以为天下正。

《帛书乙》：趮朕(胜)寒，〖静胜热。清静可以为天下正〗。

第四十六章　天下有道

152-4601《校　正》：天下有道，却走马以粪；天下无道，戎马生于郊。

《河上公》：天下有道，却走马以粪；天下无道，戎马生于郊。

《王　弼》：天下有道，却走马以粪；天下无道，戎马生于郊。

《韩非子》：天下有道，却走马以粪也；天下无道，戎马生于郊矣。

《帛书甲》：天下有〖道，却〗走马以粪。天下无道，戎马生于郊。

《帛书乙》：〖天下有〗道，却走马〖以〗粪；无道，戎马生于郊。

153-4602《校　正》：罪莫厚乎甚欲，咎莫险乎欲得，祸莫大乎不知足。

《河上公》：罪莫大于可欲，祸莫大于不知足，咎莫大于欲得。

《王　弼》：祸莫大于不知足，咎莫大于欲得，

《韩非子》：罪莫大于可欲，祸莫大于不知足，咎莫憯于欲得。

《竹简甲》：辠（罪）莫厚虎（乎）甚欲，咎莫金（险）虎（乎）谷（欲）得，化（祸）莫大虎（乎）不智（知）足。

《帛书甲》：罪莫大于可欲，祸莫大于不知足，咎莫憯于欲得。

《帛书乙》：罪莫大可欲，祸〖莫大于不知足，咎莫憯于欲得〗。

154-4603《校　正》：知足之为足，此恒足矣。

《河上公》：故知足之足，常足〖矣〗。

《王　弼》：故知足之足，常足矣。

《韩非子》：知足之为足矣。

《竹简甲》：智（知）足之为足，此互（恒）足矣。

《帛书甲》：〖故知足之足〗，恒足矣。

《帛书乙》：〖故知足之足，恒〗足矣。

第四十七章　不出于户

155-4701《校　正》：不出于户，可以知天下；不窥于牖（yǒu），可以见天道。其出弥远者，其知弥少。

《河上公》：不出户〖以〗知天下，不窥牖〖以〗见天道，其出弥远，其知弥少。

《王　弼》：不出户，知天下；不闚牖，见天道。其出弥远，其知弥少。

《韩非子》：不出于户，可以知天下；不闚于牖，可以知天道。其出弥远者，其智弥少。

《帛书甲》：不出于户，以知天下；不规（窥）于牖，以知天道。其出也弹（彌－弥）远，其知弥少。

《帛书乙》：不出于户,以知天下;不规(窥)于〖牖,以〗知天道。其出(弥)远者,其知簐(弥)〖少〗。

156-4702《校　正》：是以圣人不行而知,不见而明,不为而成。

《河上公》：是以圣人不行而知,不见而名,不为而成。

《王　弼》：是以圣人不行而知,不见而名,不为而成。

《韩非子》：圣人不行而知,不见而明,不为而成。

《帛书甲》：〖是以圣人不行而知,不见而明,弗〗为而〖成〗。

《帛书乙》：〖是以圣人不行而知,不见〗而名(明),弗为而成。

第四十八章　学者日益

157-4801《校　正》：学者日益,为道者日损。损之又损,以至于无为。

《河上公》：为学日益,为道日损。损之又损,以至于无为。

《王　弼》：为学日益,为道日损。损之又损,以至于无为,

《竹　简》：学者日益,为道者日员(损)。员(损)之或员(损),以至亡为也。

《帛书甲》：(此段经文全部残毁)

《帛书乙》：为学者日益,闻道者日云(损)。云(损)之又云(损),以至于无〖为〗,

158-4802《校　正》：无为而无不为,绝学亡忧。

《河上公》：无为而无不为。

《王　弼》：无为而无不为。

《竹　简》：亡为而亡不为,觉(绝)学亡慁(憂－忧)。

《帛书甲》：(此段经文全部残毁)

《帛书乙》：〖无为而无以为〗。

159-4803《校　正》：取天下也,恒无事。及其有事也,不足以取天下。

《河上公》：取天下常以无事,及其有事,不足以取天下。

《王　弼》：取天下常以无事,及其有事,不足以取天下。

《帛书甲》：取天下也,恒〖无事;及其有事也,不足以取天下〗。

《帛书乙》：取天下,恒无事;及其有事也,〖不〗足以取天〖下〗。

第四十九章　圣人恒无心

160-4901《校　正》：圣人恒无心,以百姓之心为心。

《河上公》：圣人无常心,以百姓心为心。

《王　弼》：圣人无常心,以百姓心为心。

《帛书甲》:〖圣人恒无心,〗以百〖姓〗之心为〖心〗。

《帛书乙》:〖圣〗人恒无心,以百姓之心为心。

161-4902《校　正》:**善者善之,不善者亦善之,德善也。信者信之,不信者亦信之,德信也。**

《河上公》:善者吾善之,不善者吾亦善之,德善;信者吾信之,不信者吾亦信之,德信。

《王　弼》:善者,吾善之;不善者,吾亦善之,德善。信者,吾信之;不信者,吾亦信之,德信也。

《帛书甲》:善者善之,不善者亦善〖之,德善也。信者信之,不信者亦信之,德〗信也。

《帛书乙》:善〖者善之,不善者亦善之,德〗善也。信者信之,不信者亦信之,德信也。

162-4903《校　正》:**圣人之在天下,歙歙焉,为天下浑心。百姓属(zhǔ)耳目焉,圣人皆孩之。**

《河上公》:圣人在天下怵怵,为天下浑其心。百姓皆注其耳目,圣人皆孩之。

《王　弼》:圣人在天下歙歙,为天下浑其心。圣人皆孩之。

《帛书甲》:〖圣人〗之在天下,愉愉焉,为天下浑心。百姓皆属耳目焉,圣人〖皆孩之。〗

《帛书乙》:圣人之在天下也,欲欲焉,〖为天下浑心。百姓〗皆注其〖耳目焉,圣人皆孩之〗。

第五十章　出生入死

163-5001《校　正》:**出生入死。生之徒,十有三;死之徒,十有三;民之生,生而动,动皆之于死地,十有三。夫何故? 以其生生也。**

《河上公》:出生入死。生之徒十有三,死之徒十有三,人之生,动之于死地十有三。夫何故? 以其求生之厚。

《王　弼》:出生入死。生之徒十有三,死之徒十有三。人之生动之死地,亦十有三。夫何故? 以其生生之厚。

《韩非子》:出生入死。生之徒十有三,死之徒十有三。民之生,生而动,动皆之死地之十有三。

《帛书甲》:〖出〗生〖入死。生之徒十〗有〖三,死之〗徒十有三,而民生生,动皆之死地之十有三。夫何故也? 以其生生也。

《帛书乙》:〖出〗生入死。生之〖徒十有三,死〗之徒十又(有)三,而民生生,僮(动)皆之死地之十有三。〖夫〗何故也? 以其生生。

164-5002《校　正》:**盖闻善摄生者,陆行不遇兕(sì)虎,入军不被甲兵。兕无所投**

261

其角,虎无所措其爪,兵无所容其刃。夫何故? 以其无死地。

《河上公》:盖闻善摄生者,陆行不遇兕虎,入军不被甲兵,兕无【所】投其角,虎无所措【其】爪,兵无所容其刃。夫何故? 以其无死地。

《王　弼》:盖闻善摄生者,陆行不遇兕虎,入军不被甲兵。兕无所投其角,虎无所措其爪,兵无所容其刃。夫何故? 以其无死地。

《韩非子》:善摄生,陆行不遇兕虎,入军不备甲兵。兕无所投其角,虎无所错其爪,兵无所容其刃。无死地焉。

《帛书甲》:盖【闻善】执(摄)生者,陵行不【避】矢(兕)虎,入军不被甲兵。矢(兕)无所椯(投)其角,虎无所昔(措)其爪,兵无所容【其刃,夫】何故也? 以其无死地焉。

《帛书乙》:盖闻善执(摄)生者,陵行不辟(避)兕虎,入军不被兵革(甲)。兕无【所投其角,虎无所措】其蚤(爪),兵无【所容其刃,夫何故】也? 以其无【死地焉】。

第五十一章　道生之而德畜之

165-5101《校　正》:道生之而德畜之,物形之而器成之。是以万物尊道而贵德。

《河上公》:道生之,德畜之,物形之,势成之。是以万物莫不尊道而贵德。

《王　弼》:道生之,德畜之,物形之,势成之。是以万物莫不尊道而贵德。

《帛书甲》:道生之而德畜之,物刑(形)之而器成之。是以万物尊道而贵【德】。

《帛书乙》:道生之,德畜之,物刑(形)之而器成之。是以万物尊道而贵德。

166-5102《校　正》:道之尊也,德之贵也,夫莫之爵,而恒自然也。

《河上公》:道之尊,德之贵,夫莫之命而常自然。

《王　弼》:道之尊,德之贵,夫莫之命而常自然。

《帛书甲》:【道】之尊,德之贵也,夫莫之时(爵),而恒自然也。

《帛书乙》:道之尊也,德之贵也,夫莫之爵也,而恒自然也。

167-5103《校　正》:道生之畜之,长之育之,亭之毒之,养之覆之。

《河上公》:故道生之,德畜之,长之育之,成之孰之,养之覆之。

《王　弼》:故道生之,德畜之:长之、育之、亭之、毒之、养之、覆之。

《帛书甲》:道生之、畜之、长之、遂(育)之、亭【之、毒之、养之、覆之】。

《帛书乙》:道生之、畜之、【长之、育】之、亭之、毒之、养之、复(覆)之。

168-5104《校　正》:生而弗有也,为而弗恃也,长而弗宰也。此之谓玄德。

《河上公》:生而不有,为而不恃,长而不宰,是谓玄德。

《王　弼》:生而不有,为而不恃,长而不宰,是谓玄德。

《帛书甲》：〖生而〗弗有也,为而弗寺(恃)也,长而弗宰也,此之谓玄德。

《帛书乙》：〖生而弗有,为而弗恃,长而〗弗宰,是胃(谓)玄德。

第五十二章　天下有始

169-5201 《校　正》：**天下有始,以为天下母。既得其母,以知其子;既知其子,复守其母。没(殁)身不殆(dài)。**

《河上公》：天下有始,以为天下母。既知其母,复知其子;既知其子,复守其母,没身不殆。

《王　弼》：天下有始,以为天下母。既得其母,以知其子;既知其子,复守其母,没身不殆。

《帛书甲》：天下有始,以为天下母。恳(既)得其母,以知其〖子〗,复守其母,没身不殆。

《帛书乙》：天下有始,以为天下母。既得其母,以知其子;既知其子,复守其母,没身不殆。

170-5202 《校　正》：**塞其兑,闭其门,终身不危。启其兑,济其事,终身不逨(lái)。**

《河上公》：塞其兑,闭其门,终身不勤。开其兑,济其事,终身不救。

《王　弼》：塞其兑,闭其门,终身不勤。开其兑,济其事,终身不救。

《竹简乙》：閟(闭)其门,賽(塞)其逆(兑),终身不柔(危)。启其逆(兑),賽(塞)其事,终身不逨。

《帛书甲》：塞其闷(兑),闭其门,终身不堇(勤)。启其逆(兑),济其事,终身〖不救〗。

《帛书乙》：塞其兑,闭其门,冬(终)身不堇(勤)。启其兑,齐(济)其〖事,终身〗不棘(救)。

171-5203 《校　正》：**见小曰明,守柔曰强。用其光,复归其明。毋遗身殃,是为袭常。**

《河上公》：见小曰明,守柔曰强。用其光,复归其明。无遗身殃,是为习常。

《王　弼》：见小曰明,守柔曰强。用其光,复归其明。无遗身殃,是为袭常。

《韩非子》：见小曰明,守柔曰强。

《帛书甲》：〖见〗小曰〖明〗,守柔曰强。用其光,复归其明。毋遗身央(殃),是胃(谓)袭常。

《帛书乙》：见小曰明,守〖柔曰〗强。用〖其光,复归其明。毋〗遗身央(殃),是胃(谓)〖袭〗常。

第五十三章　使我挈有知

172-5301《校　正》：使我挈(qiè)有知,行于大道,唯迆(迆 yǐ)是畏。

《河上公》：使我介然有知,行于大道。唯施是畏。

《王　弼》：使我介然有知,行于大道,唯施是畏。

《帛书甲》：使我擎(挈)有知,〖行于〗大道,唯〖迆是畏〗。

《帛书乙》：使我介(挈)有知,行于大道,唯他(迆)是畏。

173-5302《校　正》：大道甚夷,民甚好径。

《河上公》：大道甚夷,而民好径。

《王　弼》：大道甚夷,而民好径。

《帛书甲》：〖大道〗甚夷,民甚好解(径)。

《帛书乙》：大道甚夷,民甚好僻(径)。

174-5303《校　正》：朝甚除(涂),田甚芜,仓甚虚。服文采,带利剑,厌(餍)饮食,
而资财有余。是谓盗竽(yú),非道也哉!

《河上公》：朝甚除,田甚芜,仓甚虚,服文彩,带利剑,厌饮食,财货有余,
是谓盗夸。〖盗夸〗,非道也哉!

《王　弼》：朝甚除,田甚芜,仓甚虚。服文彩,带利剑,厌饮食,财货有余,
是谓盗夸,非道也哉!

《韩非子》：朝甚除,〖田荒,府仓虚〗。服文采,带利剑,厌饮食,而货资
有余者。是之谓盗竽。

《帛书甲》：朝甚除,田甚芜,仓甚虚。服文采,带利〖剑,厌饮〗食,〖资
财有余〗。(以下文字残毁)

《帛书乙》：朝甚除,田甚芜,仓甚虚。服文采,带利剑,厌食而齎(资)财
〖有余〗。〖是谓盗〗柎(竽),非〖道也哉〗!

第五十四章　善建者不拔

175-5401《校　正》：善建者不拔,善抱者不脱,子孙以其祭祀不绝。

《河上公》：善建者不拔,善抱者不脱,子孙祭祀不辍。

《王　弼》：善建者不拔,善抱者不脱,子孙以祭祀不辍。

《韩非子》：善建不拔,善抱不脱,子孙以祭祀,世世不辍。

《竹简乙》：善建者不拔,善休(保)者不兑(脱),子孙以其祭祀不乇(绝)。

《帛书甲》：善建〖者不〗拔,〖善抱者不脱〗,子孙以祭祀〖不绝〗。

《帛书乙》：善建者〖不拔,善抱者不脱〗,子孙以祭祀不绝。

176-5402《校　正》：修之身,其德乃真;修之家,其德乃余;修之乡,其德乃长;修

之邦,其德乃丰;修之天下,其德乃普。

《河上公》:修之于身,其德乃真;修之于家,其德乃余;修之于乡,其德乃长;修之于国,其德乃丰;修之于天下,其德乃普。

《王　弼》:修之于身,其德乃真;修之于家,其德乃余;修之于乡,其德乃长;修之于国,其德乃丰;修之于天下,其德乃普。

《韩非子》:修之身,其德乃真;修之家,其德有余;修之乡,其德乃长;修之邦,其德乃丰;修之天下,其德乃普。

《竹简乙》:攸(修)之身,其惪(德)乃贞(真)。攸(修)之豪(家),其惪(德)又(有)舍(余)。攸(修)之向(乡),其惪(德)乃长。攸(修)之邦,其惪(德)乃奉(丰)。攸(修)之天下,〖其德乃博。〗

《帛书甲》:〖修之身,其德乃真。修之家,其德有〗余。修之〖乡,其德乃长。修之国,其德乃丰。修之天下,其德乃博〗。

《帛书乙》:修之身,其德乃真;修之家,其德有余;修之乡,其德乃长;修之国,其德乃夆(丰);修之天下,其德乃博。

177-5403 《校　正》:以身观身,以家观家,以乡观乡,以邦观邦,以天下观天下。吾何以知天下之然哉? 以此。

《河上公》:故以身观身,以家观家,以乡观乡,以国观国,以天下观天下。〖吾〗何以知天下之然哉? 以此。

《王　弼》:故以身观身,以家观家,以乡观乡,以国观国,以天下观天下。吾何以知天下然哉? 以此。

《韩非子》:以身观身,以家观家,以乡观乡,以邦观邦,以天下观天下。吾奚以知天下之然也? 以此。

《竹简乙》:〖以家观〗豪(家),以向(乡)观向(乡),以邦观邦,以天下观天下。虐(吾)可(何)以智(知)天〖下之然也〗。

《帛书甲》:以身〖观〗身,以家观家,以乡观乡,以邦观邦,以天〖下观天下。吾何以知天下之然哉? 以此〗。

《帛书乙》:以身观身,以家观〖家,以国观〗国,以天下观天下。〖吾何以知〗天下之兹(哉)? 以〖此〗。

第五十五章　含德之厚

178-5501 《校　正》:含德之厚者,比于赤子。虺(huǐ)蚖(chài)虫蛇不螫(zhē),攫鸟猛兽弗扣,骨弱筋柔而捉固。

《河上公》:含德之厚,比于赤子。毒虫不螫,猛兽不据,攫鸟不搏,骨弱筋柔而握固。

《王　弼》:含德之厚,比于赤子。蜂虿虺蛇不螫,猛兽不据,攫鸟不搏,骨弱筋柔而握固。

《竹简甲》：畲(含)惪(德)之厚者,比于赤子。蚰(蜽)蚤虫它(蛇)弗蠚(螫),攫鸟兽(猛)兽弗扣,骨溺(弱)堇(筋)祿(柔)而捉固。

《帛书甲》：〖含德〗之厚〖者〗,比于赤子。逢(蜂)癘(蛋)螝(虺)地(蛇)弗螫,攍(攫)鸟猛兽弗搏,骨弱筋柔而握固。

《帛书乙》：含德之厚者,比于赤子。蠢(蜂)疠(蛋)虺(虺)蛇弗赫(螫),据(攫)鸟孟(猛)兽弗捕(搏),骨弱筋柔而握固。

179-5502《校　正》：未知牝牡之合而朘(zuī)怒,精之至也。终日呼而不嗄(shà),和之至也。

《河上公》：未知牝牡之合而峻作,精之至也。终日号而不哑,和之至也。

《王　弼》：未知牝牡之合而全作,精之至也。终日号而不嗄,和之至也。

《竹简甲》：未智(知)牝戊(牡)之合变(朘)蕊(怒),精之至也。终日虖(呼)而不息(憂－嗄),和之至也。

《帛书甲》：未知牝牡〖之会而朘怒〗,精〖之〗至也。终日号而不嗄(嗄),和之至也。

《帛书乙》：未知牝牡之会而朘怒,精之至也。冬(终)日号而不嗄,和〖之至也〗。

180-5503《校　正》：和曰常,知常曰明;益生曰祥,心使气曰强。

《河上公》：知和曰常,知常曰明;益生曰祥,心使气曰强。

《王　弼》：知和曰常,知常曰明;益生曰祥,心使气曰强。

《竹简甲》：和曰臬(常),智(知)和曰明。贴(益)生曰兼(祥),心夐(使)嬰(气)曰弱(强)。

《帛书甲》：和曰常,知和(常)曰明,益生曰祥,心使气曰强。

《帛书乙》：〖知和曰〗常,知常曰明;益生〖曰〗祥,心使气曰强。

181-5504《校　正》：物壮则老,是谓不道。

《河上公》：物壮则老,谓之不道,不道早已。

《王　弼》：物壮则老,谓之不道,不道早已。

《竹简甲》：勿(物)槃(壮)则老,是胃(谓)不道。

《帛书甲》：〖物壮〗即老,胃(谓)之不道,不道〖早已〗。

《帛书乙》：物〖壮〗则老,胃(谓)之不道,不道早已。

第五十六章　知之者弗言

182-5601《校　正》：知之者弗言,言之者弗知。

《河上公》：知者不言,言者不知。

《王　弼》：知者不言,言者不知。

《竹简甲》：智(知)之者弗言,言之者弗智(知)。

《帛书甲》：〖知者〗弗言,言者弗知。

《帛书乙》：知者弗言，言者弗知。

183-5602《校　　正》：**闭其兑，塞其门，和其光，同其尘，挫其锐，解其纷，是谓玄同。**

《河上公》：塞其兑，闭其门，挫其锐，解其纷，和其光，同其尘，是谓玄同。

《王　弼》：塞其兑，闭其门，挫其锐，解其分，和其光，同其尘，是谓玄同。

《竹简甲》：闵（闑－闭）其逆（兑），赛（塞）其门，和其光，迵（同）其新（尘），刮其𩖀，解其纷，是胃（谓）玄同。

《帛书甲》：塞其闷（兑），闭其〖门，和〗其光，同其挐（尘），坐（挫）其阅（锐），解其纷，是胃（谓）玄同。

《帛书乙》：塞其挩，闭其门，和其光，同其尘，锉（挫）其锐而解其纷，是胃（谓）玄同。

184-5603《校　　正》：**故不可得而亲，亦不可得而疏；不可得而利，亦不可得而害；不可得而贵，亦不可得而贱。故为天下贵。**

《河上公》：故不可得而亲，亦不可得而疏；不可得而利，亦不可得而害；不可得而贵，亦不可得而贱，故为天下贵。

《王　弼》：故不可得而亲，不可得而疏；不可得而利，不可得而害；不可得而贵，不可得而贱，故为天下贵。

《竹简甲》：古（故）可得天（而）新（亲），亦不可得而疋（疏）；不可得而利，亦不可得而害；不可得而贵，亦【可】不可得而戋（贱）。古（故）为天下贵。

《帛书甲》：故不可得而亲，亦不可得而疏；不可得而利，亦不可得而害；不可〖得〗而贵，亦不可得而浅（贱）。故为天下贵。

《帛书乙》：故不可得而亲，亦〖不可得〗而〖疏；不可〗而利，〖亦不可〗得而害；不可得而贵，亦不可得而贱。故为天下贵。

第五十七章　以正治邦

185-5701《校　　正》：**以正治邦，以奇用兵，以无事取天下。**

《河上公》：以正治国，以奇用兵，以无事取天下。

《王　弼》：以正治国，以奇用兵，以无事取天下。

《竹简甲》：以正之（治）邦，以战（奇）用兵，以亡事取天下。

《帛书甲》：以正之（治）邦，以畸（奇）用兵，以无事取天下。

《帛书乙》：以正之（治）国，以畸（奇）用兵，以无事取天下。

186-5702《校　　正》：**吾何以知其然也？夫天多忌讳，而民弥叛；民多利器，国家滋昏；人多智，奇物滋起；法物滋彰，盗贼多有。**

《河上公》：吾何以知其然哉？以此。天下多忌讳而民弥贫。民多利器，国家滋昏。人多技巧，奇物滋起。法物滋彰，盗贼多有。

《王　弼》：吾何以知其然哉？以此。天下多忌讳，而民弥贫；民多利器，国

267

家滋昏;人多伎巧,奇物滋起;法令滋彰,盗贼多有。

《竹简甲》:虐(吾)可(何)以智(知)其朕(然)也?夫天多期(忌)韦(讳),而民尔(弥)畔(叛)。民多利器,而邦慈(滋)昏。人多智,而载(奇)勿(物)慈(滋)记(起)。法勿(物)慈(滋)章(彰),觊(盗)侧(贼)多又(有)。

《帛书甲》:吾何〖以知其然也哉〗?夫天下〖多忌讳〗,而民弥贫。民多利器,而邦家兹(滋)昏。人多知,而何(奇)物兹(滋)〖起。法物滋彰,而〗盗贼〖多有〗。

《帛书乙》:吾何以知其然也才(哉)?夫天下多忌讳,而民弥贫。民多利器,〖而国家滋〗昏。〖人多知巧,而奇物滋起。法〗物兹(滋)章(彰),而盗贼〖多有〗。

187-5703 《校　正》:**是以圣人之言曰:我无事而民自富,我无为而民自化,我好静而民自正,我欲不欲而民自朴。**

《河上公》:故圣人云:我无为而民自化,我好静而民自正,我无事而民自富,我无欲而民自朴。〖我无情而民自清〗。

《王　弼》:故圣人云:我无为而民自化,我好静而民自正,我无事而民自富,我无欲而民自朴。

《竹简甲》:是以圣人之言曰:我无事而民自福(富),我亡为而民自蚰(化),我好青(静)而民自正,我谷(欲)不谷(欲)而民自朴。

《帛书甲》:〖是以圣人之言曰:〗我无为也而民自化,我好静而民自正,我无事民〖自富,我欲不欲而民自朴〗。

《帛书乙》:是以〖圣〗人之言曰:我无为而民自化,我好静而民自正,我无事而民自富,我欲不欲而民自朴。

第五十八章　其政闷闷

188-5801 《校　正》:**其政闷闷,其民惇惇(dūn);其政察察,其民狭狭(jué)。**

《河上公》:其政闷闷,其民醇醇;其政察察,其民缺缺。

《王　弼》:其政闷闷,其民淳淳;其政察察,其民缺缺。

《帛书甲》:〖其政闷闷,其民惇惇〗。其正(政)察察,其邦(民)夬夬(狭狭)。

《帛书乙》:其正(政)阃阃(闷闷),其民屯屯(惇惇)。其正(政)察察,其〖民狭狭〗。

189-5802 《校　正》:**祸兮,福之所倚;福兮,祸之所伏。孰知其极?**

《河上公》:祸兮福之所倚,福兮祸之所伏。孰知其极,

《王　弼》:祸兮福之所倚,福兮祸之所伏。孰知其极?

《韩非子》:祸兮,福之所倚;福兮,祸之所伏。熟知其极?

《帛书甲》:旤(祸),福之所倚;福,旤(祸)之所伏,〖孰知其极〗?

《帛书乙》:〖祸,福之所倚;福,祸之〗所伏,孰知其极?

190-5803 《校　正》:其无正也,正复为奇,善复为妖。人之迷也,其日固久矣。

《河上公》:其无正,正复为奇,善复为祅。人之迷,其日固久。

《王　弼》:其无正?正复为奇,善复为妖,人之迷,其日固久。

《韩非子》:人之迷也,其日固以久矣。

《帛书甲》:(此节经文全部残毁)

《帛书乙》:〖其〗无正也,正〖复为奇〗,善复为〖妖,人〗之杰(迷)也,其日固久矣。

191-5804 《校　正》:是以方而不割,廉而不刺,直而不肆,光而不耀。

《河上公》:是以圣人方而不割,廉而不害,直而不肆,光而不耀。

《王　弼》:是以圣人方而不割,廉而不刿,直而不肆,光而不耀。

《韩非子》:方而不割,廉而不刿,直而不肆,光而不耀。

《帛书甲》:(此节经文全部残毁)

《帛书乙》:是以方而不割,兼(廉)而不刺,直而不绁(肆),光而不眺(耀)。

第五十九章　治人事天

192-5901 《校　正》:治人、事天,莫若啬(sè)。

《河上公》:治人,事天,莫若啬。

《王　弼》:治人事天莫若啬。

《韩非子》:治人、事天,莫如啬。

《竹简乙》:给(治)人、事天,莫若啬。

《帛书甲》:(此节经文全部残毁)

《帛书乙》:治人事天莫若啬,

193-5902 《校　正》:夫唯啬,是谓早备;早备,谓之重积德;重积德,则无不克;无不克,则莫知其极;莫知其极,可以有国;有国之母,可以长久。

《河上公》:夫唯啬,是谓早服。早服谓之重积德。重积德则无不克,无不克则莫知其极,莫知其极〖则〗可以有国。有国之母,可以长久。

《王　弼》:夫唯啬,是谓早服。早服谓之重积德,重积德则无不克,无不克则莫知其极,莫知其极,可以有国。有国之母,可以长久。

《韩非子》:夫谓啬,是以蚤服;早服,是谓重积德;重积德,则无不克;无不克,则莫知其极;莫知其极,则可以有国;有国之母,可以长久。

269

《竹简乙》：是以晜(早)，是以晜(早)备，是胃(谓)〖□□□□□□□□〗不克，则莫智(知)其亙(亟－极)；莫智(知)其亙(亟－极)，可以又(有)郖(国)。又(有)郖(国)之母，可以长〖□〗。

《帛书甲》：(前段经文全部残毁)〖重积德则无不克，无不克则莫知其极。莫知其极〗，可以有国。有国之母，可以长久。

《帛书乙》：夫唯嗇，是以蚤(早)服，蚤(早)服是胃(谓)重积〖德〗。重积〖德则无不克，无不克则〗莫知其〖极〗。莫知其〖极，可以〗有国。有国之母，可〖以长久〗。

194-5903《校　正》：**深其根，固其柢(dǐ)，长生久视之道也。**

《河上公》：是谓深根固蒂，长生久视之道。

《王　弼》：是谓深根固柢，长生久视之道。

《韩非子》：深其根，固其柢，长生久视之道也。

《竹简乙》：〖□□□□□□〗长生旧(久)视之道也。

《帛书甲》：是胃(谓)深柉(根)固氐(柢)，〖长生久视之〗道也。

《帛书乙》：是胃(谓)〖深〗根固氐(柢)，长生久视之道也。

第六十章　治大国

195-6001《校　正》：**治大国者，若烹小鲜。**

《河上公》：治大国若烹小鲜。

《王　弼》：治大国若烹小鲜。

《韩非子》：治大国者，若烹小鲜。

《帛书甲》：〖治大国若亨(烹)小鲜〗，

《帛书乙》：治大国若亨(烹)小鲜，

196-6002《校　正》：**以道莅(lì)天下，其鬼不神也；非其鬼不神也，其神不伤人也；非其神不伤人也，圣人亦弗伤也。**

《河上公》：以道莅天下，其鬼不神。非其鬼不神，其神不伤人。非其神不伤人，圣人亦不伤人。

《王　弼》：以道莅天下，其鬼不神。非其鬼不神，其神不伤人。非其神不伤人，圣人亦不伤人。

《韩非子》：以道莅天下，其鬼不神；非其鬼不神也，其神不伤人也；圣人亦不伤民。

《帛书甲》：〖以道莅〗天下，其鬼不神。非其鬼不神也，其神不伤人也。非其申(神)不伤人也，圣人亦弗伤〖也〗。

《帛书乙》：以道立(莅)天下，其鬼不神。非其鬼不神也，其神不伤人也。非其神不伤人也，〖圣人亦〗弗伤也。

197-6003《校　正》：**夫两不相伤，故德交归焉。**

《河上公》:夫两不相伤,故德交归焉。

《王　弼》:夫两不相伤,故德交归焉。

《韩非子》:两不相伤,故德交归焉。

《帛书甲》:〖夫两〗不相〖伤,故〗德交归焉。

《帛书乙》:夫两〖不〗相伤,故德交归焉。

第六十一章　大邦者下流

198-6101 《校　正》:**大邦者,下流也。天下之牝,天下之交也。牝恒以静胜牡。为其静也,故宜为下。**

《河上公》:大国者下流,天下之交,天下之牝。牝常以静胜牡,以静为下。

《王　弼》:大国者下流。天下之交,天下之牝。牝常以静胜牡,以静为下。

《帛书甲》:大邦者,下流也。天下之牝。天下之郊(交)也,牝恒以靓(静)胜牡。为其靓(静)〖也,故〗宜为下。

《帛书乙》:大国〖者,下流也,天下之〗牝也。天下之交也,牝恒以静朕(胜)牡。为其静也,故宜为下也。

199-6102 《校　正》:**故大邦以下小邦,则取小邦;小邦以下大邦,则取于大邦。故或下以取,或下而取。**

《河上公》:故大国以下小国,则取小国;小国以下大国,则取大国。或下以取,或下而取。

《王　弼》:故大国以下小国,则取小国;小国以下大国,则取大国。或下以取,或下而取。

《帛书甲》:大邦〖以〗下小〖邦〗,则取小邦;小邦以下大邦,则取于大邦。故或下以取,或下而取。

《帛书乙》:故大国以下〖小〗国,则取小国;小国以下大国,则取于大国。故或下〖以取,或〗下而取。

200-6103 《校　正》:**故大邦者,不过欲兼畜人;小邦者,不过欲入事人。夫皆得其欲,大者宜为下。**

《河上公》:大国不过欲兼畜人,小国不过欲入事人。夫两者各得其所欲,大者宜为下。

《王　弼》:大国不过欲兼畜人,小国不过欲入事人,夫两者各得其所欲,大者宜为下。

《帛书甲》:〖故〗大邦者,不过欲兼畜人;小邦者,不过欲入事人。夫皆得其欲,〖大者宜〗为下。

《帛书乙》:故大国者,不〖过〗欲并畜人;小国,不过欲入事人。夫〖皆得〗其欲,则大者宜为下。

第六十二章　道者万物之主

201-6201《校　正》：**道者，万物之主也。善人之宝也，不善人之所保也。**

《河上公》：道者万物之奥，善人之宝，不善人之所保。

《王　弼》：道者万物之奥，善人之宝，不善人之所保。

《帛书甲》：〖道〗者万物之注（主）也，善人之菜（宝）也，不善人之所菜（保）也。

《帛书乙》：道者万物之注（主）也，善人之菜（宝）也，不善人之所保也。

202-6202《校　正》：**美言可以市，尊行可以加人。人之不善也，何弃之有！**

《河上公》：美言可以市，尊行可以加人。人之不善，何弃之有。

《王　弼》：美言可以市，尊行可以加人。人之不善，何弃之有！

《帛书甲》：美言可以市，尊行可以贺（加）人。人之不善也，何〖弃之〗有。

《帛书乙》：美言可以市，尊行可以贺（加）人。人之不善，何〖弃之有〗。

203-6203《校　正》：**故立天子，置三卿，虽有拱之璧以先（駪shēn）驷马，不若坐而进此。**

《河上公》：故立天子，置三公，虽有拱璧以先驷马，不如坐进此道。

《王　弼》：故立天子，置三公，虽有拱璧以先驷马，不如坐进此道。

《帛书甲》：故立天子，置三卿，虽有共（拱）之璧以先四（驷）马，不善（若）坐而进此。

《帛书乙》：〖故〗立天子，置三乡（卿），虽有〖拱之〗璧以先四（驷）马，不若坐而进此。

204-6204《校　正》：**古之所以贵此者何也？不谓：求以得，有罪以免欤？故为天下贵。**

《河上公》：古之所以贵此道者，何不日以求得？有罪以免耶，故为天下贵。

《王　弼》：古之所以贵此道者何？不曰求以得，有罪以免邪？故为天下贵。

《帛书甲》：古之所以贵此者何也？不胃（谓）〖求以〗得，有罪以免舆（与）！故为天下贵。

《帛书乙》：古〖之所以贵此者何也〗？不胃（谓）求以得，有罪以免与！故为天下贵。

第六十三章　为无为

205-6301 《校　正》：**为无为，事无事，味无味。**

　　《河上公》：为无为，事无事，味无味。大小多少，报怨以德。

　　《王　弼》：为无为，事无事，味无味。大小多少，报怨以德。

　　《竹简甲》：为亡为，事亡事，未（味）亡未（味）。

　　《帛书甲》：为无为，事无事，味无未（味），大小，多少，报怨以德。

　　《帛书乙》：为无为，〖事无事，味无味，大小多少，报怨以德〗。

206-6302 《校　正》：**图难于其易，为大于其细。天下之难作于易，天下之大作于
　　　　细。是以圣人终不为大，故能成其大。**

　　《河上公》：图难于其易，为大于其细。天下难事必作于易，天下大事必作
　　　　于细。是以圣人终不为大，故能成其大。

　　《王　弼》：图难于其易，为大于其细。天下难事必作于易，天下大事必作
　　　　于细，是以圣人终不为大，故能成其大。

　　《韩非子》：图难于其易也，为大于其细也。天下之难事，必作于易；天下
　　　　之大事，必作于细。

　　《帛书甲》：图难乎〖其易也，为大乎其细也〗。天下之难作于易，天下之
　　　　大作于细，是以圣人冬（终）不为大，故能〖成其大〗。

　　《帛书乙》：〖图难乎其易也，为大〗乎其细也。天下之〖难作于〗易，天
　　　　下之大〖作于细，是以圣人终不为大，故能成其大〗。

207-6303 《校　正》：**大小之，多易必多难。是以圣人犹（由）难之，故终无难矣。**

　　《河上公》：夫轻诺必寡信，多易必多难。是以圣人犹难之，故终无难。

　　《王　弼》：夫轻诺必寡信，多易必多难，是以圣人犹难之。故终无难矣。

　　《竹简甲》：大少（小）之，多惕（易）必多壐（难）。是以圣人猷（猶–犹）壐
　　　　（难）之，古（故）终亡壐（难）。

　　《帛书甲》：〖夫轻诺必寡信，多易〗必多难，是〖以圣〗人犹难之，故终
　　　　于无难。

　　《帛书乙》：夫轻若（诺）〖必寡〗信，多易必多难，是以耵（聖–圣）人
　　　　〖犹难〗之，故〖终于无难〗。

第六十四章　其安也易持

208-6401 《校　正》：**其安也，易持也；其未兆也，易谋也；其脆也，易判也；其几也，
　　　　易散也。为之于其未有也，治之于其未乱。**

　　《河上公》：其安易持，其未兆易谋，其脆易破，其微易散。为之于未有，治

之于未乱。

《王　弼》：其安易持，其未兆易谋，其脆易泮，其微易散。为之于未有，治
之于未乱。

《竹简甲》：其安也，易枭（持）也。其未兆（兆）也，易悔（谋）也。其霓（脆）
也，易畔（判）也。其几也，易後（散）也。为之于其亡又（有）也，
绚（治）之于其未乱。

《韩非子》：其安易持也，其未兆易谋也。圣人蚤从事焉。

《帛书甲》：其安也，易持也。〖其未兆也，易谋也。其脆也，易破也。其微
也，易散也。为之于其未有也，治之于其未乱也〗。

《帛书乙》：（此节经文全部残毁）

**209-6402《校　正》：合抱之木，生于毫末；九层之台，起于蔂（léi）土；百仞之高，始
于足下。**

《河上公》：合抱之木，生于毫末；九层之台，起于累土；千里之行，始于足
下。

《王　弼》：合抱之木，生于毫末；九层之台，起于累土；千里之行，始于足
下。

《竹简甲》：合〖抱之木，生于毫〗末，九成（层）之台，作〖于蔂土，百仞
之高，始于〗足下。

《帛书甲》：〖合抱之木，生于〗毫末。九成（层）之台，作于嬴（蔂）土。百
仁（仞）之高，台（始）于足〖下〗。

《帛书乙》：〖合抱之〗木，生于毫末。九成（层）之台，作于蔂土。百千
（仞）之高，始于足下。

**210-6403《校　正》：为之者败之，执之者失之。圣人无为，故无败也；无执，故无失
也。**

《河上公》：为者败之，执者失之。圣人无为故无败，无执故无失。

《王　弼》：为者败之，执者失之。是以圣人无为，故无败；无执，故无失。

《竹简甲》：为之者败之，执之者远之。是以圣人亡为，古（故）亡败；亡败，
古（故）亡遴（失）。

《竹简丙》：为之者败之，执之者遴（失）之。圣人无为，古（故）无败也；无
执，古（故）〖无失也〗。

《帛书甲》：〖为之者败之，执之者失之。是以圣人无为〗也，〖故〗无败
〖也〗；无执也，故无失也。

《帛书乙》：为之者败之，执之者失之。是以耵（聖－圣）人无为〖也，故无
败也；无执也，故无失也〗。

**211-6404《校　正》：临事之纪，慎终如始，则无败事矣。人之败也，恒于其且成也
败之。**

《河上公》：民之从事，常于几成而败之，慎终如始，则无败事。

《王　弼》:民之从事,常于几成而败之。慎终如始,则无败事。

《竹简甲》:临事之纪,誓(慎)冬(终)女(如)忄(始),此亡败事矣。

《竹简丙》:新(慎)终若讠(始),则无败事壴(矣)。人之败也,互(恒)于其敓(且)成也败之。

《帛书甲》:民之从事也,恒于其(几)成事而败之,故慎终若始,则〖无败事矣〗。

《帛书乙》:民之从事也,恒于其(几)成事而败之,故曰:慎冬(终)若始,则无败事矣。

212-6405《校　正》:**是以圣人欲不欲,不贵难得之货;学不学,复众之所过。是以能辅万物之自然,而弗敢为。**

《河上公》:是以圣人欲不欲,不贵难得之货;学不学,复众人之所过;以辅万物之自然,而不敢为。

《王　弼》:是以圣人欲不欲,不贵忐(难)得之货。学不学,复众人之所过。以辅万物之自然,而不敢为。

《竹简甲》:圣人谷(欲)不谷(欲),不贵难得之货;孝(教)不孝(教),复众之所坐生(过)。是古(故)圣人能尃(辅)万勿(物)之自朕(然),而弗能为。

《竹简丙》:是以〖圣〗人欲不欲,不贵忐(难)得之货;学不学,复众之所迷(过)。是以能?(辅)塙(万)勿(物)之自朕(然),而弗敢为。

《韩非子》:欲不欲,而不贵难得之货;学不学,复归众人之所过也;恃万物之自然,而不敢为也。

《帛书甲》:〖是以圣人〗欲不欲,而不贵难得之?(货);学不学,而复众人之所过;能辅万物之自〖然,而〗弗敢为。

《帛书乙》:是以取(聖-圣)人欲不欲,不贵难得之货;学不学,复众人之所过;以辅万物之自然,而弗敢为。

第六十五章　古之为道者

213-6501《校　正》:**古之为道者,非以明民也,将以愚之也。**

《河上公》:古之善为道者,非以明民,将以愚之。

《王　弼》:古之善为道者,非以明民,将以愚之。

《帛书甲》:故曰:为道者非以明民也,将以愚之也。

《帛书乙》:古之为道者,非以明〖民也,将以愚〗之也。

214-6502《校　正》:**民之难治也,以其智也。故以智治邦,邦之贼也;以不智治邦,邦之德也。**

《河上公》:民之难治,以其智多。以智治国,国之贼;不以智治国,国之福。

《王　弼》:民之难治,以其智多。故以智治国,国之贼;不以智治国,国之福。

《帛书甲》:民之难〖治也,以其〗知(智)也。故以知(智)知(治)邦,邦之贼也;以不知(智)知(治)邦,〖邦之〗德也。

《帛书乙》:夫民之难治也,以其知(智)也。故以知(智)知(治)国,国之贼也;以不知(智)知(治)国,国之德也。

215-6503《校　正》:**恒知此两者,亦稽(楷)式也。恒知稽(楷)式,是谓玄德。玄德深矣、远矣,与物反(返)也,乃至大顺。**

《河上公》:知此两者亦楷式。常知楷式,是谓玄德。玄德深矣、远矣,与物反矣。乃至大顺。

《王　弼》:知此两者,亦稽式。常知稽式,是谓玄德。玄德深矣、远矣,与物反矣,然后乃至大顺。

《帛书甲》:恒知此两者,亦稽式也;恒知稽式,此胃(谓)玄德。玄德深矣,远矣,与物〖反〗矣,乃至大顺。

《帛书乙》:恒知此两者,亦稽式也;恒知稽式,是胃(谓)玄德。玄德深矣,远矣,〖与〗物反也,乃至大顺。

第六十六章　江海所以能为百谷王

216-6601《校　正》:**江海所以能为百谷王,以其能为百谷下,是以能为百谷王。**

《河上公》:江海之所以能为百谷王者,以其善下之,故能为百谷王。

《王　弼》:江海所以能为百谷王者,以其善下之,故能为百谷王。

《竹简甲》:江海(海)所以为百浴(谷)王,以其能为百浴(谷)下,是以能为百浴(谷)王。

《帛书甲》:〖江〗海之所以能为百浴(谷)王者,以其善下之,是以能为百浴(谷)王。

《帛书乙》:江海所以能为百浴(谷)〖王者,以〗其〖善〗下之也,是以能为百浴(谷)王。

217-6602《校　正》:**圣人之在民前也,以身后之;其在民上也,以言下之。其在民上也,民弗厚也;其在民前也,民弗害也。天下乐进而弗厌。**

《河上公》:是以圣人欲上民,必以〖其〗言下之;欲先民,必以〖其〗身后之。是以圣人处上而民不重,处前而民不害,是以天下乐推而不厌。

《王　弼》:是以圣人欲上民,必以言下之;欲先民,必以身后之。是以圣人处上而民不重,处前而民不害,是以天下乐推而不厌。

《竹简甲》:圣人之才(在)民前也,以身后之;其才(在)民上也,以言下之。其才(在)民上也,民弗厚也;其才(在)民前也,民弗害也。

276

天下乐进而弗詀(厌)。

《帛书甲》:是以圣人之欲上民也,必以其言下之;其欲先〖民也〗,必以
其身后之。故居前而民弗害也,居上而民弗重也。天下乐隼
(推)而弗猒(厌)也。

《帛书乙》:是以耴(聖－圣)人之欲上民也,必以其言下之;其欲先民也,
必以其身后之。故居上而民弗重也,居前而民弗害。天下皆乐
谁(推)而弗猒(厌)也。

218-6603《校　正》:以其不争也,故天下莫能与之争。

《河上公》:以其不争,故天下莫能与之争。

《王　弼》:以其不争,故天下莫能与之争。

《竹简甲》:以其不静(争)也,古(故)天下莫能与之静(争)。

《帛书甲》:非其无静(争)与,〖故天下莫能与〗静(争)。

《帛书乙》:不以其无争与,故〖天〗下莫能与争。

第六十七章　天下皆谓我大

219-6701《校　正》:天下皆谓我大,大而不肖。夫唯不肖,故能大。若肖,细久矣!

《河上公》:天下皆谓我大,似不肖。夫唯大,故似不肖。若肖久矣。其细
〖也夫〗!

《王　弼》:天下皆谓我道大,似不肖。夫唯大,故似不肖。若肖,久矣其细
也夫。

《帛书甲》:〖天下皆谓我大,大而不肖〗。夫唯〖大〗,故不宵(肖)。若
宵(肖),细久矣!

《帛书乙》:天下〖皆〗胃(谓)我大,大而不宵(肖)。夫唯不宵(肖),故能
大。若宵(肖),久矣其细也夫。

220-6702《校　正》:我恒有三宝,持而保之。一曰慈,二曰俭,三曰不敢为天下先。
夫慈,故能勇;俭,故能广;不敢为天下先,故能成器长。

《河上公》:我有三宝,持而保之:一曰慈,二曰俭,三曰不敢为天下先。慈
故能勇,俭故能广,不敢为天下先,故能成器长。

《王　弼》:我有三宝,持而保之。一曰慈,二曰俭,三曰不敢为天下先。
慈,故能勇;俭,故能广;不敢为天下先,故能成器长。

《韩非子》:吾有三宝,持而宝之。慈,故能勇;俭,故能广;不敢为天下先,
故能为成事长。

《帛书甲》:我恒有三葆(宝),之。一曰兹(慈),二曰检(俭),〖三曰不敢
为天下先。夫慈,故能勇;俭〗,故能广;不敢为天下先,故能
为成事长。

《帛书乙》:我恒有三琭(宝),市(持)而琭(宝)之。一曰兹(慈),二曰检

277

（俭），三曰不敢为天下先。夫兹（慈），故能勇；检（俭），敢（故）能广；不敢为天下先，故能为成器长。

221-6703 《校　正》：**今舍其慈，且勇；舍其俭，且广；舍其后，且先；则死矣！**

《河上公》：今舍〖其〗慈且勇，舍〖其〗俭且广，舍〖其〗后且先，死矣，

《王　弼》：今舍慈且勇，舍俭且广，舍后且先，死矣！

《帛书甲》：今舍其兹（慈），且勇；舍其后，且先，则必死矣！

《帛书乙》：今舍其兹（慈），且勇；舍其检（俭），且广；舍其后，且先，则死矣！

222-6704 《校　正》：**夫慈，以战则胜，以守则固。天将建之，如（则）以慈垣（yuán）之。**

《河上公》：夫慈，以战则胜，以守则固。天将救之，以慈卫之。

《王　弼》：夫慈，以战则胜，以守则固，天将救之，以慈卫之。

《韩非子》：慈，于战则胜，以守则固。

《帛书甲》：夫兹（慈），〖以战〗则胜，以守则固。天将建之，女（如）以兹（慈）垣之。

《帛书乙》：夫兹（慈），以单（战）则朕（胜），以守则固。天将建之，如以兹（慈）垣之。

第六十八章　善为士者不武

223-6801 《校　正》：**善为士者，不武；善战者，不怒；善胜敌者，弗与；善用人者，为之下。**

《河上公》：善为士者不武，善战者不怒，善胜敌者不与，善用人者为下。

《王　弼》：善为士者不武，善战者不怒，善胜敌者不与，善用人者为之下。

《帛书甲》：善为士者不武，善战者不怒，善胜敌者弗〖与〗，善用人者为之下。

《帛书乙》：故善为士者不武，善单（战）者不怒，善朕（胜）敌者弗与，善用人者为之下。

224-6802 《校　正》：**是谓不争之德，是谓用人，是谓配天，古之极也。**

《河上公》：是谓不争之德，是谓用人之力，是谓配天，古之极。

《王　弼》：是谓不争之德，是谓用人之力，是谓配天古之极。

《帛书甲》：〖是〗胃（谓）不诤（争）之德，是胃（谓）用人，是胃（谓）天，古之极也。

《帛书乙》：是胃（谓）不争〖之〗德，是胃（谓）用人，是胃（谓）肥（配）天，古之极也。

第六十九章　用兵有言

225-6901《校　正》:用兵有言曰:"吾不敢为主而为客,不敢进寸而退尺。"

《河上公》:用兵有言:吾不敢为主,而为客;不敢进寸,而退尺。

《王　弼》:用兵有言,吾不敢为主而为客,不敢进寸而退尺。

《帛书甲》:用兵有言曰:吾不敢为主而为客,吾不进寸而芮(退)尺。

《帛书乙》:用兵又(有)言曰:吾不敢为主而为客,不敢进寸而退尺。

226-6902《校　正》:是谓行无行,攘无臂,执无兵。乃无敌矣。

《河上公》:是谓行无行,攘无臂,仍无敌,执无兵。

《王　弼》:是谓行无行,攘无臂,扔无敌,执无兵。

《帛书甲》:是胃(谓)行无行,襄(攘)无臂,执无兵,乃无敌矣。

《帛书乙》:是胃(谓)行无行,攘无臂,执无兵,乃无敌。

227-6903《校　正》:祸莫大于无敌;无敌,近亡吾宝矣。故抗兵相若,而哀者胜矣。

《河上公》:祸莫大于轻敌,轻敌几丧吾宝。故抗兵相加,哀者胜矣。

《王　弼》:祸莫大于轻敌,轻敌几丧吾宝。故抗兵相加,哀者胜矣。

《帛书甲》:[示鬼](祸)莫于(大)于无适(敌),无适(敌)斤(近)亡吾【吾】葆(宝)矣。故称兵相若,则哀者胜矣。

《帛书乙》:祸莫大于无敌,无敌近亡吾琛(宝)矣。故抗兵相若,而依(哀)者朕(胜)〖矣〗。

第七十章　吾言易知

228-7001《校　正》:吾言易知也,易行也。而天下莫之能知也,莫之能行也。

《河上公》:吾言甚易知,甚易行。天下莫能知、莫能行。

《王　弼》:吾言甚易知,甚易行,天下莫能知,莫能行。

《帛书甲》:吾言甚易知也,甚易行也;而人莫之能知也,而莫之能行也。

《帛书乙》:吾言易知也,易行也。而天下莫之能知也,莫之能行也。

229-7002《校　正》:言有宗,事有君。

《河上公》:言有宗,事有君。

《王　弼》:言有宗,事有君。

《帛书甲》:言有君,事有宗。

《帛书乙》:夫言又(有)宗,事又(有)君。

230-7003《校　正》:夫唯无知也,是以不我知。知我希(稀),则我贵矣。是以圣人被褐(hè)而怀玉。

《河上公》:夫唯无知,是以不我知。知我者希,则我者贵。是以圣人被褐

而怀玉。

《王　弼》:夫唯无知,是以不我知。知我者希,则我者贵,是以圣人被褐
　　　　　怀玉。

《帛书甲》:夫唯无知也,是以不〚我知,知我者希,则〛我贵矣。是以圣
　　　　　人被褐而裹玉。

《帛书乙》:夫唯无知也,是以不我知。知者希,则我贵矣。是以耴(聖 -
　　　　　圣)人被褐而裹玉。

第七十一章　知不知

231-7101《校　正》:知,不知,尚矣;不知,知,病矣。

《河上公》:知不知上,不知知病。夫唯病病,是以不病。

《王　弼》:知不知,上;不知知,病。夫唯病病,是以不病。

《帛书甲》:知不知,尚矣;不知不知,病矣。

《帛书乙》:知不知,尚矣;不知知,病矣。

232-7102《校　正》:是以圣人之不病也,以其病病也,是以不病。

《河上公》:圣人不病,以其病病,是以不病。

《王　弼》:圣人不病,以其病病,是以不病。

《韩非子》:圣人之不病也,以其不病,是以无病也。

《帛书甲》:是以圣人之不病,以其〚病病,是以不病〛。

《帛书乙》:是以耴(聖 - 圣)人之不〚病〛也,以其病病也,是以不病。

第七十二章　民之不畏畏

233-7201《校　正》:民之不畏畏,则大畏将至矣。

《河上公》:民不畏威,〚则〛大威至矣。

《王　弼》:民不畏威,则大威至。

《帛书甲》:〚民之不〛畏畏(威),则大〚畏(威)将至〛矣。

《帛书乙》:民之不畏畏,则大畏将至矣。

234-7202《校　正》:无狭其所居,无厌其所生。夫唯不厌,是以不厌。

《河上公》:无狭其所居,无厌其所生。夫唯不厌,是以不厌。

《王　弼》:无狎其所居,无厌其所生。夫唯不厌,是以不厌。

《帛书甲》:毋閘(狭)其所居,毋猒(厌)其所生。夫唯弗猒(厌),是〚以不
　　　　　厌〛。

《帛书乙》:毋伸(狎)其所居,毋猒(厌)其所生。夫唯弗猒(厌),是以不猒
　　　　　(厌)。

235-7203 《校　正》: 是以圣人自知而不自见（现）也，自爱而不自贵也。故去彼而取此。

《河上公》: 是以圣人自知不自见，自爱不自贵，故去彼取此。

《王　弼》: 是以圣人自知，不自见；自爱，不自贵。故去彼取此。

《帛书甲》:〖是以圣人自知而不自见也，自爱〗而不自贵也。故去被（彼）取此。

《帛书乙》: 是以耵（聖－圣）人自知而不自见也，自爱而不自贵也。故去罢（彼）而取此。

第七十三章　勇于敢则杀

236-7301 《校　正》: 勇于敢则杀，勇于不敢则活。此两者，或利或害。天之所恶，孰知其故？

《河上公》: 勇于敢则杀，勇于不敢则活。此两者，或利或害。天之所恶，孰知其故？ 是以圣人犹难之。

《王　弼》: 勇于敢则杀，勇于不敢则活。此两者，或利或害。天之所恶，孰知其故？ 是以圣人犹难之。

《帛书甲》: 勇于敢者〖则杀，勇〗于不敢者则桰（活）。〖此两者或利或害，天之所恶，孰知其故〗？

《帛书乙》: 勇于敢则杀，勇于不敢则桰（活）。〖此〗两者或利或害，天之所亚（恶），孰知其故？

237-7302 《校　正》: 天之道，不战而善胜，不言而善应，不召而自来，坦然而善谋。

《河上公》: 天之道，不争而善胜，不言而善应，不召而自来，繟然而善谋。

《王　弼》: 天之道，不争而善胜，不言而善应，不召而自来，繟然而善谋。

《帛书甲》:〖天之道，不战而善胜〗，不言而善应，不召而自来，弹（坦）而善谋。

《帛书乙》: 天之道，不单（战）而善朕（胜），不言而善应，弗召而自来，单（坦）而善谋。

238-7303 《校　正》: 天网恢恢，疏而不失。

《河上公》: 天网恢恢，疏而不失。

《王　弼》: 天网恢恢，疏而不失。

《帛书甲》:〖天网恢恢，疏而不失。〗

《帛书乙》: 天网袸袸（恢恢），疏而不失。

第七十四章　若民恒且不畏死

239-7401《校　正》:**若民恒且不畏死,奈何以杀惧之也!**

　　　《河上公》:民不畏死,奈何以死惧之!

　　　《王　弼》:民不畏死,奈何以死惧之!

　　　《帛书甲》:〖若民恒且不畏死〗,奈何以杀思(惧)之也!

　　　《帛书乙》:若民恒且畏不畏死,奈何以杀?(惧)之也!

240-7402《校　正》:**若使民恒且畏死,而为奇者,吾得而杀之,夫孰敢矣!**

　　　《河上公》:若使民常畏死,而为奇者,吾得执而杀之,孰敢?

　　　《王　弼》:若使民常畏死,而为奇者吾得执而杀之,孰敢?

　　　《帛书甲》:若民恒是死,则而为奇者吾将得而杀之,夫孰敢矣。

　　　《帛书乙》:使民恒且畏死,而为畸(奇)者〖吾〗得而杀之,夫孰敢矣。

241-7403《校　正》:**若民恒且必畏死,则恒有司杀者杀。夫代司杀者杀,是谓代大匠斫。夫代大匠斫者,则希(稀)不伤其手。**

　　　《河上公》:常有司杀者。夫代司杀者杀,是谓代大匠斫。夫代大匠斫者,希有不伤手矣。

　　　《王　弼》:常有司杀者杀,夫代司杀者杀,是谓代大匠斫。夫代大匠斫者,希有不伤其手矣。

　　　《帛书甲》:若民〖恒且〗必畏死,则恒有司杀者。夫伐(代)司杀者杀,是伐(代)大匠斫也。夫伐(代)大匠斫者,则〖希〗不伤其手矣。

　　　《帛书乙》:若民恒且必畏死,则恒又(有)司杀者。夫代司杀者杀,是代大匠斫。夫代大匠斫,则希不伤其手。

第七十五章　人之饥

242-7501《校　正》:**人之饥也,以其取食税之多,是以饥。**

　　　《河上公》:民之饥,以其上食税之多,是以饥。

　　　《王　弼》:民之饥,以其上食税之多,是以饥。

　　　《帛书甲》:人之饥也,以其取食逆(税)之多,是以饥。

　　　《帛书乙》:人之饥也,以其取食跣(税)之多,是以饥。

243-7502《校　正》:**百姓之不治也,以其上之有以为也,是以不治。**

　　　《河上公》:民之难治,以其上有为,是以难治。

　　　《王　弼》:民之难治,以其上之有为,是以难治。

　　　《帛书甲》:百姓之不治也,以其上有以为〖也〗,是以不治。

　　　《帛书乙》:百生(姓)之不治也,以其上之有以为也,〖是〗以不治。

244-7503 《校　正》：**民之轻死也,以其求生之厚也,是以轻死。夫唯无以生为者,是贤贵生。**

《河上公》：民之轻死,以其求生之厚,是以轻死。夫唯无以生为者,是贤于贵生。

《王　弼》：民之轻死,以其求生之厚,是以轻死。夫唯无以生为者,是贤于贵生。

《帛书甲》：民之巠(轻)死,以其求生之厚也,是以巠(轻)死。夫唯无以生为者,是贤贵生。

《帛书乙》：民之轻死也,以其求生之厚也,是以轻死。夫唯无以生为者,是贤贵生。

第七十六章　人之生也柔弱

245-7601 《校　正》：**人之生也柔弱,其死也筋(筋)肕(rèn)坚强。万物草木之生也柔脆,其死也枯槁。故曰:坚强者死之徒也,柔弱者生之徒也。**

《河上公》：人之生也柔弱,其死也坚强。万物草木之生也柔脆,其死也枯槁。故坚强者死之徒,柔弱者生之徒。

《王　弼》：人之生也柔弱,其死也坚强。万物草木之生也柔脆,其死也枯槁。故坚强者死之徒,柔弱者生之徒。

《帛书甲》：人之生也柔弱,其死也葿(筋)仞(肕)贤(坚)强。万物草木之生也柔脆,其死也椁(枯)嚒(槁)。故曰:坚强者死之徒也;柔弱微细生之徒也。

《帛书乙》：人之生也柔弱,其死也䐡(筋)信(肕)坚强。万〖物草〗木之生也柔椊(脆),其死也椁(枯)槁。故曰:坚强死之徒;柔弱生之徒也。

246-7602 《校　正》：**是以兵强则不胜,木强则烘(hōng)。故强大居下,柔弱居上。**

《河上公》：是以兵强则不胜,木强则共。强大处下,柔弱处上。

《王　弼》：是以兵强则不胜,木强则兵。强大处下,柔弱处上。

《帛书甲》：兵强则不胜,木强则恒(烘)。强大居下,柔弱微细居上。

《帛书乙》：〖是〗以兵强则不朕(胜),木强则竞(烘)。故强大居下,柔弱居上。

第七十七章　天之道犹张弓

247-7701 《校　正》：**天之道,犹张弓也。高者抑之,下者举之;有余者损之,不足者补之。**

　《河上公》:天之道,其犹张弓乎? 高者抑之,下者举之,有余者损之,不足
　　　　　　者益之。

　《王　弼》:天之道,其犹张弓与! 高者抑之,下者举之;有余者损之,不足
　　　　　　者补之。

　《帛书甲》:天下〖之道,犹张弓〗者也。高者印(抑)之,下者举之;有余
　　　　　　者敓(损)之,不足者补之。

　《帛书乙》:天之道,西(犹)张弓也。高者印(抑)之,下者举之;有余者云
　　　　　　(损)之,不足者〖补之〗。

248-7702《校　正》:**天之道,损有余而补不足。人之道则不然,损不足以奉有余。**
夫孰能有余而有以取奉于天者乎? 唯有道者。

　《河上公》:天之道损有余而补不足,人之道则不然,损不足以奉有余。孰
　　　　　　能有余以奉天下? 唯有道者。

　《王　弼》:天之道,损有余而补不足。人之道则不然,损不足以奉有余。
　　　　　　孰能有余以奉天下? 唯有道者。

　《帛书甲》:故天之道,敓(损)有〖余而益不足。人之道则〗不然,敓(损)
　　　　　　〖不足而〗奉有余。孰能有余而有以取奉于天者乎?〖唯有
　　　　　　道者乎〗。

　《帛书乙》:〖故天之道〗,云(损)有余而益不足。人之道,云(损)不足而
　　　　　　奉有余。夫孰能又(有)余而〖有以取〗奉于天者? 唯又(有)
　　　　　　道者乎。

249-7703《校　正》:**是以圣人为而弗有,成功而弗居也,若此其不欲见(现)贤也。**

　《河上公》:是以圣人为而不恃,功成而不处,其不欲见贤。

　《王　弼》:是以圣人为而不恃,功成而不处,其不欲见贤。

　《帛书甲》:〖是以圣人为而弗有,成功而弗居也,若此其不欲〗见贤也。

　《帛书乙》:是以耺(聖-圣)人为而弗又(有),成功而弗居也,若此其不
　　　　　　欲见贤也。

第七十八章　天下莫柔弱于水

250-7801《校　正》:**天下莫柔弱于水,而攻坚强者莫之能胜,以其无以易之也。**

　《河上公》:天下柔弱莫过于水,而攻坚强者莫之能胜,其无以易之。

　《王　弼》:天下莫柔弱于水,而攻坚强者莫之能胜,其无以易之。

　《帛书甲》:天下莫〖柔弱于水,而攻〗坚强者莫之能〖胜〗也,以其无
　　　　　　〖以〗易〖之也〗。

　《帛书乙》:天下莫柔弱于水,〖而攻坚强者莫之能胜〗,以其无以易之
　　　　　　也。

251-7802《校　正》:**柔之胜刚也,弱之胜强也,天下莫弗知也,而莫能行也。**

《河上公》:弱之胜强,柔之胜刚,天下莫不知,莫能行,

《王　弼》:弱之胜强,柔之胜刚,天下莫不知,莫能行。

《帛书甲》:〖柔之胜刚,弱之〗胜强,天〖下莫弗知也,而莫能〗行也。

《帛书乙》:水(柔)之朕(胜)刚也,弱之朕(胜)强也,天下莫弗知也,而〖莫能行〗也。

252-7803《校　正》:是故圣人言云:"受邦之垢,是谓社稷之主;受邦之不祥,是为天下之王。"正言若反。

《河上公》:故圣人云:受国之垢,是谓社稷主;受国之不祥,是谓天下王。正言若反。

《王　弼》:是以圣人云:受国之垢,是谓社稷主;受国不祥,是为天下王。正言若反。

《帛书甲》:故圣人之言云,曰:受邦之詢(垢),是胃(谓)社稷之主;受邦之不祥,是胃(谓)天下之王。(正言)若反。

《帛书乙》:是故耵(聖 - 圣)人言云,曰:"受国之詢(垢),是胃(谓)社稷之主;受国之不祥,是胃(谓)天下之王。正言若反。

第七十九章　和大怨

253-7901《校　正》:和大怨,必有余怨。报怨以德,焉可以为善?

《河上公》:和大怨,必有余怨,安可以为善。

《王　弼》:和大怨,必有余怨,安可以为善?

《帛书甲》:和大怨,必有余怨,焉可以为善?

《帛书乙》:禾(和)大〖怨,必有余怨,焉可以〗为善?

254-7902《校　正》:是以圣人执右契(qì),而不以责于人。

《河上公》:是以圣人执左契,而不责于人。

《王　弼》:是以圣人执左契,而不责于人。

《帛书甲》:是以圣右介(契),而不以责于人。

《帛书乙》:是以圣人执左芥(契),而不以责于人。

255-7903《校　正》:故有德司契,无德司彻。天道无亲,恒与善人。

《河上公》:有德司契,无德司徹。天道无亲,常与善人。

《王　弼》:有德司契,无德司徹。天道无亲,常与善人。

《帛书甲》:故有德司介(契),〖无〗德司勶(徹)。夫天道无亲,恒与善人。

《帛书乙》:故有又(德)司芥(契),无德司勶(徹)。〖夫天道无亲,恒与善人。〗

第八十章　小邦寡民

256-8001 《校　正》：**小邦寡民。使有十百人之器,毋用;使民重死而远徙。**

《河上公》：小国寡民。使〖民〗有什伯,人之器而不用。使民重死,而不
远徙。

《王　弼》：小国寡民,使有什伯之器而不用,使民重死而不远徙。

《帛书甲》：小邦寡(寡)民。使十百人之器毋用,使民重死而远徙。

《帛书乙》：小国寡民。使有十百人器而勿用,使民重死而远徙。

257-8002 《校　正》：**有舟舆,无所乘之;有甲兵,无所陈之;使民复结绳而用之。**

《河上公》：虽有舟舆,无所乘之;虽有甲兵,无所陈之,使民复结绳而用
之。

《王　弼》：虽有舟舆,无所乘之;虽有甲兵,无所陈之,使人复结绳而用
之。

《帛书甲》：有车周(舟)无所乘之;有甲兵无所陈〖之;使民复结绳而〗
用之。

《帛书乙》：又(有)舟车无所乘之;有甲兵,无所陈之;使民复结绳而用
之。

258-8003 《校　正》：**甘其食,美其服,乐其俗,安其居。邻邦相望,鸡犬之声相闻,
民至老死不相往来。**

《河上公》：甘其食,美其服,安其居,乐其俗。邻国相望,鸡犬之声相闻,
民至老〖死〗不相往来。

《王　弼》：甘其食,美其服,安其居,乐其俗。邻国相望,鸡犬之声相闻,
民至老死不相往来。

《帛书甲》：甘其食,美其服,乐其俗,安其居,邻邦相塱(望),鸡狗之声相
闻,民至〖老死不相往来〗。

《帛书乙》：甘其食,美其服,乐其俗,安其居,罗(邻)国相望,鸡犬之〖声
相〗闻,民至老死不相往来。

第八十一章　信言不美

259-8101 《校　正》：**信言不美,美言不信。知者不博,博者不知。善者不多,多者不
善。**

《河上公》：信言不美,美言不信。善者不辩,辩者不善。知者不博,博者不
知。

《王　弼》：信言不美,美言不信。善者不辩,辩者不善。知者不博,博者不

知。

《帛书甲》:〖信言不美,美言〗不〖信。知〗者不博,〖博〗者不知。善〖者不多,多〗者不善。

《帛书乙》:信言不美,美言不信。知者不博,博者不知。善者不多,多者不善。

260-8102《校　正》:圣人无积。既以为人,己愈有;既以予人,己愈多。

《河上公》:圣人不积。既以为人,己愈有;既以与人,己愈多。

《王　弼》:圣人不积,既以为人,己愈有;既以与人,己愈多。

《帛书甲》:圣人无积。〖既〗以为〖人,己愈有;既以予人矣,己愈多〗。

《帛书乙》:耴(聖－圣)人无积。既以为人,己俞(愈)有;既以予人矣,己俞(愈)多。

261-8103《校　正》:故天之道,利而不害,人之道,为而不争。

《河上公》:天之道,利而不害;圣人之道,为而不争。

《王　弼》:天之道,利而不害;圣人之道,为而不争。

《帛书甲》:(此节经文全部残毁)

《帛书乙》:故天之道,利而不害;人之道,为而弗争。

(二)《校正》本主要参考文献

王　卡(点校):《老子道德经河上公章句》,中华书局 1993 年 8 月第 1 版。

楼宇烈(校释):《王弼集校释》,中华书局 1980 年 8 月第 1 版。

陈奇猷(校注):《韩非子新校注》,上海古籍出版社 2000 年 10 第 1 版。

高　明:　　《帛书老子校注》,中华书局 1996 年 5 月第 1 版。

荆门市博物馆:《郭店楚墓竹简》,文物出版社 2002 年 10 月第 1 版。

彭　浩:　　《郭店楚简〈老子〉校读》,湖北人民出版社 2001 年 3 月第 1 版。

兰喜并:　　《老子解读》,中华书局 2005 年 8 月第 1 版。

安乐哲、郝大卫:《道不远人——比较哲学视域中的〈老子〉》,学苑出版社 2004 年 10 月第 1 版。

(三)《校正》本使用符号说明

1.( )通假字

2.〖　〗根据其他版本补足的缺损文字

3.【　】原初文本中误写入的多余文字

老庄经典　老子通说